Followership Behavior

フォロワーシップ行動論

「こと・ば」と言葉

松山一紀 著
Matsuyama Kazuki

中央経済社

はしがき

　アンデルセン童話に「裸の王様」という有名な物語がある。衣装好きの王様が，2人のペテン師に騙されてしまうというお話である。ペテン師たちは，巧妙にも，「愚か者」にはこの衣装が見えないと嘘をつく。ペテン師たちの悪巧みは恙なく（？）進み，遂に，その衣装を披露するときがやってくる。王様をはじめ家臣や市民たちは，愚か者と思われたくない一心で，衣装が見えないことを黙っている。しかし，そのようななか，「王様は裸だよ！」と叫ぶ子どもが現れるのである。

　さて，ここで注目したいのは，この子どもの行動である。かの高名な経営学者，ミンツバーグは自著のなかでこの童話を紹介し，この子供は素晴らしいリーダーだと褒めたたえているのだが（Mintzberg, 2009），果たして，本当にそうだろうか。結論から言うと，筆者は，この子供をファースト・フォロワーとして認識している。では，リーダーではないのか。本書でも論じているように，ファースト・フォロワーの後に，他のフォロワーがついてきて，そこに情緒的共同体が生まれたとき，ファースト・フォロワーはリーダーになるのである。物語の続きを読んでみると，多くの人々が子どもの言うことを認めたとある。しかし結局のところ，王様は行列をやめるわけにはいかないと考え，侍従たちは，ありもしない着物のもすそをささげて歩き続けたのである。どうやら，子どもを中心とした共同体は，形成されなかったようだ。だとすれば，この子どもをリーダーと呼ぶわけにはいかない。では，この子どもがフォロワーだとして，一体，何に従っているのであろうか。王様？　国家？　それとも自然？　その答えは本書を読んで考えて頂くことにしよう。

　ところで，ファースト・フォロワーがリーダーになった最も象徴的な例として，イエス・キリストを挙げることができる。神が存在するか否かはさておき，彼が神（見えないリーダー）に対するファースト・フォロワーであったことは間違いないであろう。もし，彼の死後，その教えに従う者が現れなければ，キリストはただの人として歴史に名を残すことはなかったに違いない。しかし，

彼は紛れもなくリーダーになったのである。ただ，存命中の彼は，本書で取りあげる能動的忠実型フォロワーであった可能性が高い。例えば，キリストの最期を描いた出色のミュージカル映画，「ジーザス・クライスト・スーパースター」では，神と信徒との間でもがき苦しむイエスの姿が映し出される。このタイプは，最も典型的なフォロワータイプであり，多くのストレスを抱え込んでしまうと考えられている。だとすれば，まさにキリストは，私たち人間の代表とは言えまいか。私たち人間は，皆，苦悩するフォロワーなのである。

　本書は何も，宗教や哲学をテーマにしているわけではない。あくまでも，組織行動としてのフォロワーシップ行動をテーマとしている。しかし，やはり組織行動は人間行動なのである。そのため本書では，筆者自らの能力も省みず，様々な領域にまで手を広げ過ぎてしまっているかもしれない。ただそれは，フォロワーシップ行動を明らかにするうえで，どうしても必要だったのである。

　前著『次世代型組織へのフォロワーシップ論』を上梓してから４年が経過した。本書では，フォロワーシップ行動を明らかにする過程で，前著では描ききれなった観従理論を精緻化することに努めた。ただ，組織のなかの人間行動，特に対上司行動を基本にしている点は，前著と変わりない。とはいえ，前述したように，フォロワーシップ行動は労働組織特有の行動ではない。「フォロワーシップの時代」を提唱している鷲田清一氏のように，地域社会におけるフォロワーシップについて言及する知識人も現れ始めている。本来は，もっと本質的で，普遍的な概念なのである。従って，もしフォロワーシップ行動を一言で言い表すのであれば，今の時点ではこうなるだろう。「他によって誘発され，その後自覚を伴ったうえで生じた行動」だと。恐らくこれを読んだだけでは，何のことか全くわからないに違いない。是非，本書を紐解いて，この意味に触れて頂ければと思う。

　今回，もう一つ言っておきたいことがある。フォロワーシップ行動が生じる「こと・ば」についてである。私たちは，生まれたときからたくさんの「こと」に包まれている。そして，ことが自覚されるとき，まず自らが「こと」の生じる「ば」となり，そして自らと重要他者との間にも「ば」が形成されていく。最近，自分事という言葉をよく耳にするが，私たちを包む「こと」と「ば」が，その個人に焦点化されたとき，自分事という自覚が生じるのではないか。そし

て，それが自覚されたとき，言葉が生まれる。「こと・ば」と「言葉」。単なる言葉遊びなのであろうか。本書を書きながら，なぜか，この二つの言葉に引き寄せられていく自分がいた。まさに筆者自身が，「こと・ば」を自覚して，言葉に変えようとしたのである。本書でも述べているように，私たちは仕事を通じて「こと」に仕え，「ば」に従う。だとすれば，フォロワーシップとは仕・事場（し・ことば）なのであり，フォロワーとはさしずめ，ことば人（びと）なのである。もちろん，まだまだ未熟な論考である。言葉を尽くせていないようにも思う。浅学の極みと，ご寛恕頂ければと思う。

　さて，前著を上梓してからの4年間に，少しずつではあるが，フォロワーシップ概念が普及してきたように思われる。まず嬉しかったのは，2018年の末に，日本経済新聞の朝刊で，筆者の研究の一端が紹介されたことである（2018年12月28日朝刊）。コメンテーターの中山淳史氏には感謝の言葉しかない。その後も，同新聞では，「賢明な不服従」や日大アメフト部事件についての論考を紹介して頂いた（2022年10月3日朝刊）。上級論説委員の西條都夫氏との議論はいつも刺激に満ちている。また，筆者は2020年に近畿大学を離れ，同志社大学に移ったのだが，移籍直後のゼミ生のなかで，フォロワーシップ論に興味を持ってくれる学生が二人も現れた。一人が，森勇貴君で，本書の「フォロワーシップと心理的安全性」は，彼との共同研究である。いま一人が，長谷俊平君である。本書の「フォロワーシップ教育の現状」は，彼の卒業研究が母体になっている。

　また，2021年には，産業能率大学の通信講座で使用される，フォロワーシップを学ぶためのテキストを作成させて頂いた。筆者が考えた独自のフォロワーシップ理論をベースに，通信講座のテキストを作成するという，極めてエキサイティングな仕事ではあったが，テキスト化するにあたって，自らの考えが未だ開発途上であることを，身をもって知ることになった。また，サブテキストでケース集を作成したのも，自らの大きな財産になった。その後も，京都経済同友会や日本労務学会，そして文藝春秋100周年記念カンファレンスなどで，筆者のフォロワーシップ理論を発表させて頂いた。お世話になった，すべてのご担当者に感謝申し上げたい。

　最後に，これまで筆者を支えて下さった多くの方々にも感謝を述べておきた

い。次世代型組織研究会の座長である太田肇先生，20年来の同士である中野幹久先生，大学院時代の恩師であり，現在は同僚でもある冨田安信先生，そして産業関係学科の先生方。それから，家族。みんなにとって，筆者は良きフォロワーであろうか。書きながらそんなことも考えさせられた。今回，このような機会を与えて下さった中央経済社の浜田匡氏にも感謝申し上げたい。多くの同士・フォロワーに伝えるために，やはり，出版力は必要である。

参考文献

Mintzberg, H., *Managing*, Berrett-Koehler Publishers. Inc, 2009.（池村千秋訳『マネジャーの実像：「管理職」はなぜ仕事に追われているのか』日経BP社，2011年。）

2022年12月

国のまほろば

奈良にて

目　　次

序　章

脱・リーダーシップ

　21世紀に入り，ようやくフォロワーやフォロワーシップという概念が市民権を得始めた。20世紀には考えられなかったことである。それまでは，フォロワーという言葉さえ，ほとんど聞かれることはなかった。しかし，ソーシャルネットワーキングサービス（SNS）の普及によって，ごく一般的なワードになった。もちろん，本書で取り上げるフォロワー概念とは趣を異にするとはいえ，フォロワーという言葉に対する抵抗感を希薄にしたことは間違いないところであろう。

　また本書では，主に産業界におけるフォロワーシップについて考えるが，近年では，教育界においても取り上げられることが多くなってきている（文部科学省教育課程部会　特別活動ワーキンググループ2016年報告などを参照）。そして，産業組織におけるフォロワーシップという観点では，我が国においても，主要全国紙のなかで取り上げられるまでにもなってきた（例えば，日本経済新聞朝刊，2018年12月28日）。

　しかし，それでもなお，依然としてリーダーやリーダーシップに対する注目度の方が高い。学術界において，フォロワーシップ研究の蓄積はかなり進んできたとは言うものの，残念ながら未だリーダーシップ研究の比ではない。相変わらず，組織ではリーダーの必要性が叫ばれ，リーダーシップの発揮が求められている。「みんながリーダー」の掛け声は，小中学校でも一般的になりつつある。

　しかし，少し待ってほしい。何かおかしくはないか。「船頭多くして船山に登る」ではないが，組織論的に考えた場合に，メンバー全員がリーダーという

ことがあり得るのだろうか（田尾，1999）。そこには，精神論や根性論にも似た危うさが隠されていないだろうか。リーダーに必要な特性を全員が身に付けるべし，という考えを全否定するつもりはない。ただ，行き過ぎた考え方は，やがて自壊する。その前に，概念整理ぐらいはしておくべきなのだ。

　ただ，それでもなお，リーダーという存在は魅力的である。英雄であり，成功者であり，憧れの的なのである。目指すべきモデルとも言える。だからこそ，リーダーシップビジネスは衰えることを知らない。フォロワーシップ研究者でもあるハーバード大学教授（2013年時点）のケラーマンによれば，「授業料を取ってリーダーを育てることをうたい文句にしているリーダーシップセンター，研究所，プログラム，講習会，セミナー，ワークショップ，体験会，養成所，書籍，ブログ，記事，ホームページ，オンラインセミナー，ビデオ，会議，コンサルタント，技術指導者（Kellerman, 2012, 邦訳7頁）」によって成立しているビジネスを，リーダーシップビジネスと呼ぶ。1990年代から21世紀の初めにかけて，企業研修だけでも，毎年500億ドル以上が使われていたという。

　彼女によれば，リーダーシップビジネスはもともと，1970，80年代に，アメリカの実業界によって確立されたものである。業績不振やグローバル競争への対処を模索する中で，こうしたビジネスが成立したと言われている。そして，今やこの現象はアメリカだけに留まらない。我が国においても，同様なのである。しかし，リーダーシップビジネスの隆盛とは裏腹に，それが目立って社会を改善してきたとは思えないとケラーマンは言う。「リーダーに対する信頼感，好感度は今，史上最低である（邦訳，15頁）」とまで言うのである。実は，ケラーマン自身，1980年代には，「リーダーシップ」という言葉をタイトルにした著書を5冊も書いている。にもかかわらず，彼女はリーダーシップビジネスを批判するのである。

　少々，感情論が過ぎるようにも思われるものの，彼女の議論と警鐘には耳を傾けるべき点が多い。彼女が危惧しているのは，あまりにも人々がリーダーであることにこだわり，執着している点なのである。これは，大学教育に携わる身としても実感されるところである。同じく，大学教員である山下（2015）によれば，近年，「良いリーダーになりたい」という声を多くの学生から聞くようになったという。10年前と比較すると，この傾向は近年特有のものだという

のである。近年に特有かどうかはともかく，普段学生と接していて同様の傾向を感じることは確かである。ケラーマンの危惧していることは，あながち誇張でもないように思われる。

　ケラーマンが勤務しているハーバード大学（2013年時点）では，2001年以降，大学の教育方針にリーダーシップ教育が盛り込まれるようになったという。行き過ぎたリーダー中心主義は，「リーダーにならなければ価値がない」というメッセージを学生たちに送っているようなものだと彼女は示唆する。ハーバード大学大学院の各教育機関の教育要綱には，リーダーもしくはリーダーシップという言葉が必ず入っているという。彼女が特に注目するのは，ハーバード教育学大学院である。その教育要綱には「教育分野におけるリーダーを養成し，知識を創出する」という文言が見られるそうである。これに対して，彼女は疑問を投げかける。「なぜ，クラスで輝く教師を養成するのではなく，『リーダーを養成する』ことの方を優先したいのだろう（邦訳，241頁）」と。

　こうした現象は，アメリカの他大学にも及んでいる。1980年代以降，アメリカ実業界と大学のビジネススクールが，リーダーシップビジネスを成長させる目的で協力したためである。その波は我が国にも押し寄せている。しかし，ケラーマンが言うには，リーダーシップ教育の効果を示す，明確な証拠や客観的根拠は皆無に等しいのである。そしてもし，効果があったのなら，なぜ，リーダーシップ開発で名を馳せた企業・GEにおいて，名経営者ウェルチの後継者であるイメルトを経営難から救ってくれなかったのだろうか，と彼女はいぶかしがる。

　いずれにしても，ケラーマンも言うように，リーダーシップは後天的に，しかも簡単に，迅速に身に付けられるようなものではない。そういう意味では，リーダーシップは時代遅れとなる危険性すらあるのだ。すなわち，「フォロワーシップより重要な存在としてのリーダーシップ，授業料を払って習得するようなリーダーシップ，普通の仕事より優れたものとしてのリーダーシップ（邦訳，309頁）」，こうしたリーダーシップはもう古くなっていくのである。

　私たちは何も，リーダーシップビジネスについて考えようとしているわけではない。リーダーシップ中心主義の危険性について考えたいのである。リーダーやリーダーシップが幻でないのであれば，問題はない。しかし，私たちは

それさえも，わかっていないのではないか。特に，私たちが働いている労働組織において，リーダーやリーダーシップが容易に成立するものなのかどうか。もし，簡単に手に入れることができないのであれば，実効性のある戦略が必要となる。そしてそのためには，現状を良く知ること，概念の一つひとつを整理していくことが求められるのではないか。

本書の目的と流れ

　本書の目的は，独自のフォロワーシップ行動論を提唱することにある。これまで，主に欧米においてフォロワーシップ論が論じられてきたものの，それは行動論ではなかった。こうした意味において，本書はフォロワーシップ行動に注目する最初の書籍になるかもしれない。本書において，フォロワーシップ行動とは，フォロワーが有する従我と観我と呼ばれる自我システム間の相互作用から生じるプロセスを意味している。認知神経科学における，システム1とシステム2を，行動レベルに拡張したと考えてみてほしい。本書の意義は，この従我と観我を，フォロワーシップ行動を生じさせる重要な心理的機制として位置づけたことにある。そして，フォロワーシップ行動が従う対象として「こと・ば」に注目し，それを概念化したことも，挑戦的意義として挙げることができよう。依然として未熟な議論ではあるものの，人間行動について考える一つの契機となればと思っている。

　本書の流れは次の通りである。第1章では，私たちの多くが関与する労働組織において，リーダーシップがどのように位置づけられるのか，改めて考えてみたいと思う。リーダーシップが労働組織において直面する困難について議論する。第2章では，これまでのフォロワーシップ研究を概観する。戦前のフォロワーシップ論前史と，ケリー以降のフォロワーシップ論に触れる。第3章では，筆者が開発した日本的フォロワーシップの3次元モデルについて説明する。尺度開発の概要と，この尺度を用いて実施したいくつかの調査研究を紹介する。第4章では，フォロワーシップ行動のための枠組として，観従理論について説明する。フォロワーシップ行動が従我と観我の関数で表されることを明らかにする。第5章では，改めてフォロワーについて考える。フォロワーが従う対象について，筆者が行った調査結果を紹介するとともに，フォロワーが権威，良

心，そして自然に従うということについて考える。さらに，従う対象としての「こと・ば」について考察する。第6章では，フォロワーシップ開発について議論する。従我と観我の開発について，個人および組織の視点から考える。また，学校におけるフォロワーシップ教育について，主に欧米の研究を参考に議論する。最後に終章では，フォロワーシップの時代と題して，今後のフォロワーシップ研究の応用および展開の可能性について，構想段階のアイデアをもとに論じ，本書を閉じる。

第1章

労働組織におけるリーダーシップの困難

第1節　リーダーとリーダーシップ

1．理想のリーダー

　まずリーダーと聞いて，私たちは誰を思い浮かべるだろうか。自分の父親や，自分が学生時代に影響を受けた学校の恩師を思い浮かべる人もいるだろう。また，今現在自らが仕えている職場の上司を思い浮かべる人もいるだろう。ちなみに，2010年代に，ある世界的なコンサルティングファームが行った，世界のCEO（Chief Executive Officer：最高経営責任者）約1,400名を対象とした調査によれば，理想のリーダーとして選ばれたのは，ウィンストン・チャーチル，スティーブ・ジョブズ，マハトマ・ガンジー，ネルソン・マンデラ，ジャック・ウエルチといった人々であった。また，日本のCEOに限定すれば，上位を占めたのは，織田信長や松下幸之助といった人々であった。これらは全て歴史上の人物であり，特に政財界で活躍した人たちである。チャーチルは第二次世界大戦において首相として英国を勝利に導いた政治家，ガンジーはインドを独立に導いた社会運動家，そして，ジョブズは革新的な技術と製品によって社会を改革した経済人である。このように，私たちが思い浮かべるリーダーは，身近な人物から歴史上の偉人まで，実に様々であるといえる。

　リーダーとは，日本語では指導者や先導者と訳されることが多い。今取り上げた人々も，まさに指導者であり先導者であった。しかし，近年の日本では，

指導者という言葉をあまり聞かなくなったように思う。耳にすると言えば，かろうじて武道や芸道など，「道」と名の付く世界においてぐらいではなかろうか。それは，武道や芸道が日本古来のものであるため，外来語がそぐわないということもあるかもしれない。ただ，間違いなく言えることは，武道や芸道において，指導者と指導される者との間には明らかな違いが存在するということである。両者の間には知識や技術，そして経験において圧倒的な差がある。果たして現代社会において，リーダーと呼ばれている人々とそれ以外の人々との間に，こうした圧倒的な差があるだろうか。

　経営管理論や経済学の専門書を開いてみるとわかるように，近年では，リーダーと言う言葉をあえて日本語に訳すことはほとんどない。今，フォロワーシップ論のパイオニアとも言えるフォレットの論考を集めた書籍，『組織行動の原理』が手元にあるが，このなかでleaderは指導者と訳されている（Metcalf & Urwick, 1941）。つまり，この日本語版が出版された1972年（昭和47年）の時点では，リーダーは日本語に訳出されていたことになる。それでは，ノーベル経済学賞受賞者カーネマンの著書『ファスト＆スロー』はどうだろうか（Kahneman, 2011）。この日本語版が出版されたのは2012年だが，このなかで，leaderはそのままリーダーと記述されている。21世紀の現代において，最早，リーダーは指導者とは訳出されないのである。それゆえであろうか。リーダーと指導者を同義に捉えることが難しくなってきているように思われる。前述した，「皆がリーダー」というスローガンからは，指導者という言葉が放つ重厚さや厳粛さを感じることができない。だからといって，「皆が指導者」は，どう考えてもおかしい。リーダーは軽い存在になってしまったように思われる。

　では，リーダーとは誰もしくは何を指しているのか。例えばある日本企業では，課長という役職名が，チームリーダーに変更された。リーダーは集団における立場を表す言葉としても使用される。同様に，私たちは集団の上位を占める立場にある人を，リーダーという俗称で呼ぶことが多い。学校では，学級委員をリーダーと言ってみたり，クラブのキャプテンをリーダーと呼んでみたりする。労働組織においても，プロジェクトを率いる立場にある人はリーダーと呼ばれることが多い。この場合，リーダーとはある種の「役割」を表す言葉として使用されていると考えられる。従って，その役割にある固有の人物を直接

的に指しているわけではない。例えば，今，A氏という人物がリーダーの立場にあるとき，その立場でA氏を捉えているだけであって，A氏そのものがリーダーというわけではない。仮にA氏がその立場を離れたら，リーダーではなくなってしまうのである。こうした意味において，役割としてのリーダーは，その個人に帰属しないといえる。

2．支配の三類型

　この点について，ドイツの経済社会学者マックス・ヴェーバーによって提唱された支配の三類型を参考に考えてみよう。ヴェーバーによれば支配（herrschaft）とは，特定の命令に対して，服従を見出しうる機会を指している。ヴェーバーが提唱する支配の三類型とは，合法的支配，伝統的支配，そしてカリスマ的支配を指している（Weber, 1956）。これらは全て純粋型と呼ばれており，現実の支配形態はこれらの混合である。まず合法的支配とは，次のような相互に関連し合う諸観念から成り立っている。まず，任意の法が制定され，その法に基づいて団体秩序が形成され，団体の成員によってそれらが遵守されることが前提である。この法とは，通常は意図的に制定された諸規則の体系である。それゆえ，団体の上位階層にある上司（vorgesetzte）は，彼が命令する場合，彼自身もまた非人格的な秩序に服従していること，そして服従者も法に対してのみ服従しているのだと理解している必要がある。従って，部下は人に服従するのではなく，非人格的な秩序に服従するのであり，この場合部下は，あくまでも客観的な管轄権の範囲内においてのみ服従の義務を負うことになるのである。この点は，前述したA氏の例と符合する。ヴェーバーの言う上司は，上司という客観的な立場ゆえにそう認識されるだけであり，団体秩序のなかで客観的に定められた範囲内でしか，命令は効力を有しない。また，ヴェーバーの言うように，部下は「A氏」に服従するわけではないのである。ただ，ここで上司がリーダーであるかどうかについて，ヴェーバーは明言していない。

　では次に，カリスマ的支配について考えてみよう。少し長くなるが，まずはヴェーバーの言葉を引用してみたいと思う（邦訳，70頁）。

　　「カリスマ」とは，非日常的なものとみなされた（元来は，預言者にあっても，

医術師にあっても，法の賢者にあっても，狩猟の指導者にあっても，軍事英雄にあっても，呪術的条件にもとづくものとみなされた）・ある人物の資質をいう。この資質の故に，彼は，超自然的または超人間的または少なくとも特殊日常的な・誰でもがもちうるとはいえないような力や性質を恵まれていると評価され，あるいは神から遣わされたものとして，あるいは模範的として，またそれ故に「指導者（führer）」として評価されることになる。当該の資質が，何らかの倫理的・美的またはその他の観点からするとき，「客観的に」正しいと評価されるであろうかどうかは，いうまでもなく，この場合，概念にとっては全くどうでもよいことである。その資質が，カリスマ的被支配者，すなわち「帰依者」によって，事実上どのように評価されるか，ということだけが問題なのである。

　この説明から明らかなように，現代のCEOによって選ばれた理想のリーダーたちは，まさにカリスマ型リーダーと考えていいだろう。注目したいのは，先の合法的支配とは異なり，「指導者」という言葉が初めてヴェーバーによって使われていることである。そして，カリスマ的支配者が被支配者によって評価されて初めて，指導者になるという点も見逃せない。すなわち，これらの人たちは，結果としてリーダーになるのである。そういう意味では，アンケートに回答した現代のCEOたちは，さしあたり，帰依者ということになるのであろう。そして，これら理想のリーダーたちは，初めからリーダーとして認められていたわけではないということでもある。彼らの功績が帰依者によって認められることが必要だったのである。さらに，ある人にとっての理想のリーダーは，他の人にとっても理想のリーダーとは限らないという点も重要であろう。チャーチルは，彼の帰依者にとってはリーダーといえるが，マンデラの帰依者にとってはそうではないかもしれないのである。

　では，最後に残った伝統的支配についても触れておこう。伝統的支配の正当性は，古来伝習の秩序と君主（herr）[1]の権力に備わっている神聖性に向けられた人々の信念によって担保される。君主は伝統的に伝えられてきた規則によって決定される。支配者は上司ではなく，個人としての君主であり，服従は

1　Weber（1956）の邦訳書『支配の諸類型』では，そのまま「ヘル」と表記されているが，ここでは暫定的に君主という日本語を当てておく。なお，『支配の社会学Ⅰ』では主人と訳されている。

伝統によって付与された君主自身の権威によるとされる。君主は伝統の信じられた範囲内で指令を下すことができるが，伝統が君主の恣意を認めている場合はその限りにおいて，君主は自由に指令を下すことができる。従って，君主には，伝統的に拘束された行為の領域と伝統から自由な行為の領域といった，二つの領域が存在することになる。

　以上，支配の三類型についてみてきた。ここで，それぞれの類型について，支配の根拠もしくは源泉と，支配者の行為領域といった観点から整理してみたい。まず合法的支配である。合法的支配における支配の根拠は法であり，規則であろう。従って，服従者とともに支配者も規則に拘束されることとなり，支配者における自由な行為領域は存在しない。次に，伝統的支配である。伝統的支配における支配の根拠は，まさにその伝統であり，伝統が帯びている神聖性である。ヴェーバーは，君主自身の権威が支配の源泉だと言いながらも，他方では君主も服従者もともに伝統に従うと明確に述べていることから，支配の根拠を伝統とすることに問題はなかろう。また，支配者の行為領域については，前述した通り，拘束された領域と自由な領域が存在する。最後にカリスマ的支配である。カリスマ的支配における支配の根拠は，支配者の非日常的，神秘的な資質である。このカリスマ性こそが，神聖性を帯びることになる。そして，支配者には自由な行為領域のみが存在すると考えられる。

　さて，これら3つのタイプのなかで，リーダーになりうるのはカリスマ的支配者のみであった。一体，それはなぜなのだろうか。ある個人が支配者としてみなされる根拠は，これまで見てきたように，法，伝統，そしてその個人の神秘的な資質であった。これらのなかで，法や伝統はその個人にとって外在的であり，支配者に自由を与えない。ある意味で，他律的ともいえる。一方，個人の資質は，当然，その個人にとって内在的であり，支配者に自由を与える（ように思われる）。支配者は自律的である。もしかすると，ここにヒントが隠されているのかもしれない。

3．自然界におけるリーダー

　ではここで，少し人間社会を離れて，自然界に目を向けてみることにしよう。ただ残念なことに，20世紀の半ばから21世紀の今日に至るまで，動物集団にお

けるリーダーの研究はあまり進んでいない（King, Johnson & Van Vugt, 2009）。そのわずかな研究から，少しでも示唆を得ることはできるだろうか。

　動物のなかには群れを形成するものがいる。アリやハチなどの社会性昆虫から，魚類や鳥類，そして類人猿に至るまで，実に様々である。誤解を恐れずに言えば，動物行動学や行動生態学と呼ばれる領域において，リーダーとは，群れの先頭にいる者である。餌場に向かって移動している群れの先頭にいる一部の魚たちや，新しい巣場所に移動している群れの先頭にいる一匹のアリこそがリーダーなのである。

　これまでの研究によれば，動物たちの群れの中で，他の個体よりも空腹であったり―すなわち，蓄えが乏しかったり―（Rands, Cowilshaw, Pettifor, Rowcliffe & Johnstone, 2003），昔に訪れたことのある水飲み場を記憶している（Foley, Pettorelli & Foley 2008）という理由で，真っ先に特定の資源場所へ向かう個体が，移動する群れのリーダーとして認識されるようである。空腹になりやすいといったような，最初に行動を起こす傾向を高める，特別な生理的・行動的特性を有している場合，その個体がリーダーとして出現する可能性が増すという。また，餌や水といった資源場所に関する情報も重要である。こうした情報差もリーダーを生み出しやすいのである（King et al., 2009）。意図的な調整が不可能な動物の場合，内外の環境からの単純な刺激，例えば，餌のありかを示す外部刺激や空腹による身体内部からの刺激に対して，他よりも早く反応が生じた個体が群れの先頭に立つのである。こうした意味において，リーダーシップは全くもって受動的でありうる（King et al., 2009）。

　いずれにせよ，移動する群れのリーダーは，新しい世界を見出し，その世界（集団に利益を与えるか否かはわからないが）へと集団を導いているように見える。ある意味，リーダーとは集団に新しい世界を見せてくれる存在なのである。このように，群れの移動とリーダーの関係は，理解しやすいように思われる。では，移動が必要ない場合はどうであろうか。

　ここでチンパンジーの研究に目を向けてみることにしよう（Waal, 1982）。1970年代のオランダで行われた研究である。当時，社会構造の研究は，ほとんど野生チンパンジーを対象としていた。しかし，実際にジャングルのなかで，社会過程を詳細に追跡するのは不可能である。そこで，オランダ，アーネムの

ブルゲルス動物園にある，大きな野外コロニーで集団生活を送るチンパンジーたちを観察対象としたようである。こうした研究によって，チンパンジーの集団には階層と，そのトップの位置を占める個体の存在が確認できる。研究者たちは当初，体格の大きさや腕力の強さがその個体をリーダーの地位に押し上げるのだと考えていた。要は，最強者の法則である。しかし，1970年代後半に，権力者の交代が観察されたとき，実は，慎重な多数派工作や政治的駆け引き（のように見える）によってリーダーが選ばれていくことを見出していく。もちろん，リーダーが生じるプロセスも重要なのだが，ここで注目したいのは，定住生活におけるリーダーの役割とは，専ら集団の秩序を形成し，それを維持することだということである。こうした意味において，チンパンジー集団のリーダーは新しい世界を見せてはくれない。ただ，支配者としてのみ君臨しているように見える。

　このように，群れが移動する場合と，定住する場合では，リーダーの出現過程や役割が異なるように思われる。アーネムのチンパンジーたちが野生に戻され，移動せざるを得ない状況にでもなれば，全く異なるタイプのリーダーが出現するかもしれない。いずれにしても，共同体の移動と定住はリーダーシップに大きな影響を与えるように思われる。

4．リーダーシップとは

　ではここで，リーダーシップについて考えてみることにしよう。Leadershipを英和辞典で調べてみると，指導者集団，指導者の地位，指導者としての手腕，指導といった訳語が並ぶ。ちなみに前述したフォレットの『組織行動の原理』では，指導と訳されている。本間（2011）にもあるように，様々な場面で使われる言葉であるために，その文脈によって意味内容が異なるのであろう。実際，政財界，ビジネス界，そして身近な仲間集団に至るまで，様々な社会集団で使用されることもあり，多様な定義，そして理論が生まれている。従って，研究者間においても統一された定義があるわけではない。共通項として考えられるのは，せいぜい，「他者への影響」ぐらいであろうか（本間，2011）。それゆえ，ビジネス界では，一人ひとりの実務家が有するリーダーシップの（素人）理論，すなわち持論を重視する研究もあるほどである（金井，1998）。

　とはいえ，学術界でどのような定義がなされているのか，知っておいても損はないであろう。例えば，21世紀初頭の現在において，世界的に使用されている組織行動論のテキストでは，「集団に目標達成を促すよう影響を与える能力（Robbins, 2005，邦訳256頁）」と定義づけられている。極めてシンプルな定義ではあるものの，影響を与える能力の源泉がその個人の内部もしくは外部にあるかどうかで，リーダーシップの様相が変化することを示唆している。例えば，労働組織において管理職の地位にある個人を想像してみてほしい。管理職という「地位」は，まさに影響を与える能力をその個人に与える。しかし，それはあくまでもその個人にとっては外在的である。それを使いこなすことができるかどうかは，その個人と影響を受ける集団にかかっているといえる。従って，管理者だからといって，必ずしもその個人がリーダーであるとは限らないのである。逆に，影響を与える能力の源泉がその個人の内部にある場合は，その個人が管理者であるか否かに関わらず，その個人はリーダーであるということになる。

　では日本における組織心理学のテキストでは，どのように説明されているだろうか。テキストの著者，田尾（1999）によれば，「リーダーシップとは特定の個人の能力や資質によるのではなく，対人的な関係のなかで発揮され，場合によっては，集団の機能そのものである（168頁）」。この定義では，個人よりも集団に力点のあることが理解できる。それゆえ，リーダーシップは集団が求めている方向や価値などによって制約を受けることになる。当然，フォロワーがいなければ，リーダーが存在することはなく，フォロワーシップの重要性が示唆されているとも言える。

　最後に，リーダーシップ入門書にも目を向けてみよう。金井（2005）はこう述べている。「絵を描いてめざす方向を示し，その方向に潜在的なフォロワーが喜んでついてきて絵を実現し始めるときには，そこにリーダーシップという社会現象が生まれつつある（22頁）」と。この定義でも，フォロワーが重視されている。しかし，田尾（1999）とは異なり，リーダーシップがフォロワーや集団の制約を受けるようなことはなさそうである。また，これまでは，どちらかと言えば，集団の形成や管理に力点が置かれていたが，この定義では，外にある新しい世界に目が向けられているように思われる。そして，リーダーシッ

プは創発的である。リーダーはどこからか，創発的に生まれてくるように思われる。

　以上，3つの定義についてみてきた。リーダー個人の能力，集団の機能，そして社会現象と，リーダーが集団やフォロワーに影響を与えるという点では共通点があるものの，それぞれに特徴的な説明のなされていることがわかった。しかし，以上の定義をよく吟味してみると，これらがヴェーバーの提唱したカリスマ型支配の説明に，私たちを導いているように思われてならないのである。ヴェーバーは，カリスマ型支配者は時に指導者になりうると述べていた。これは，カリスマ的な能力を有した支配者個人が，支配集団からの支持を得ることによって，指導者へと創発的に変化することを意味しているのではないだろうか。この点は，次節でとりあげる，労働組織におけるリーダーシップを考えるうえで，大きな示唆を与えてくれそうである。ともかく，ここではリーダーを，新しい世界を見出す，もしくは，新しい世界を創造しようとしている人間としておきたい。そして，リーダーシップは，ある個人が見出す，もしくは創造しようとしている世界に共感し，共にそれを見出す，もしくは創造しようとする他者が従い始めたときに生じるプロセスとしておこう。

第2節　労働組織におけるリーダーシップ

　現代は組織の時代だと言われる。日本をはじめとする経済先進国において，働く人々のほとんどが，組織に雇用されている。産業界に限って言えば，個人事業主や家族従業者の数は，ほんのわずかにしか過ぎない。今現在は組織に雇用されていなくても，過去に雇用されていた，もしくは将来，雇用される可能性のある人を含めると，組織労働に関わる人はさらに増えるだろう。また，労働者が組織に関与している時間について考えてみたとき，仮に年間の総実労働時間を1,800時間，1日当たりの活動時間を14時間とした場合，35％の時間を組織に費やしていることになる。ここに残業などの時間外労働や通勤に要する時間が加わると，この割合はさらに大きくなる。我が国の中間管理職であれば，優に50％を超えてしまうのではないか。従って，現代人の生活や抱える困難について考えようとするとき，労働組織を無視することはできないのである。私

たちの労働生活は，組織抜きには語れないといえる。では，組織とは一体何で
あろうか。

1．群れと原始共同体

　社会的な組織とは，複数の個体から成る集合体である。そこでとりあえずこ
こでは，組織を含めた様々な集合体について考えてみることから始めてみよう。
最初に取り上げたいのは，前述した群れである。群れとは同一種個体からなる，
最も原初的な集合体である。例えば，群れを形成するある魚は捕食者が近づく
と，その群れを緊密にして，大きな塊のようになるという。それは，捕食者か
らの攻撃リスクを弱めるためだと考えられている（Davis, Krebs & West,
2012)。すなわち，それぞれの個体は，捕食者から身を守るために，普段から，
お互いある程度の距離を維持しながら，そのまとまりのなかで行動をしている
のだといえる。このように，群れにも一定の目的があるように思われるが，そ
れはあくまでも自然の摂理に従っているだけである。よって，群れは自然発生
的であると言える。しかし，人間が形成する組織には，明確な目的，もっとい
うなら人為的目的が存在していなければならない。それゆえ，その組織もまた，
人為的に形成されることになる。また，群れにおいては，特に明示的信号や複
雑なコミュニケーションが，個体間になくても機能するが（Davis et al., 2012)，
組織においては，個体間において意図的な調整が必要となる（Barnard, 1938)。
　農業革命以前の人類は，狩猟採集民として生活をしていた。彼らは家族など
の小集団を形成し，さらには親戚関係にある他の家族などとともに群れを形成
していたと考えられる。この点は，人類に近いとされるチンパンジーでも同様
であろう。典型的なチンパンジーでは，群れを構成する個体数は20頭から50頭
と言われており，100頭を超える群れは未だ確認されていないようである。個
体数が増えると，群れが不安定になるため，二つ以上に分かれてしまうのであ
る（Harari, 2015)。同じように人間集団でも，自然な状態で一つのまとまりと
して機能するのは，せいぜい100人程度までであろう[2]。この段階の集団は，

---

[2]　複数の企業経営者および人事コンサルタントの話によれば，企業規模が100人を超えると，経営者
からのメッセージを直接，従業員に届けるのが難しくなるという。群れにおける適切な規模と関係
があるかもしれない。

Diamond（1997）の言う，小規模血縁集団と考えてよい。彼によれば，こうした集団は数十人規模で移動生活をしており，血縁集団を基本的単位としている。少なくとも4万年前までは，人類の誰もがこの小規模血縁集団のなかで暮らしていたと考えられている。20世紀末になっても，このような形態で自給自足の生活を送っている集団が，ニューギニアやアマゾン川の奥地で確認されている。これを原始共同体もしくは共同体の原初的形態と呼んでおこう。

　ただし，共同体として人類の社会的集団が安定するのは，次の段階を待たなくてはならない。農耕および定住生活の段階である。これまでは，農耕生活の始まりが，人類を一つの土地に定住させるようになったと考えられてきたが，Aslan（2017）によれば，それは違う。狩猟採集が行き詰まったために，農業が始まったと唱える学説もあるものの，それを裏付ける証拠はないという。狩猟採集民が建設したと考えられる巨大な礼拝場の発見は，人類が農耕生活に入る以前に，すでに定住していたことを物語っている。では，人類を定住させたのは何だったのか。それは，組織化された宗教の誕生だったのではないかと彼は言う。人類は定住してから数百年を経た後に，農耕生活に入ったのである。とはいえ，農耕生活によって，人類の定住が強化され，共同体が安定化したことは間違いないであろう。そして，それはダイアモンドの言う部族社会や首長社会へと移行していくのである（Diamond, 1997）。

2．ゲマインシャフトとゲゼルシャフト

　ドイツの社会学者テンニエスは，こうした共同体をゲマインシャフト（gemeinschaft）と呼び，ゲゼルシャフト（gesellschaft）との対比によって概念化した（Tönnies, 1887）。ゲマインシャフトにおいて，人々は相互に肯定的な関係を有し，結びついている。それゆえ，共同体は，一つの有機的な生命体となる。定住するようになれば，人々を結びつけるのは，血縁だけではなくなる。生活および生産の場所としての土地，そして，神聖視されている場所や，礼拝をするために設けられた場所に対する共同の関係や関与が，人々を結びつけるのである。

　21世紀の現代においても，共同体は存在すると考えられる。家族や地域は生活共同体として認識されている。しかし，これまで述べてきた共同体は，社会

が産業文明化する以前の共同体と考えるべきであろう。特に現代の経済先進国において，外部との接触がなく，自給自足の生活をしているような閉鎖的かつ完結した共同体などないであろう。また特に，我が国においては，神聖な場所としての神社や祠(ほこら)は各所にあるものの，住民の関与は希薄である。従って，ここで言う共同体とはある意味，理念型として捉えられるべきであろう。

　この理念型としての共同体の特徴を理解するためには，産業文明化していく社会の問題点を炙り出そうとした人間関係論の父，エルトン・メイヨーの言説が参考になる。メイヨーはフランス人の技師である，フレデリック・ル・プレイの観察記録に基づいて次のように述べる。「原始的な生産活動を主たる職業とする社会には，高度に発達した産業的中心地には欠けている社会的秩序の安定性がある（Mayo, 1945，邦訳5頁）」と。それは，共同体を構成している個々人が，経済活動を伴った生産活動および社会的な活動に通じ，かつそれらに参画しているからなのだ。そして，共同体における結びつきによって，あらゆる個人があらゆる社会的な出来事に関与するように，あらかじめ仕組まれているともメイヨーは言う。まさに個々人は共同体に埋め込まれているのであり，生産の場としての土地そのものとも，「自然の原始的な直接的統一（大塚，2000，17頁）」が，そこに実現しているのだと言える。すなわち，共同体内部において，個々人は相互に緊密な関係を有し，共同体（システム，イベント，機能，習俗，文化など）とも一体化していると考えられるのである。

　一方，テンニエスの言うゲゼルシャフトは，これまで述べてきた共同体＝ゲマインシャフトと，かなり異なるようである。ゲマインシャフトが実在的有機的な生命体であるとするなら，ゲゼルシャフトは観念的・機械的な形成物である。ここでは，人々は本質的に分離している。また，人々はそれぞれ一人であって，自分以外の人々に対しては緊張状態にある。共同体のように，了解し合えているという感覚が先験的にはないのである。従って，活動範囲は相互に厳格に区切られており，その結果，自己の領分に立ち入られることを拒絶する。ゲマインシャフトでは当たり前だった肯定的な態度ではなく，ゲゼルシャフトにおいては否定的な態度が前提となっている。それゆえ，個々人間では交換や取引関係が基礎となるため，反対給付や返礼と交換でなければ，他人のために何かをしようとは思わない（Tönnies, 1887）。このようにゲゼルシャフトとは，

構成員個々人の共通利益を目的として人為的に形成された社会であり，いわば一つの機能体と言える。

3．労働組織とは

　これまでの議論を踏まえて考えると，労働組織こそ，ゲゼルシャフト的な特徴を色濃く有していることがよく理解できるはずである。では，人類の歴史をさかのぼったとき，労働組織はいつ頃発生したと考えてよいのであろうか。古くからある組織のプロトタイプといえば，行政組織であろう。ダイアモンドの分類によれば，数百人規模の共同体は部族社会と呼ばれるが，この程度の規模であれば，法律も警察も必要ないようである。従って部族社会には，行政組織も警察組織も存在しない。しかし，共同体が数千人，数万人規模になってくると話は違ってくる。人口規模が5万人を超えると，国家の様相を呈してくると言われる（Diamond, 1997）。血縁関係にはない見ず知らずの人々が，国家運営という目的のもとに集まり，経験や能力に基づいて選ばれて官僚となる。こうして，行政組織が形成されるのである。これまで取り上げてきた，小規模血縁集団や部族社会，そして首長社会の多くが，一つの言語や習慣を共有する人々の集団であるのに対して，国家には，多様な言語や習慣が混在しているのが一般的である。とにかく，規模が大きくなれば，単純に考えても，血縁者だけでそれを運営することが難しくなるのは，当然であるといえる。

　階級化された地域集団ともいえる首長社会（Diamond, 1997）でも，一時的にではあるが，労働組織が形成される。ポーランドの社会人類学者であるマリノフスキは20世紀の初頭，ニューギニアのトロブリアンド諸島に長期間滞在し，その首長社会において組織的労働が観察されたとしている（Malinowski, 1922）。島の一角であるキリウィナで行われていたカヌー作りがそうだというのである。マリノフスキによれば，共同労働と組織的労働とは異なる。共同労働は，畑仕事によく見られるようだ。ただ並んで同じ仕事をするだけの場合は，共同労働と呼ばれるが，組織的労働には技術的な分業や機能の分化が伴っていなければならないと彼は言う。「共働」ではなく「協働」なのである。こうした意味において，カヌー作りという一つの事業は，組織的労働によって成立することになる。ただ確かに，カヌー作りという事業を進めるなかで，何らかの組織が一時的に

は生じたと言えるのかもしれない。しかし，これを労働組織と呼ぶのは，あまり適切ではないようにも思われる。まず，労働組織はヴェーバーの言う経営団体としての性質を備えていなくてはならない。ここで経営（betrieb）とは，一定の種類の継続的な目的行為を指している。そして，経営団体とは継続的に目的行為を行うゲゼルシャフトなのである（Weber, 1956）。キリウィナのカヌーを製作する組織には継続性が認められない。また，近代的な労働組織において労働は，功利的な動機に基づいている。構成員は見返りや対価がなければ働こうとはしない。それがゲゼルシャフトの特徴なのである。Méda（1995）も言うように，トロブリアンド島では，個人が個人として確立されておらず，経済的交換も未発達なままである。従って，現代の労働組織とは異なるのである。

　ではここで，労働組織についてまとめておこう。まず，労働組織はゲゼルシャフトである。すなわち，人為的に形成された集合体であり，そこには，顔も知らない他者が集う。共同体のように顔の見える成員による実在的な集合体ではなく，ある意味，虚構のうえに成り立つ観念的な形成物である。また，労働組織は一つ以上の継続的な目的を有している。その目的を達成するために，内部は機能分化しており，各役割を担う成員は労働者としてみなされ，彼や彼女たちは労働行為の見返りに反対給付を受け取る。成員同士は情緒的な関係にないため，行動が人情によって左右されることはない。役割と利害に徹した，いわゆる機械的な行動に支配される。これが労働組織である。

4．労働組織からリーダーは出現するか

　前述したヴェーバーによる支配類型論によれば，それぞれの支配形態には，それぞれに固有の命令者の型や支配団体が存在する（Weber, 1956）。まず，合法的支配の場合，命令者の型は「上司」であり，支配団体は，官僚制的経営団体である。同じく，伝統的支配の場合，命令者の型は「主人（herr）」であり，支配団体は共同体である。そして，カリスマ的支配において命令者の型は「預言者・軍事的英雄・偉大なデマゴーグ（民衆扇動家）」であり，支配団体は，情緒的共同体である。

　これまで見てきたように，現代の労働組織は，ヴェーバーのいう，この官僚制的経営団体に当てはまるであろう。ヴェーバーは支配構成体について触れる

なかで，合理的に組織化された共同社会行為を官僚制のなかに見出すとも述べていることから，それは明らかであるように思われる。そして，労働組織の規模が大きくなり，複雑になればなるほど，組織の官僚制化は進むのである。一般に官僚制組織といえば，国家や公共団体における行政組織を想起させるが，私的・資本主義的経営組織も例外ではない。「近代的な高度資本主義の全発展は，経済経営の官僚制化の進展と一致する（Weber, 1956，邦訳35頁）」のである。ヴェーバーによれば，官僚制的組織が重用されるのは，他の形態よりも技術的にみて優れているためである。

　では官僚制の特徴とはどういったものであろうか。ヴェーバーが何よりも重視するのが，規則や規律である。彼によれば，規律のおかげで，組織構成員からは敏活で，自動的で，型通りの服従を引き出すことが可能になる。20世紀初頭を生きたヴェーバーは，アメリカの科学的管理法についても触れており，そのなかで，アメリカにおける経営の規律化と機械化が最善の収益を上げさせているとも述べているのである。規律以外に取り上げられている官僚制の特徴としては他に，組織の階層制や，いわゆる文書主義がある。また，職務活動の領域が私生活の領域から区別されること，分化された職務活動が専門的訓練を前提としていること，職務活動に対して労働者が全労働力を集中させること，そして，こうした職務活動は規則に従って遂行されることなども特徴として取り上げられている。従って，官僚制における職務活動は没主観的とならざるを得ない。個人的な動機や感情の影響を受けないようにしなければならないのである。それは，計算可能な形式主義が尊重されることにも通じている。以上が，官僚制の特徴である。

　前節において，リーダーシップとは，ある個人が見出す，もしくは創造しようとしている世界に共感し，共にそれを見出す，もしくは創造しようとする他者が従い始めたときに生じるプロセスとしておいた。果たして，このような特徴を有した官僚制的労働組織において，リーダーシップは生じるのであろうか。

5．カリスマ的リーダーシップ

　ヴェーバーの類型論が示唆するのは，支配と指導とは異なる概念だということである。彼の論考は，あくまでも支配と支配者に注目するものであり，指導

と指導者にではない。ヴェーバーによれば、合法的支配者も伝統的支配者ともに指導者にはなれない。前述したように、指導者になりうるのは、カリスマ的支配者だけである。しかし、この言葉は矛盾を含んでいるように思われてならない。なぜなら、指導と支配を同時に実行することは不可能だからである。雄弁で魅力的な弁舌に酔いしれている聴衆は、指導者のなかに新しい世界を見るかもしれない。そして、指導者が発する指示のようなものに従うかもしれない。しかし、それはあくまでも指導の副作用であって、彼には支配の意図はないのである。いや、支配の意図があるようでは、指導者とは言えないのである。従って、こう考えるべきではないだろうか。カリスマ的指導者が支配者でいることはできないと。キリスト、釈迦、ガンジーそして、もしかするとジョンズも、彼らが支配者として振る舞っていたとは思えない。彼らが、フォロワーに対して、自らに対する直接的な服従を求めていたとは思えないのである。

　支配には、継続性が伴う。伝統的支配も、合法的支配もともに、継続的支配を可能とする源泉を有している。しかし、カリスマにはそれが欠けている。ヴェーバーも言うように、カリスマは日常化することによって、その効力を失ってしまうからである（Weber, 1956）。そして、カリスマの意義を後退させてゆくあらゆる力の中でも、最も抗いがたいのが、合理的な規律だとヴェーバーは言う。従って、カリスマ的支配は、あらゆる点において、官僚制的支配とは正反対なのである。

　1980年代になって、カリスマ的リーダーシップ研究が盛んになった（Conger, Kanungo & Associates, 1988）。当時は、苦境に陥っていた北米産業を救ってくれる救世主が必要とされていたのである。それが、ヴェーバーのカリスマ型支配と見事に重なった。しかし、やはりここでも、カリスマが多くの制約や束縛によって奪われてしまうことを、興味深い事例を通じて我々に教えてくれる。これは、カリスマと支配との間に親和性がないことを如実に物語っているといえる。事実、カリスマ的ビジネスリーダーという言葉自体に、矛盾があることを研究者たちも認めているのである。やはり、支配体制としての労働組織から、リーダーは生まれてこないように思われる。彼らも言うように、人為的カリスマの創造には明らかに限界がある。カリスマは企業が創造できるようなものではないのである。この点についてはヴェーバーも同様である。ヴェーバーによ

れば，カリスマ的な能力は教授可能なものとは見なされていない。では，どうすればいいのか。それには，有資格者，すなわちカリスマ性を潜在的に有している人物を探すことから，始めるしかないのである。そして，全人格の再生によって，潜在化している能力を覚醒させるしかないとヴェーバーは言う。従って，「再生・再生によるカリスマ的能力の展開・試験・証しおよびカリスマ的有資格者の選抜が，カリスマ的教育の真正なる意味（Weber, 1956，邦訳487頁）」になるのである。

　以上から，労働組織が官僚制化するほど，リーダーが生まれにくくなっていくことが理解できる。支配の構造が強化されるほど，指導性が失われるということである。この問題は，支配を管理に置き換えて考えるとわかりやすいかもしれない。現代の労働組織では，近代的な経営管理が実践されている。階層化されている組織であれば，必ず管理職が置かれているはずである。すなわち，管理と指導は同時には困難だということである。Conger et al.（1988）でも，カリスマ性が，普通の管理職と真のリーダーを分けるとしている。このことは，真のリーダーが管理者であることも，また，管理者が真のリーダーであることも困難であることを示唆している。

6．組織のライフサイクルとリーダー

　従って，産業界においてリーダーが生まれてくるとすれば，起業の段階ということになるのではないか。ここで，Quinn & Cameron（1983）による組織のライフサイクル理論を参考に考えてみよう。二人は9つの先行研究を整理することによって，組織のライフサイクルを4つのステージに区分した。起業家段階，集合化段階，公式化とコントロールの段階，そして成熟段階である。

　まず起業家段階とは，組織が誕生して間もない段階を指す。起業家が，斬新で豊富なアイデアを活かして財やサービスを市場にもたらす段階である。創業者によるワンマン経営になることが多く，組織は非形式的で，官僚制化は必要とされない。まさにこの段階こそが，リーダーを生み出すことのできる段階といえるであろう。例えば，先ほど，理想のリーダーとして取り上げられていた松下幸之助について考えてみると，どうなるであろうか。松下幸之助は1918年（大正7年）に妻のむめの，そしてその弟である井植歳男（三洋電機創業者）

とともに，わずか3人でパナソニックの前身である，松下電気器具製作所を創業した。貯金はほとんどなく，機械1台買うことすらできなかったという。この段階は，こうした無謀ともいえる企業家精神に支えられているのである。

　起業家段階で，舞台から去っていく企業は多いと言われる。ただ，松下電気器具製作所はそうではなかった。最初の改良ソケットこそうまくはいかなかったものの，その後開発されたアタッチメントプラグや二股ソケット，そして砲弾型ランプなどが，ヒットして，幸之助は「東洋のエジソン」とまで称されるようになる。この頃から，幸之助はカリスマ性を帯び始めたと考えられる。まさにリーダーになったのである。同時に，小規模だった血縁集団は，非血縁者を従業員として雇うことによって，労働組織へと変貌を遂げていく。

　さて，「経営の神様」とも称される幸之助ではあるが，当初から組織の管理に長けていたかというとそうでもないようである。管理面は，妻のむめのや大番頭とも言える高橋荒太郎に任されていた（例えば高橋，2011）。すなわち，幸之助は指導者ではあっても，支配者ではなかったのである。この事例は，指導と支配が一人の人間によって果たされないことを物語っている。そして，カリスマ性は，潜在的フォロワーの認知によって生まれてくるようである。どれだけ良いものを開発しても，それが市場で認められなければ，その開発者をカリスマと認知することはないのである。このことは，Appleの創業者，スティーブ・ジョブズにも当てはまろう。

　では，起業家段階以降についても，簡単に説明しておこう。起業家段階の次は，集合化段階である。少しずつ，組織の規模が大きくなり，組織化の兆候が見えてくる段階である。明確な目標と方向性が策定され始め，権限の階層構造，職務の割り当て，当面の分業が確立されていく。組織のメンバーは長時間労働を厭わず，組織の使命を自覚し始める。そして，組織に対するコミットメントが強くなる。ただ，公式的な組織が現れ始めたとはいうものの，依然として非公式なコミュニケーションは存在し，イノベーションも継続している。この段階の危機として，経営トップが権限を手放さないということが挙げられる。エジソンは多くの発明品とともに，多くの企業を興したことでも知られるが，彼は権限を部下に委譲しなかったために，ことごとく事業の拡大に失敗している（Millard, 1990）。一方，前述の松下幸之助は，体が弱かったこともあり，早く

から部下を信頼し任せたために，飛躍的に事業が拡大したとされる。松下電器が日本においていち早く事業部制を取り入れたのも，こうした幸之助の事情によるものであった。幸之助は支配者になろうとはしていなかったといえるのかもしれない。

　3つ目の段階は，公式化とコントロールの段階である。形式化段階とも呼ばれている。組織の規模がさらに拡大して，それを管理するためのルールや手続きが公式化される。また，それに伴ってコントロール・システムが整備され，構造がより安定してくる。一方で，コミュニケーションは少なくなると考えられている。組織効率とその維持に力点が置かれ，保守的な行動が顕著になってくる。いわゆる官僚制システムの段階ともいえる。

　そして最後は，成熟段階である。構造の精緻化の段階とも言われる。先の官僚制化がさらに進行し，精緻化し，成熟に至る。地位や役割は明確に定められ，文書主義が徹底される。官僚的形式主義の行き過ぎに対しては，新しい意味での協力とチームワークが必要となる。協力体制を実現するために，場合によっては公式的なシステムを単純化したり，各職能部門を横断するようなプロジェクトを形成することが必要となる。小企業的な価値観と発想を取り戻すために，組織を分権化する場合もある。この点については，先ほどの事業部制が一つのアイデアだと言える。また，中国を代表する家電メーカー，ハイアールは8万人の従業員を2,000もの集団に分割し，それらを自主経営体と称して，企業内の活性化を図った。一つひとつの自主経営体に所属する従業員数は平均40名ということになる。いわば，企業家段階への回帰を図っているとも考えられる。

7. リーダーシップは組織的セレンディピティの成果

　組織のライフサイクル理論は，ゲゼルシャフトたる組織が生命体のように成長することを示している。それは，たとえ労働組織が機械的な形成物だとしても，現実的には生身の人間によって運営されているからにほかならない。どれだけ組織が成熟化（官僚制化）したとしても，人間が存在する以上，それを完全に消し去ってしまうことなどできないのである。だとすれば，リーダーが出現する余地もあるのではないか。ヴェーバーは指導性と創造性との間に密接な関係があることを示唆していた。ある意味，リーダーとはイノベーターでもあ

るのだ。そういう意味では，たとえ小さくとも，組織におけるイノベーションはあり得るのではないのか。確かに，組織が成熟化の段階に達しても，ヒット商品の開発が実現することもある。その商品を生み出した人物はリーダーと言えるだろう。職場の改善も，小さなイノベーションといえなくもない。新しい世界の創出を実感させてくれるのであれば，その人物を中心として，これまでとは違った情緒的共同体が形成されてくる。リーダーが生まれてくるのである。しかし現実的には，労働組織において，そのような機会はほとんどない。まさに，リーダーシップは組織におけるセレンディピティの成果なのである。

　管理者こそがリーダーではないのかという議論もあろう。労働組織は階層化されており，それぞれの階層に管理職が配置されるのが一般的である。管埋職をスモールリーダーとして捉えることもできるのかもしれない。しかし，管理職の仕事はヴェーバー流にいえば，職場の支配を実行することである。そして，繰り返し述べてきたように，一人の人間が支配と指導を実行するのは困難なのである。そもそも，管理することさえままならない管理者たちに，リーダーシップを期待するのは難しいのではないか。これは決して，現代の管理者たちを無能だと言っているのではない。そうではなくて，現代の労働組織において，管理者がリーダーになるような状況が生み出されていないということを言っているのである。

　例えば，その一つとして，管理者のプレイング・マネジャー化が挙げられる。プレイング・マネジャーとは，部下管理や指導，育成といったマネジャーとしての役割と，一般業務といったプレイヤーとしての役割を兼ね備えた管理者を指している。特にビジネス界においては，1980年代後半頃から，日本企業の職場にも見られるようになってきた。そもそも管理者には，「日常の定型的な業務の処理を下位者に委譲し，判断業務や戦略および計画立案など非定型的な事項における決定権または統制権のみを保留しそれに専念する」ことが求められるとされてきた（占部編，1980）。一般的に，例外原理と呼ばれている経営管理の原則である。しかし，現代日本企業においてこのような原理は通用していないようである。

　ちなみに，産業能率大学が2015年に実施した調査によれば，プレイヤーとしての仕事が全くないと回答した課長は0.9％であった。ほぼ100％に近い課長が

プレイング・マネジャーであることが理解できる。また，労働政策・研修機構
(2011) では，役職別に見たプレー度が調査されている。ここで「プレー」と
は「部下の労務管理や部署運営ではなく自分で一般業務をすること（58頁）」
と定義されている。調査の結果，課長職のプレー度は平均59.0%，部長職のプ
レー度は平均48.9%であることが明らかになっている。管理者が担う全業務の，
実に半分が一般業務であることになる。裏を返せば，部下管理や指導など，マ
ネジャーとしての業務は半分に過ぎない。果たしてこのように，管理さえまま
ならない状況で，リーダーになることなどできるのだろうか。

小　　括

　これまで本章では，労働組織におけるリーダーシップの困難について論じて
きた。組織のライフサイクル理論に照らせば，リーダーが出現するのは，起業
家段階においてであることが明白である。まさに起業家こそがリーダーなのだ
から，当然であろう。そして，こうしたリーダーが出現するときには，それを
醸成するような，いわばヴェーバーの言う情緒的共同体が，リーダーの周りに
生じてきているものと思われる。その後，リーダーが始めた事業に対して，情
緒的共同体の外部からもフォロワーが参加し始めるとき，ゲゼルシャフトとし
ての組織が生まれてくるのである。これまで見てきたように，リーダーと新し
い世界とは密接不可分の関係にある。リーダーは新しい事業の創造主でなけれ
ばならない。

　ただ，リーダーを情緒的共同体とともに生み出すのは至難の業である。セレ
ンディピティの成果と述べたのは，こうした意味においてであった。また，育
成することが困難であることも見てきたとおりである。従って，組織が起業家
段階を潜り抜けた後は，その組織を支えるフォロワーやメンバーの方が重要に
なるのではないか。リーダーシップを人為的に生み出すことは困難かもしれな
いが，フォロワーシップを人為的に生み出すことは可能であるように思われる。
だとすれば，リーダーシップよりもフォロワーシップに組織の資源を投入した
方が合理的ということになる。そして，論点を先取りするなら，恐らく，フォ
ロワーシップの上質化が，新たなリーダーシップの可能性を高めるのである。

そこで，次章以降では，フォロワーおよびフォロワーシップ，そしてフォロワーシップ行動について考えていく。

第2章

これまでのフォロワーシップ研究

　私たちは，意図してこの世に生まれてきたわけではない。私たちの生は与えられたものであり，自ら生み出したものではない。私たちは「生きている」と同時に，「生かされている」。こうした意味において，私たちは本来的にフォロワーである。だからこそ，リーダーに憧れ，リーダーを目指そうとするのかもしれない。しかし，前章で見たように，リーダーを目指しても，報われることはあまりなさそうだ。むしろ，理想のフォロワーを目指した方が，現実的であると言える。本来リーダーはカリスマである。従って，組織化が進むにつれて，次第に色あせていくのは否めない。松下幸之助や本田宗一郎のように，晩年までカリスマ性を失わないリーダーは稀有と言える。リーダーとは脆い存在なのである。

第1節　リーダーシップ神話

1．リーダーシップの脆さ

　フォロワーシップに関する議論に入る前に，リーダーシップ概念の脆さについて，いま少し，考えておきたい。そもそも，リーダーとフォロワーとの間にある明確な違いとは何であろうか。それについては，次のように述べることができる。すなわち，フォロワーにとって，実在するリーダーは必ずしも必要ではないが，リーダーにとっては，実在するフォロワーが必要だということである。フォロワーが「従う人」である以上，従う対象となるリーダーが必要だと

考えるのは当然である。しかし，リーダーとは，特に実在する「誰か」でなくても構わないのである。後に取り上げるフォレットも言うように，仮にリーダーがいたとしても，そのリーダーでさえもが，フォロワーとともに，「見えないリーダー（invisible leader）」に従わなければならないからである（Follet, 1949）。

　では，見えないリーダーとは何を指すのか。それは，共通の目的であると，フォレットは言う。事実，ティール組織（Laloux, 2014）のように，リーダーやマネジャーを置かない組織も，少しずつではあるものの，増えてきている。フォロワーだけの組織も存在するのである。一方，リーダーはそういうわけにいかない。フォロワーがいないリーダーなどあり得ない。一人だけで，「俺がリーダーだ」と叫んでいても，誰もついてこないようであれば，その個人をリーダーとは呼べない。また，架空のフォロワーを従えているつもりになっているリーダーは虚しいだけである。金井（2005）も言うように，喜んでついてきてくれるリアルなフォロワーがいて初めて，そこにリーダーが存在していると言えるのである。

　ここで，第1章で論じた組織のライフサイクル理論に照らして考えるなら，リアルなリーダーが存在するのは，起業家段階の一時期のみと言えるのかもしれない。前述したように，松下電器（現・パナソニック）は1918年に創業してからしばらくの間，起業家段階にあったと考えられる。そして，数々のヒット商品を世に送り出し，創業者である松下幸之助は「東洋のエジソン」とまで称されるようになった。まさに，リアルなリーダーになったのだ。にもかかわらず，当時の幸之助には，言い知れぬ不安があった。経営は順調に推移しているものの，ただ商習慣に従っているだけで，日々が過ぎていくように感じていたからである。彼を悩ませていたのは，自分たちが取り組んでいる事業の真の目的が見えないことであった。だが，転機は1932年に訪れる。知人の勧めで訪れた，ある宗教団体の本部で信者が奉仕活動をしている姿を見て，彼は自分たちの事業における真の使命を悟るのである。それが，かの有名な「水道哲学」であった。水道水は，あまりにも豊富であるために，廉価で提供される。同様に，家電製品も大量生産によって廉価にすれば，多くの消費者が購入しやすくなる。そして，それによって，人々の生活を豊かにすることができると考えたのであ

る。1932年5月5日，大阪中之島の中央電気クラブに全従業員を集めて，この真の使命について幸之助が力強い宣言をしたとき，会場は熱狂の渦に包まれたと言われている。松下電器の経営理念が誕生した瞬間であった（松下，1986）。

こうして起業家段階を潜り抜けた松下電器において，なおも松下幸之助というリアルなリーダーは存在し続けたものの，恐らく，この経営理念こそが幸之助を含めた全ての従業員たちにとっての見えざるリーダーになったのである。従って，経営理念を会得した当の本人である，幸之助自身も，常にこれを意識せざるを得なくなった。このように真の見えざるリーダーは，経営理念として概念化されるや否や，リアルなリーダーのもとを離れ，独り歩きを始めてしまう。そして，概念化した本人でさえもが，常に，その理念を体しているか（自らの中に取り入れ，具現化しようとしているか）を問われ続けることになるのである。

近年，米国のグーグルとその親会社であるアルファベットの従業員ら約200人が，同社初の労働組合を結成したことが良い例である。以前であれば，IT企業が密集するシリコンバレーにおいて，労働組合が結成されることなど考えられなかった。なぜなら，世界的IT企業で働く従業員が，団体交渉に訴えるほどの不満を，会社に対して抱くとは考えられなかったからである。では，労働組合を結成してまで，会社に対して訴えたいことは何なのか。それが，まさに経営理念なのである。2021年現在，経営を担っている幹部たちが，創業以来守られてきた「邪悪になるな」という理念を軽視し，利益を優先させていることに対して，一部の従業員たちは黙っていることができなかったのである（日本経済新聞夕刊，2021年1月5日）。この事例は，リアルなリーダーも，理念という見えざるリーダーに従うことが求められることを如実に示している。ただ，見えざるリーダーが虚構であるために，このような問題が生じてしまうことにもなるのである。

2．構成概念としてのリーダーシップ

心理学では，人間が示す行動のパターンや法則性そして，そのメカニズムを記述するために，人為的に概念を構成する。心理学でよく用いられる欲求，情動，認知などはその代表的な例として挙げられる。ここで注目している，リー

ダーシップも，社会行動を記述する目的で人為的に構成された概念であるといえる。では，こうした概念は誰によって構成されるのであろうか。それはまさに，リーダーシップを認知するフォロワーやメンバーによってであるといえる。

Kelley（1971）の帰属理論をリーダーシップ論に援用しているPfeffer（1977）によれば，リーダーシップは観察者によって作り上げられる。恐らく，この観察者には，リーダーの周囲にいるフォロワーやメンバーだけでなく，マスメディアや研究者など外部の人々も含まれるだろう。私たち観察者は，成功している組織において，しかるべき立場にいる人物をリーダーとみなし，組織内部で生じている影響プロセスをリーダーシップと捉える。組織の成果は様々な要因が複雑に絡まり合って生じているはずなのに，私たちはその人物に原因のほとんどを帰属させてしまう。リーダーシップは様々な人々の，こうした原因帰属のプロセスが合成されたものなのである。

ではなぜ，私たちは組織成果の原因をたった一人の人物に帰属させてしまうのだろう。それは私たちのなかに，統制感を与えてくれる帰属を発達させる傾向があるからだと，フェファーは言う。私たちは，個人の行為が有効で重要であることを信じたいという欲望を有しており，また，ある個人の行為は複雑な環境的要因よりも，私たちにとっては統制可能性が高いため，そのような傾向が発達するのである。社会的原因の属人化は，あまりにも多用されるため，容易にはなくならないともフェファーは言う。実際のところ，リーダー行動が組織の成果や有効性に影響を与えているか否かは関係ない。重要なのは，人々がそう信じているということなのである。まさにリーダーはシンボルなのだといえる。それ故，組織が失敗したときには，スケープゴートにもされるのである。

果たして，組織成果の原因がリーダー個人だけに帰属されることに問題はないのだろうか。原因帰属のプロセスによって生じてきたリーダー像は，様々な資質や特性を帯びている。私たちは，それらが組織の成果を左右すると信じている。しかし，こうした資質は，これまで述べてきたように，観察者の主観で決まる。そして，その主観は組織の成果によって変わる。それゆえ，組織が成功しているときは，リーダーを褒めたたえ，失敗に転じた途端，リーダーを罵倒し始めることになるのである（Rosenzweig, 2007）。そこには，全く一貫性がない。

　ローゼンツワイグはこうした現象をハロー効果によって説明している。ハロー効果は，第一次世界大戦中，心理学者のエドワード・ソーンダイクによって発見された。心理学辞典にはこうある。「あることで成功したものや，ある方面の指導者を，他の点でも指導者としたり評価したりする傾向（宮城編,1979，196頁）」と。製造業企業には，優秀な技術者を管理者として登用する傾向があるが，まさにそこにはハロー効果が働いていると言えるだろう。技術者として秀でているからといって，必ずしもマネジメント能力があるとは限らないのに，このようなことが起こってしまうのである。私たちは，何かに優れている人物を，他のことでも優れていると考えてしまうようだ。

　これは全体の印象から個々の特徴を判断するという傾向にもつながる。具体的な評価が難しい事象について，だいたいのイメージをつかむために用いられる経験則でもある。まさに「坊主憎けりゃ袈裟まで憎い」ということわざの通りである。「私たちには重要かつ具体的で見たところ客観的な情報をつかみ，ほかのもっと曖昧な特徴をそこから判断しようする傾向がある」とローゼンツワイグは言う（Rosenzweig, 2007，邦訳93頁）。それは，一つひとつの特徴を個別に評価することが難しいためでもある。認知的不協和が起こるのを避けているとも考えられる。リーダーシップのような組織内部で生じているプロセスは見えにくいため，売上げや利益といった，重要で客観的な情報によって評価・判断するという傾向が，私たちのなかにはあるということなのであろう。それゆえ，企業業績が良いと，リーダーシップを高く評価し，業績が悪ければ，逆の評価になるのである。ローゼンツワイグは，様々な企業トップを事例として取り上げ，その評価が，企業業績の変動に依存することを明らかにしている。では，当初は評価されていた，その企業トップの揺るぎない勇気や明確なビジョンといった資質は，一体何だったのか。本物のリーダーと称され，その資質として取り上げられていた一つひとつの特徴は間違いだったのか。

　この点について，ローゼンツワイグは興味深いことを述べている。「成功した企業のリーダーならかならず長所が見出せるし，失敗した企業のリーダーには批判すべき点が指摘できる（邦訳，101頁）」と。筆者であれば，こう付け加えたいところである。人格特性には二面性がある。長所は，見方を変えれば短所にもなると。例えば，先述した揺るぎない勇気は，見方を変えれば無謀とし

て映る。熱意は他者を疲弊させる。勝気な性分は支配欲に転じるのである。

[図表2-1] リーダー・プロトタイプ像の比較文化研究

普遍的に認められた，リーダーのポジティブな属性	文化によって変動するリーダーの属性
積極的，前向きである (positive)	曖昧である (evasive)
信頼できる (trustworthy)	集団内競争者である (intra-group competitor)
管理能力に優れている (administratively)	自律的である (autonomous)
公正である (just)	独立独歩である (independent)
双方に利益をもたらす問題解決者である (win-win problem solver)	リスクをとることができる (risk taker)
勇気づけられる，心強い (encouraging)	誠実である (sincere)
知的である (intelligent)	世俗的である，世慣れている (worldly)
決断力がある (decisive)	内部の葛藤を回避する (intra-group conflict avoider)
情報に通じている (informed)	隠密裏に活動する (provocateur)
交渉に長けている (effective bargainer)	ユニークである (unique)
先見性がある (foresight)	秩序を重んじ規律正しい (orderly)
計画性がある (plans ahead)	形式を重んじる (formal)
やる気を引き出す (motive arouser)	熱狂的である (enthusiastic)
コミュニケーション能力が高い (communicative)	思いやりのある，情け深い (compassionate)
常に高いレベルを追求している (excellence oriented)	落ち着いている (subdued)
自信を植え付ける (confidence builder)	慎重である (cautious)
正直である (honest)	抜け目がない (cunning)
躍動的である (dynamic)	論理的である (logical)
調整能力が高い (coordinator)	地位を意識している (status-conscious)
優れた集団を創り上げる (team builder)	直観的である (intuitive)
やる気を起こさせる (motivational)	回りくどい (indirect)
頼もしい，頼りになる (dependable)	慣例を重んじる (habitual)
普遍的に認められたリーダーのネガティブな属性	控えめである (self-effacing)
冷酷・無慈悲である (ruthless)	予測することができる (able to anticipate)
反社会的である (asocial)	神経質で繊細である (sensitive)
短期で怒りっぽい (irritable)	手続きを重んじる (procedual)
孤独を好む (loner)	階級意識がある (class conscious)
自己中心的である (egocentric)	自己犠牲的である (self-sacrificial)
不明瞭である (nonexplicit)	傲慢である (domineering)
非協力的である (noncooperative)	エリート主義である (elitist)
独裁的である (dictatorial)	野心的である (ambitious)
	細かい管理者である (micro-manager)
	強情である (willful)
	支配者である (ruler)
	個人主義的である (individualistic)

Den Hartog et al. (1999) と淵上 (2002) をもとに作成

事実，Den Hartog, House, Hanges, Ruiz-Quintanilla & Dorfman（1999）の研究結果はこのことを示唆している。これまで述べてきたように，私たちは，組織の成果をリーダーに帰属させる過程で，暗黙のリーダー像を形成する傾向を有している。Lord & Maher（1991）はそれを，リーダー・プロトタイプと呼んで概念化した。そして，Den Hartog et al.（1999）はこのリーダー・プロトタイプと文化との関係性を明らかにしようとしたのである。調査は62の文化圏にまで及び，その結果，必ずしもリーダー・プロトタイプが世界共通ではないことが明らかになった（**図表2-1**）。普遍的に認められたリーダーのポジティブな属性とネガティブな属性に比べて，文化によって変動するリーダーの属性がこれほどまでに多いことに驚かされる。

3．リーダーシップ・ロマンス

これまで見てきたように，私たちには組織成果の原因をリーダーやリーダーシップに帰属させてしまう傾向がある。しかし，リーダーやリーダーシップは社会的に構成された概念であり，それゆえに脆い。優れたリーダーの資質にも一貫性がなく，曖昧である。それでもなお私たちは，リーダーやリーダーシップに対して期待する。しかも，それは過剰とまで言えるものなのである。

組織有効性の原因を過剰にリーダーシップに帰属させるという現象を，リーダーシップ幻想（romance of leadership）として概念化し，アーカイバル・データと実験によって実証した研究がMeindl, Ehrlich & Dukerich（1985）である。彼らはStaw（1975）による一般的な議論をリーダーシップ現象に当てはめている。Staw（1975）によれば，因果関係に関して組織メンバーや観察者が述べる意見や信念は，出来事についての実際の因果的決定因というよりはむしろ，帰属的推定によって構成される。この点については，先のPfeffer（1977）とほぼ同様であるといっていいであろう。彼らの功績は，リーダーシップに関してフォロワーが有する先入観を明確に指摘し（小野，2012），リーダーシップ幻想が持続的なフォロワーシップにとって，重要な意味をもつことを示唆している点にあるといえる。リーダーシップ幻想はフォロワーシップに対して，どのような影響を与えるのであろうか。

フォロワーシップ論の父ともいえるロバート・ケリーによれば，組織成果に

対するリーダーの貢献度は10〜20％に過ぎない（Kelley, 1992）。にもかかわらず，我々はリーダーシップを信奉するあまり，過度にリーダーに依存してしまっている。こうしたリーダーシップ神話は，我々個人から能力を奪っているとケリーは言う。組織が成功している理由を，実際以上にリーダーに求めるということは，その裏返しとして，フォロワー自身の貢献を過小評価することにつながりかねない。フォロワーは自らの真の実力を見誤り，自己効力感を失う危険性がある。

　また，Uhl-Bien & Pillain（2007）によれば，リーダーシップ幻想の当然の結果として，そこにフォロワーシップの部下性が生じる。フォロワーは，リーダーこそが結果責任を有していると考えるため，フォロワー自身が責任を引き受けようとする意識が分散してしまうのである。こうした傾向は，フォロワーのモチベーションやイニシアティブに対しても影響を及ぼす可能性がある。自らの仕事に対する意欲や成果について責任を有しているのはリーダーである，という認識を有しているフォロワーは，自らの意欲が低下したとき，その原因をリーダーシップに求めるであろう。フォロワーはこのような社会的概念を自らで構成してしまうのである。この点は，Derue & Ashford（2010）とも符合する。そして，一度このようなレッテルを自らに貼ってしまうと，個々人は自らについての信念を，結果的には成果までを，そうしたレッテルによって誘発される期待に適合させてしまう。フォロワー（ネガティブな意味での）といったレッテルが貼られると，フォロワーはそのレッテルに見合うように自らの期待や行動を低下させる。つまり，「部下（フォロワー）」というレッテルはネガティブな自己期待を生み出してしまうのである（Vanderslice, 1988）。

　そもそも，リーダー自身が組織のなかで印象管理を通じて自らを理想化し，リーダーシップ・ロマンスの状態を生み出していると主張する研究もある（Grey & Densten, 2007）。リーダーは自分自身をも欺き，理想的なリーダーを演出するというのである。そして，フォロワーに理想的なリーダー像を抱かせるように，リーダーたちは動機付けられているとも言う。確かに，リーダーが自らのリーダーシップをフォロワー以上に認知する傾向にあることについては，かなり以前から我が国においても指摘されてきた。例えば，企業の第一線監督者と一般従業員を対象に行った研究によれば，PM理論におけるP行動，M行

動ともにリーダーによる自己評定値が部下評定値を上回っていた（三隅・藤田，1972）。また，教師と生徒を対象に行った調査においても，同様にP行動，M行動ともに，教師による自己評定値が児童評定値を上回っていた（吉崎，1978）。これらの研究結果は，リーダー自身が自己認知を歪めている可能性を示唆している。いずれにしても，リーダーによって創出されるリーダーシップ・ロマンスは，より一層，フォロワーによる過剰帰属を生じさせるのではないか。

　それにしても，私たちはなぜ，組織成果の原因をリーダーに帰属させようとするのであろうか。フェファーの言うように，私たちのなかに統制感を高めたいという欲求があるからだけなのであろうか。もう一つの鍵はヒューリスティックス処理にある。すなわち，ほとんどの人々は，組織の成果についてそれほど興味がないということである。

　説得的コミュニケーション研究の到達点ともいえる理論モデルに，精緻化見込みモデル（elaboration likelihood model：ELM）がある。Petty & Cacioppo（1986）によればELMとは，説得的コミュニケーションの有効性に通底する基本的なプロセスを理解するための，一般的枠組みを提供することを目的として提案されたモデルである。そこでは，態度変化をもたらす過程として，熟考をともなう中心ルートと，熟考をともなわない周辺ルートが想定される。いずれのルートが生起するかに影響を及ぼす要因として，能力や正確志向動機などが扱われてきた。能力が高い場合や正確さを志向する動機が強い場合，人は認知的努力を行って説得的メッセージを詳細に処理することが予想される。この場合を中心ルートによる処理と考えよう。中心的な手がかりである，メッセージの論拠の強弱が説得効果に大きな影響を及ぼすことになる。逆に，能力が低い場合や正確さを志向する動機が弱い場合，人はメッセージ内容よりも，送り手の肩書きやメッセージの長さのような，周辺的な手がかりによって説得される可能性が高まる。この場合は，周辺ルートによる処理，またはヒューリスティックス処理と呼ばれる。メッセージ内容の論拠の強弱は，説得効果に対してあまり影響をもたないことが予測される（**図表2-2**）。このELMの信頼性については筆者たちの研究でも証明されている（松山・高木・石田，2008）。

　例えば，ある企業が好業績を上げたとしよう。その原因を知るためには，そ

[図表2-2]　ELM

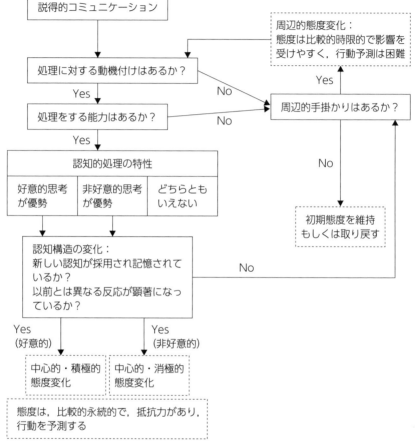

出典：Petty & Cacioppo（1986）をもとに筆者作成

　の企業の事業活動内容などを詳細に検討する必要があるだろう。それに関する報道記事や雑誌記事は探せばたくさん見つかるはずである。しかし，一般的な人々はそれらを詳しく検討する動機も能力も有してはいない。一方，その企業のリーダーがテレビなどのメディアに頻繁に登場しているようであれば，どうしてもそちらに目が向いてしまう。その方が，わかりやすいし，扱いやすいからである。そうして，多くの人たちが，きっとこのリーダーが素晴らしいからこの企業は好調なのだと考えるようになるのである。まさにこれがヒューリス

ティックス処理によるリーダーシップ・ロマンスだといえる。この現象は，多かれ少なかれ組織内部の観察者にも当てはまる。目の前の仕事に没頭するあまり，組織活動の全体像を把握できない組織成員と，組織外部の観察者との間に，さほど大きな違いがあるとは思われないのである。

　これまで，リーダーやリーダーシップの曖昧さや脆さ，そしてその有効性の希薄さについて述べてきた。しかしこれらの議論は，リーダーの役割的側面と人的側面をあまり区別していない。近年のリーダーは，役割や立場，また器として捉えられる傾向が強いように思われる。例えば，労働組織における課長や，学校のクラスにおける学級委員，また地域における自治会長などは，すべて立場としてのリーダーを表している。だとすれば，リーダーシップとは，「リーダーという役割を遂行するため」に求められる，資質や能力というように考えることもできよう。リーダーという役割には権限が付与されている。それは，あくまでも役割に対して付与されているのであって，役割を担っている個人に付与されているのではない。従って，リーダーという地位から退いた後は，当然，指示命令を発することができなくなるし，これまでの部下たちも従う義務はなくなるのである。しかし，もしリーダーの地位にあった個人に一定以上の権威が備わっていたなら，これまでの部下は非公式ではあるが，支援という形で従ってくれるのではないだろうか。

　いずれにしても，リーダーを役割的側面から考えた場合，組織や社会がその役割を適切に概念化することは容易ではない。ましてや，その役割にふさわしい能力や資質を備えた個人が，リーダーとして選ばれることはあまりない。能力や資質が備わっていなくても，選挙によって選ばれたリーダーであれば，まだ納得性も得られるが，特に労働組織において，それは考えにくい。このように，リーダーの役割的側面に注目したとしても，依然として，リーダーやリーダーシップにまつわる問題は解消されないのである。

第2節　フォロワーシップ論前史

　それでは，リーダーは不要なのか。その結論を出すのは，まだ早い。そもそもフォロワーだけの社会や組織が成立するのか。という疑問はやはり残る。事

実，これまでフォロワーは長きにわたって，低い地位に貶められてきた。この点を解きほぐして説明するのは難しい。先ほどの議論のように，フォロワーを役割として見るのか，人として見るのかという点にも関わってくる。フォロワーシップ論に入る前に，ここではまず，これまでフォロワーがどのように捉えられてきたのかについてみてみよう。というより，フォロワーというレッテルがどのように使用されてきたのか，もしくはどういった人々をフォロワーと位置付けていたのか，という表現の方が適切かもしれない。階級や身分的格差のあった時代には，明確な上下関係やそれを基礎とした集合的意識が存在した。特に産業革命以降しばらくは，資本家に対して，労働者はまさにフォロワーとして位置づけられていた（松山, 2018）。ここでは，Baker（2007）による論考を参考に，英米におけるフォロワー観の変遷あるいは，英米においてフォロワーがどのように捉えられてきたのかについて，その歴史を振り返ってみたい。

1．フォロワー観の変遷

　Baker（2007）によれば，いくつかの例外はあるものの，1980年代になるまでは，マネジメントに関する文献において，フォロワーという用語は用いられなかった。マネジメント論やリーダーシップ論において，フォロワーや部下に対して関心が示されるようになったのは最近のことである。フォロワーは看過される存在に過ぎなかった。しかし，例外的な視点を有した研究者もいた。それが，前述したフォレットである。フォレットは1930年代においてすでに，フォロワーの重要性について気づいていた。彼女はこのように述べている。「これまでほとんど考察されたことのないこと（中略）それは，リーダーシップの状況におけるフォロワーの役割である。フォロワーの役割とは，たんに従うことのみにあるのではない。彼らは非常に積極的な役割を果たさなければならない。それはリーダーに状況の管理を継続させることである（Follet, 1949, p.54）」と。

　フォレットは特にフォロワーシップ論を展開しようとしていたわけではないが，当時から，組織において上位を占める成員が，下位を占める成員に対して意見を求め，指示を仰ぐといった現象に注目していた。彼女の鋭い視点は度々，こうした組織内部の上下関係に向けられた。そして彼女は，指示をする成員が

上で，受ける成員が下にあるという一般的信念に疑問を投げかけ，従属している
るという感情や他人の意のままになることに対する嫌悪について言及している。

　さて，Baker（2007）によれば，フォロワーに対するフォレットのような視
点は，第2次世界大戦を取り巻く環境のなかで失われてしまった。敵を倒すと
いう至上命題のなかで，階層的かつ権威的な構造が受け入れられる時代となり，
リーダーにばかり注目が集まるようになったためである。それは，ルーズベル
トやチャーチル，スターリンそしてヒトラーたちによって具体化されていたと
ベーカーは言う。そして戦争が終わっても，米国においては黄金時代が幕を開
け，経済的リーダーとなった米国は世界中の賞賛の的となっていった。米国が
経済支配を確立するにつれて，企業は従業員に対して，彼らが示す忠誠心や服
従そしてハードワークと引き換えに，長期雇用の保障を約束した。経済状況が
安定している間は，フォロワーへの要求はそれ以上何もなかったし，リーダー
とフォロワーの関係性を試す必要はなかった。フォロワーではなく，リーダー
の行為こそが企業の成功にとって重要であったとベーカーは言う。

　しかし，1980年代になると様相が一変する。グローバル経済の到来，技術の
進歩，米国人労働力の変化などが企業システムに対してプレッシャーをかけ始
めた。また，これらのプレッシャーは1980年代から1990年代にかけて頻発した，
乗っ取りとダウンサイジングの流行を生み出すことになったのである。企業の
組織構造はフラットになり，権力と責任は幅広くフォロワーに委譲されるよう
になった。リーダーはフォロワーにより多くのイニシアティブとリスクテーク
を期待した。しかし，全知のリーダーと服従的で受動的なフォロワーというモ
デルがあまりに定着していたため，部下たちは積極的フォロワーという新しい
役割を受け入れることができなかった。実際のところフォロワーたちは，ト
レーニングも支援もない状況で，責任だけが大きくなることを，割けるべきリ
スクとして捉えていたようである。1980年代および1990年代のダウンサイジン
グ・トレンドから生じた心理的契約の終焉と組織圧力を，リーダーとの間に
パートナーシップを築くことによって，新しい心理的契約を形成する良い機会
と見た人たちもいた。にもかかわらず，「活気のない，無力な大衆」というフォ
ロワーのイメージが変化するのは遅かったのである（Baker, 2007）。リーダー
シップを強調するあまり，意図せざる結果として，リーダーに対するフォロ

ワーの影響力が無視されてきたのである（Oc & Bashshur, 2013）。

2．古典に学ぶ

　Baker（2007）が正しければ，特に欧米において，フォロワーおよびフォロワーシップの重要性に人々が気付き始めたのは，1980年代から1990年代にかけてということになろう。そして恐らく，その画期となる研究がKelley（1992）なのではないかと思われる。ケリーこそがフォロワーシップ論の父であり，ケリーによってフォロワーシップ研究は開花していくことになるのである。しかし，ベーカーも述べていたように，それ以前にもフォロワーに注目していた企業家や研究者はいる。ケリー以降のフォロワーシップ研究を紹介する前に，ここでは，古典的なマネジメント論からいくつかの論考を取り上げておくことにしよう。

1）バーナードの「権威受容説」と「無関心圏」

　まず取り上げるのはBarnard（1938）である。「近代組織論の父」とも称される彼の論考は，斬新かつ難解を極めているといわれ，未だに論争の的となっている。ここでは，彼の「権威の理論」を中心に，フォロワーについて考えてみたい。なお，バーナードはフォロワーではなく，貢献者（contributor）や成員（member）という表現を使用している。

　バーナードによれば，命令は下されるだけで効力を有するわけではない。命令が権威をもつためには，あくまでもフォロワーがそれを受け入れなくてはならない。すなわち，命令が権威をもつかどうかは，リーダーではなくフォロワーに依存するということなのである。「個人に対する権威を確立するためには，その個人の同意を必要とすることが避けられない（p.165）」と彼は言う。労働組織におけるフォロワーの存在が，ほとんど看過されていた時代に，この議論は画期的ともいえる。なぜなら，この理論では，フォロワーに命令受容の選択権が認められているからである。フォロワーは自らで判断のできる主体的な存在として描かれている。

　しかし，この理論は，彼が別で述べている組織人格論との間に，齟齬を生じさせているように思われる。バーナードは協働の重要性を説くなかで，組織に

おける個人に対して人格的行動の放棄，および人格的行為の非人格化を求める。それなしに活動は調整されないというのである。個人は，自らの行動の人格的統制を放棄することになる。だとすれば，命令を受容する主体は何なのか。組織人格とは，まさにこの人格的統制を放棄した人格を指しているのである。それは，非人格的行為体系に組み込まれた人格であり，そのときすでにその人格は組織によって統制されている。従って，命令は受容されて当然なのである。組織人格が命令を受容したとしても，そもそもそこには選択の余地などなく，個人の視点からみれば，それは盲目的服従と同義ではないのか。ここにフォロワーの主体性があるといえるのであろうか。

　バーナードの無関心圏理論は，一見，この疑問に対して答を与えているように見える。この理論では，合理的に考えて実行可能な行為命令を三つに分類している。第一は，明らかに受け入れられない命令群，第二は，かろうじて受け入れられるかどうか，まさに中立線上にある命令群，そして第三が，この無関心圏内にある命令群である。無関心圏内の命令とは，問題なく受け入れることが可能な命令を意味している。だからこそ，こうした命令に対しては比較的無関心でいられるのである。すでに当初から予期された範囲内にある命令とも言えよう。ここで注目すべきは，第二の命令群である。この命令群の存在が，フォロワーの主体性を裏づけているように見えるということなのである。では，組織人格論との整合性をどこに求めればよいのであろうか。果たして，バーナードはフォロワーの主体性についてどのように考えていたのであろうか。恐らくこの点については，バーナードの論考だけでは，解決できないように思われる。新たな理論が必要なのである。それが後述する観従理論である。とりあえず，この議論はここまでにして，最後に，命令受容のための条件について述べておきたい。

　バーナードによれば，フォロワーが伝達を権威あるものとして受容するためには，4つの条件が必要である。すなわち，第一に，その伝達を理解でき，実際に理解すること，第二に，フォロワーが意思決定する際に，その伝達が組織目的と矛盾しないと信じること，第三に，意思決定にあたり，その伝達が自らの個人的利害全体と両立しうると信じること，そして最後に，フォロワーが精神的にも肉体的にも伝達に従いうること，この四つである。第一条件は，先述

したELM理論を想起させる。まさに，命令が権威を有するためには，命令内容を中心ルートで処理する必要があるということなのであろう。第二条件は，先述した理念の重要性を想起させる。たとえ上位者の命令であっても，それが組織目的と矛盾しているようであれば，その命令に権威があるとは思われない。Googleが良い例であった。最後に第三条件は，この時すでにバーナードが，個人目標と組織目標の統合が重要であることを認識していたことを示している。いずれにしても，慧眼というしかない。

2）サイモンの「服従の哲学」

次に，バーナードの継承者として知られるサイモンを取り上げよう。サイモンは1978年に，ノーベル経済学賞を受賞した経営学者であり，政治学者でもある。行動科学的な組織論の分野で大きく貢献したとされる。サイモンも，その主要著書のなかで「権威の役割」について，章を割いている。

Simon（1997）によれば，リーダーあるいは上司は単なるバスの運転手である。乗客たちは自分たちが行きたいと思っているところに連れて行ってもらえないのであれば，バスを降りる。フォロワーは，自分たちが進むべき道について，ほんのわずかの裁量しかリーダーに与えていないとサイモンは言う。この点については，すでに本書においても述べてきたとおりであり，サイモンも早くから，リーダーの指導性については疑問を感じていたようである。

ただサイモンの議論もかなり難解である。彼は，兵士を例にとって次のように言う。命令に服従している兵士は，服従の哲学について熟考しているわけではないと。では，どうやって兵士は命令に服従するのか。それは，「彼が，命令に対して迅速に選択がなされるような行動のルールを自分自身に設定する（p.125）」ことによってである。確かに，組織で行動する成員が，リーダーや上司からの指示について常に深く考えているかというとそんなことはない。サイモンも言うように，多くの行動は習慣的か反射的である。命の危険と隣り合わせにいる兵士が，上官の指示にあれこれと考えを巡らせるのは，まさに自殺行為であろう。兵士は，なにがしかの指示があったときには，反射的にそれに見合った行動が生じるようなルールもしくは心理的機制を，事前に自らに設定しておくのである。

　ただし，この心理的機制は無意識的に機能する。「右向け右」と指示された
ときに，兵士の体は反射的に動くのである。判断は必要ない。ここに，兵士の
自発性はない。しかし，先のサイモンの言説では，行動のルールを設定する主
体についても論じられていた。ここでは，兵士の自発性を見て取ることができ
る。さらに，サイモンはこのように続けている。「兵士は，"私は今，攻撃する"
というような意思決定によって，その都度，導かれるのではなく，"私は，そ
うするように命じられた時に攻撃する"というルールの下で，こうしたすべて
の意思決定を理解するのである（p.125）」と。ここに，また新たな行為主体が
登場する。自らの意思決定を理解する行為主体である。しかも，この行為主体
は，行動の後で，それを引き起こした意思決定を理解しているように見える。
これはどういうことであろうか。

　さて，フォロワーは特に別の選択肢が自身にない場合に，命令を受容すると
サイモンは考える。このような受容圏が，それぞれのフォロワーには存在する
ようである。先ほど取り上げた兵士の心理的機制もこの中に含まれると考えて
よいであろう。なお，サイモンの受容圏は，バーナードの「無関心圏」を発展
させた概念である。こうした受容圏内でフォロワーは，代替的選択肢を選ぶた
めの批判能力を保留にする。受容圏内の命令に対して，フォロワーは反射的に
行動する。従って，組織・個人双方にとって，とても効率的である。以前，あ
る大手機械メーカーの管理責任者が，大変興味深いことを言っていたことを思
い出す。彼は，上司の命令に対して自身が4割以上納得すれば，あまり深く考
えずに受け入れるというのである。彼はこうしたルールを自らに設定している
ことになる。時間のない中間管理職にとって，反応的に行動できる受容圏を確
立しておくことは，より多くの業務を効率的に遂行するうえで必要なのであろ
う。先述したようにサイモンも，「部下は自身の明確な選択がないときに命令
を受容する（邦訳，283頁）」と述べており，先の管理責任者の例でいうなら，
4割未満の納得性しかない場合には，受容しないという選択の可能性があるの
だといえる。こうした命令は，バーナードの言う，受け入れられない命令や中
立線上の命令に当てはまると考えてよいであろう。

3）フォレットの「命令の非人間化」

　フォロワーシップという用語を用いることはなかったものの，フォロワーやその役割について体系的な議論を行った初めての研究者は，間違いなくメアリー・パーカー・フォレットであろう。フォレットこそがフォロワーシップ論のパイオニアであることは，多くの研究者が認めている（Baker, 2007；Crainer, 2000；Gilbert & Hyde, 1988）。古典的マネジメント論の最後はフォレットを取り上げる。

　先述したように，バーナードは個人に対する権威を確立するためには，その個人の同意が必要であると考えていた。しかし，Follet（1949）によれば，権威は職務あるいは機能に属する。従って個人の同意は必要ないとフォレットは考える。フォレットの経営論も難解を極めてはいるものの，筆者の理解では，フォレットによれば，経営は様々な過程によって織りなされている。それは経営のそれぞれの地点で，一つの情況となって立ち現れる。そして職務や機能は情況における重要な要素なのである。もちろん，その背後には組織の目的が存在している。それゆえ，命令が同意によって妥当性を得るものだと考えるのは，誤りだと彼女は言う。「命令は，同意を得るよりはるか以前に，命令授与者と命令受領者とがともに貢献してきた全体過程から，その妥当性を得るのであ（邦訳，67頁）」り，「リーダーとフォロワーはともに見えないリーダー，すなわち共通の目的に従うのである（原著，55頁）。」

　権威がだれかに授与することのできないもので，職務に内在する権力であるならば，命令は職務から，そして情況から発せられることになる。さらに，職務が知識と経験によって裏付けられるのであれば，服従はこの知識と経験とに対して行われるべきなのである。従ってフォレットが言うように，知識と経験とがあるところに，情況の中心人物は存在することになる。フォレットは，情況の法則を発見することを，「命令の非人間化」と呼ぶ。情況は様々な相互作用と関連性によって織りなされている。組織の成員は，その様々な諸関係を全体状況のなかに見出すべきであるとフォレットは言う。そして，こうした関連の中から，命令を見出さなければならないのである。

　すなわち，フォレットにとって，命令はリーダーによって発せられるもので

はなく，フォロワーによって見出されるべきものなのだといえる。ここにリーダーの居場所はない。必要なのは情況に従うフォロワーだけのように思われる。とはいえ，フォレットも管理者やリーダーが不要とまでは言わない。リーダーには情況を管理するという重要な役割があるのである。そして，フォロワーにはリーダーに情況の管理を継続させる，という役割を果たすことが求められる。こうした意味において，フォレットの管理思想は民主的で平等主義的な側面が強いものの，フォロワーにとっては厳しい面もある。なぜなら，フォレットは，すべての人々に自らの経験および共通目的に対する責任を感じるように求めるし，受動的服従を厳に戒めるからである。そもそも，フォロワー自らで命令を見出すこと自体が，フォロワーの主体性を認めている反面，自己責任をも強く求めている。

　従ってフォレットにすれば，フォロワーとしての望ましい態度は次のようになる。すなわち「命令受領の場合に最も望ましい態度は，知的な吟味，変更を提案する意欲，提案方法の丁重さ，そしてまた，同時に指令されたことに偏見をもたないこと，ならびにもし指令された方法に対して確信をもって反対の理由を示し得ないならば，その指令はおそらくは最善の方法であるとする態度（邦訳，50頁）」となるのである。

　さて，フォロワーシップ論に対するフォレットの功績は大きいものの，フォレットによるこうした議論が真のフォロワーシップ論とまでは言えないことも事実であろう。フォレットの議論は全体状況を強調するあまり，顔の見えない議論になってしまっているように思われる。フォロワー個人の顔が見えてこないのである。この点は，21世紀初頭に流行したティール組織（Laloux, 2014）と通底している。組織をティール化して成果を上げた，ある経営者が講演参加者からの質問に対して「個人については考えなくてよい」という趣旨の回答をしたという。ティール組織には三つの特徴があるといわれるが，そのなかの一つである全体性を追求すると，個人を考える必要がなくなるのであろうか。このエピソードを語ってくれたティール・コンサルタントは，釈然としない様子でこう述べた。「もしかするとフォロワーシップがティールの裏側かもしれない」と。

　いずれにせよ，フォレットの思想が西洋よりも日本において好まれるのは

(Crainer, 2000)，このようなところにも理由があるのかもしれない。日本企業や日本人労働者はフォロワーシップとの親和性が高いと言われてきた（例えばCarsten, Harms & Uhl-Bien, 2014など）。恐らくそれは，日本企業における小集団活動やボトムアップ，また，労使協調がその強みの源泉として注目されてきたからであろう。しかし，これらは集団によるフォロワーシップであって，個人によるフォロワーシップではないのである。全体性と個人の問題については，後ほど改めて取り上げるつもりである。

　以上，経営管理論の古典ともいえる3つの研究から，フォロワーがどのように捉えられていたのかについてみてきた。リーダーシップ研究が開始されたといわれる1930年代において，すでにフォロワーの主体性が認められていたことが見て取れる。なかでもフォレットの管理思想は，群を抜いて斬新であることがわかる。しかし，ベーカーも言うように，こうしたフォロワーに対する注目は戦後になって色あせてしまったようである。新たなフォロワーシップ論は半世紀を待たなくてはならなかった（Crainer, 2000）。

第3節　フォロワーシップ研究

　次に，Uhl-Bien, Riggio, Lowe & Carsten（2014）を参考にして，いくつかのフォロワーシップ研究を紹介しよう。Uhl-Bien et al.（2014）によればフォロワーシップ研究とは，フォロワーの性質や影響力，そしてリーダーシッププロセスにおけるフォロワー行動の調査を含む。こうしたフォロワーシップ研究を，彼らは大きく二つに分けている。役割理論アプローチと構築主義アプローチである。役割理論アプローチとは，フォロワーシップを公式的もしくは非公式的な位置，または階層を占める諸個人（例えば，階層的な上司-部下関係における部下や，リーダー-フォロワー関係におけるフォロワー）によって果たされる役割として捉える。次に，構築主義アプローチは，リードとフォローが組み合わさってリーダーシップが共同で創造されるというように，その関係的相互作用としてフォロワーシップを捉える。前者の役割を基礎とした視点が，フォロワーシップを役割や行動セットもしくは個人やグループの行動スタイルとして捉えるのに対して，後者の構築主義的視点はフォロワーシップを，リー

ダーシップと必然的に結びつく社会的プロセスとして捉える。

1. 役割理論アプローチ

先にも述べたとおり，役割理論アプローチはフォロワーを類型化することによって，フォロワーシップを捉えようとする。Uhl-Bien et al. (2014) によれば，その最も初期のタイプ論がZaleznik (1965) である。彼は，フォロワーという表現こそ用いてはいないものの，「部下」を4つのタイプに分類した。支配-服従および能動的-受動的の二軸を設けた上で，部下を衝動型，強迫観念型，自虐型，引きこもり型の4つにタイプ分けしている。

1）ケリーのフォロワーシップ論

そして，現在でも最も影響力のある初期のタイプ論がKelley (1988, 1992) である。書物として，初めて日本にフォロワーシップ論を紹介したのもケリーであった。ケリーは調査の結果，フォロワーシップの特徴として独自のクリティカル・シンキング（批評的思考）と積極的関与という二つの特徴を抽出した。独自のクリティカル・シンキングを有しているフォロワーとは，自分で考え，建設的批評を行い，自分らしさをもっている，革新的で創造的な個人を指している。それに対して，この特徴を有していないフォロワーは，するべきことを言われなくてはならず，自分で処理できず，考えようとしない。次に積極的に関与しているフォロワーとは，イニシアティブをとり，オーナーシップを引き受け，積極的に参加し，自発的で，担当業務以上の仕事をする個人を指している。それに対して，こうした特徴を有していないフォロワーは，受身で，怠惰で，刺激される必要があり，常に監督を必要とし，責任を回避しようとする。ケリーはこれら二つの特徴の有無を二軸として，マトリックスを描き，5つのタイプのフォロワーを抽出したのである（**図表2-3**）。それが孤立型，消極的，順応型，実務型，模範的フォロワーである。

こうしたケリーのタイプ論を用いて，新たなフォロワーシップ論を提唱している研究もある。それが，Bjugstad, Thach, Thompson & Morris (2006) によるフォロワーシップとリーダーシップ・スタイルの統合モデルである。このモデルはケリーのタイプ論と，Hersey & Blanchard (1977) の状況的リーダー

[図表2-3]　ケリーのフォロワータイプ

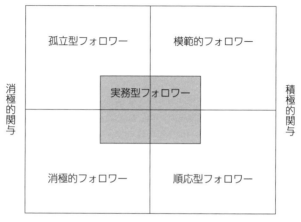

独自のクリティカル・シンキング

孤立型フォロワー　　　模範的フォロワー

消極的関与　　　　実務型フォロワー　　　　積極的関与

消極的フォロワー　　　順応型フォロワー

依存的・無批判な考え方

出典：Kelley, 1992, 邦訳, 99頁

シップ理論を統合したものである。この理論モデルによれば，フォロワーシップのタイプに応じて，適切なリーダーシップ・スタイルは変化する。具体的には，孤立型フォロワーに対しては参加的リーダーシップ，消極的フォロワーに対しては説得的リーダーシップ，順応型フォロワーに対しては教示的リーダーシップ，そして模範的フォロワーに対しては権限委譲的リーダーシップが適合的であると考えるのである。

2）チャレフのフォロワーシップ論

また，経営コンサルタントであるChaleff（1995）は，支援と批判という二つの軸を設けてタイプ分けを行っている（**図表2-4**）。ここで支援とは，フォロワーがリーダーを支える程度を示し，批判は，リーダーの言動や方針が組織の目的や価値を損なうような場合に，異議を申し立てる程度を示す。これらによって設定されるタイプは，実行者（implementer），パートナー（partner），個人主義者（individualist），従属者（resource）の4つである。なお，これらの訳は邦訳（1995）に準じている。ここで実行者とは職務をきっちり果たし，リーダーが監視する必要のないフォロワーである。しかし，このタイプのフォ

［図表2-4］　チャレフのフォロワータイプ

支援（高）

	実行者	パートナー
	従属者	個人主義者

批判（低）　　　　　　　　　　　　　　　　批判（高）

支援（低）

出典：Chaleff（1995），邦訳59頁から作成

ロワーは，リーダーが道を踏み外しても警告することができない。パートナーとは，リーダーを精力的に支え，同時にリーダーの言動や方針に対して積極的に異議を唱えるフォロワーである。また，個人主義者とは，服従心が乏しく，リーダーや同僚たちの行動について，自分の意見を相手のことも考えずに言うタイプである。そして最後に従属者とは，給料以上の仕事をしようとしないタイプのフォロワーを指している。

　またChaleff（2015）は，フォロワーシップに関する研究を進める中で，賢明な不服従の必要性について説いている。チャレフによれば，私たち人間は，大人になるにつれて公式的な権威に従うようになる。そして，服従はしばしば反射的である。ほとんどの文化で，服従は善で，不服従は悪だと捉えられているのである。しかし，数多くの企業不祥事が示すように，「ただ命令に従う」という罠は避けられなければならない。不正な経理処理を指示されて，命令に従ってしまったフォロワーがどうなったか。責任はそれを指示したリーダーだけのものではない。実行したフォロワーも罪に問われるのである。

　そこでチャレフは1985年のスタンフォード大学で行われた，当時の学長ドナルド・ケネディのスピーチを取り上げる。壇上でケネディ学長は，賢明な不服従と呼ばれる盲導犬トレーニングの魅力について語ったうえで，民主的な社会においては，こうした教育が必要であることを訴えたという。

　またチャレフは，泊りがけで実施されたボーイスカウトのキャンプを事例として取り上げる。宿泊先の施設で着替えが必要になったときに，ある一人の少年が皆と同じでは嫌だと主張したというのである。個室で着替えさせてほしいと。指導者たちは，初めはそれを聞き入れようとしなかったが，話し合った結

果，少年の意見を受け入れることにしたという。子供は小さいときから，大人の言うことを聞くようにしつけられる。裸を見られることが嫌でも，やむなく従ってしまうのが通常である。しかし，この少年のように，嫌な時はNoと言うことが必要だし，そうすることができるように早くから教育していくことが重要なのである。

　チャレフによれば，賢明な不服従のトレーニングは，犬であれば生後16か月，人であれば9歳から10歳ごろから始める必要がある。もちろん，まずはルールや命令に従うように躾（しつけ）なければならない。ルールや命令に従うことができない盲導犬など，役に立たないどころか，危険ですらある。それは人間も同じであろう。ある程度，社会化されたうえで，初めて賢明な不服従のスキルが教え込まれるのである。賢明な不服従のスキルの中心になるのは，批評的思考である。守るべきとされるルールであっても，常識に従っていないようにみえる時には疑問を投げかけたり，効果的に質問したりすることが大切だとチャレフはいう[1]。

3）役割指向性に注目した研究

　役割指向性（role orientation）という概念を用いたタイプ分けもある。Howell & Mendez（2008）は，様々な役割指向性がリーダーとフォロワー間の関係に影響を与えると考える。ここで役割指向性とは，フォロワーが組織内の地位において自分の義務や責任をいかに概念化するかということを指している。この役割指向性はフォロワー自らの自己概念，リーダーからの期待，そして組織的要因から影響を受けるとされる。第1の役割指向性は，フォロワーシップを関係的役割と捉える指向性である。このフォロワーシップはリーダーシップ役割を補完し，支援する。第2の役割指向性は，フォロワーシップを独立した役割と捉える指向性である。この指向性において優れているフォロワーは，自らで方向性を決定することができ，リーダーに頼らなくても問題解決ができる。第3の役割指向性は，フォロワーシップを変化する役割と捉える指向性である。近年，組織における個人はそのリーダーシップ構造に自らを適応さ

1　盲導犬が判断しているか否かは定かではない。我々の目には，そのように見えるというだけなのかもしれない。

せること，すなわち，リードするのかフォローするのかといった選択を，状況
に応じて行うことが期待される。そしてそうした役割はしばしば一時的であり，
特別なプロジェクトや課題の要求に依存している。さらに，こうしたフォロ
ワーは，役割間を移動することが可能でなければならないとしている。

4）カーステンたちのフォロワーシップ研究

　役割指向性とよく似た，フォロワーシップ・スキーマ（followership sche-
ma）という概念を用いた研究もある（Carsten, Uhl-Bien, West, Petra, & Mc-
Gregor, 2010）。彼女たちは質的調査を通じて，個人がフォロワーとしての役
割を社会的にどのように構成するか，明らかにしようとした。そして，こうし
た社会的構成概念と関連のある要素として，フォロワーシップ・スキーマと組
織的文脈に注目したのである。ここで「フォロワーシップ・スキーマとは，
リーダーシップやフォロワーシップと関連する様々な要因との間に生じる社会
化や相互作用を通じて発達した，一般化された知識構造（p.546）」を指している。

　さて，研究の結果明らかになった，フォロワーを構成する概念は三つであっ
た。一つ目は，受動性・従順性（passive）という構成概念である。回答者の
39％が，この受動的で従順なフォロワーといった定義を支持したとしている。
このグループは，フォロワーの役割を本来的により受動的であるとみなし，命
令を受け取り，「リーダーの方向」に物事を進めることを通じて従うことが重
要であるという。また，このタイプの人たちは，フォロワーの役割に伴う責任
が比較的軽いこと，そして，リーダーの知識や専門性に従うことが重要である
ことを強調するのである。それは，リーダーこそが意思決定し，会社の将来を
構想するのに必要な知識や専門性を有していると考えているからにほかならな
い。まさにフォロワーシップの部下性ともいえる特徴であり，権力や地位を，
階層的に高い位置にいる個人に帰属させてしまうという社会的傾向に，これら
の人々は影響を受けているのだと彼女たちは考える。

　二つ目は，能動性（active）という構成概念である。回答者の32％が，能動
的な（自分から働きかける）フォロワーシップの概念を支持した。このグルー
プは，リーダーから求められたときに自らの意見を表明し，情報を提供するこ
との重要性を強調する。これらのフォロワーはまた，リーダーが専門性や知識

に優れていることを認めながらも，自分たちがリーダーシップ・プロセスに対してなす貢献を幾分重要視する。ただそうは言っても，依然としてリーダーの決定には忠実（loyal and steadfast）である。そして，いつも積極的な態度を維持することが重要であると考えている。これらの人たちは，すすんで許容範囲を超えるようなこと，つまり，リーダーの行為に挑戦しようとまではしない。さらに責任の少なさを，フォロワー役割の利点としてみなす従順なフォロワーたちとは異なり，リーダーシップの位置にいる人々から，学ぶことができることの利点を強調する。

　三つ目は先回り・順向性（proactive）という構成概念である。回答者の29％がこういった概念を表明する。このグループはイニシアティブをとり，リーダーに対してフィードバックやアドバイスを提供するだけでなく，リーダーから求められる前に，リーダーが前提としている考え方に挑戦する。このグループは，リーダーの決定に影響を与え，命令に疑問を投げかけることの重要性について率直に語る。また，これらの人たちは，フォロワーとしての役割を遂行しているときの影響力や挑戦，そして「静かなリーダーシップ」の重要性を強調するのである。すなわち，プロアクティブなフォロワーは，自らをリーダーシップ・プロセスのなかで，積極的な参加者もしくは共同プロデューサーとして捉えている。つまりこのグループは自分たちの役割を，自らの部門や組織の使命を実現することだと考えているのである。さらにこれらの人たちは，しばしば，フォロワーの役割と関係付けられる，受動的で服従的な行動を批判する。このことは先回りするフォロワーが，従わないということを示唆しているのではない。ただ，上からの方向性に盲目的に従うよりもむしろ，リーダーに対して，建設的な疑問を呈し，建設的に挑戦することの方が重要であると言いたいだけなのである。組織の使命と合致することに関心があるのだから，当然のことなのかもしれない。

　さて，前述したように，カーステンたちはアメリカとカナダで働く31人の労働者を対象に，面接調査を実施している。31人は，様々な職業に従事しており，職位も様々であった。調査の結果，抽出されたフォロワーシップの特性は**図表2-5**の通りである。

　さらに彼女たちは，スキーマと組織的文脈との関連性について，次のように

[図表2-5]　フォロワーシップ特性

特　性	定　義
チームプレイヤー	他者との協働意欲が高い。
積極的態度	支持し，助け，支援することに傾注。
プロアクティブな行動	問題を特定化し，立ち向かい，解決しようとする意欲が高い。リーダーに従わずに率先することを評価し，実践する。
意見表明	自らの意見やリーダーやグループに対する感情をわかっている。リーダーのアイデアや意思決定などに挑戦できる。
柔軟性／開放性	順応し，従順であろうとする。新しいアイデアや意見に対して開放的である。
従属性	積極的に参加はしない。目に見える反応はない。他者とともにある。抵抗なく服従。
コミュニケーションスキル	アイデアや考えを交換することができる。聴衆を理解しており，それに従って議論を組み立てることができる。
忠誠心／支援	リーダーに対する忠実な支持とリーダーのアイデアに対する支援。
責任／信用	頼りにされる，信頼，信用。
オーナーシップ	職務に対して全面的な責任と影響力を有している。
使命感	企業目標と方向性を意識している。仕事に対するより大きなヴィジョンや，より大きな目標に照準を合わせている。
誠実さ	道徳や倫理的原則を順守する。正直である。

述べる。すなわち，フォロワーによるスキーマに基づいた行為が可能か否かは，文脈に依存するというのである。例えば，リーダースタイルが権威主義的か権限委譲型か，もしくは風土が官僚主義的か活気にあふれているか，といったことが，フォロワーたちが自分たちの役割指向性に従って役割を遂行できるかどうかを決定する，重要な要素になるというのである。フォロワーのスキーマが文脈に合致していないときは，ストレスや不満が生じる。例えば，権限委譲的風土にいる受動的フォロワーは，自分たちの信念やスタイルと一貫しない方法で仕事をするように要求されるため，ストレスを感じる。また，権威主義的リーダーと仕事をしている順向的なフォロワーは，官僚的な風土や手続きによって息苦しくなり，欲求不満を感じるのである。この研究は，フォロワーの抱く暗黙のフォロワーシップに関する研究として捉えることも可能であるし

[図表2-6] 労働状況の4タイプ

文　脈	定　義
階層的／官僚的文脈	命令と管理を基礎とした関係。トップダウンスタイル。
権限委譲型文脈	個々人がプロアクティブであること，意思決定への参画を組織が奨励するという認識を共有している。
権威主義的リーダーシップ	服従と権威の無理強いによって特徴づけられるリーダーシップ
権限委譲，支援型リーダーシップ	フォロワーに対して自律性を与え奨励する。有効性を高め，フォロワーの成果を強化するための情報を共有する。

（浜出・庄司，2015），社会的構築主義の視点を有した研究という見方もできよう。**図表2-6**には，31人の被験者たちが働いている労働状況を分類した結果が示されている。

2．構築主義アプローチ

　次に，構築主義の視点を有している研究をみてみることにしよう。フォロワーのアイデンティティをポスト構造主義的に分析することによって，新たな視点からフォロワーシップを捉えようとした研究に，Collinson（2006）がある。すでにリーダーシップ論においては，ポスト構造主義的観点によって，リーダーシップを社会的アイデンティティとして捉えようとする研究がいくつか存在しているため，それらをフォロワーシップに適用しようとしたのである。通常，アイデンティティとは単一で，統一的で，まとまりのある主体として捉えられているが，ポスト構造主義的な観点では，そのようには捉えられない。それは多元的で，移ろいやすく，分裂していて，非合理的な特徴を有しているとみなされる。個人の生活は個人を取り巻く社会的世界と密接に結びついているため，個人は様々な社会的自己の集合体として理解されるべきであると，ポスト構造主義者は考える。個々人の行為は，常に複雑な状況や結果のなかで理解されるべきだからである。そして，個々人の自己は同時に現出するわけではない。時期や文脈に応じて，支配的な自己は変化するのである。

　研究の結果，Collinson（2006）によって抽出された自己は，順応するフォロワーとしての自己，抵抗するフォロワーとしての自己，劇作的フォロワーとし

[図表 2-7]　アイデンティティ・ワーク

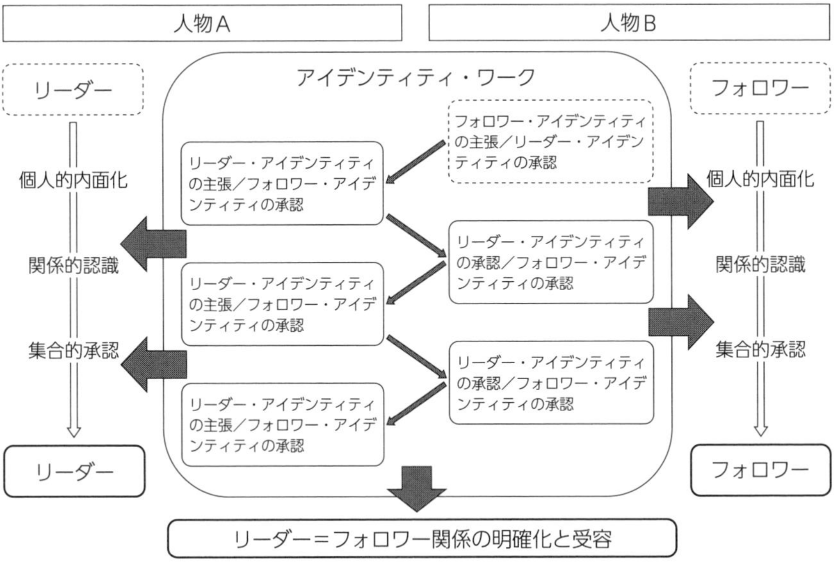

出典：Derue & Ashford（2010），p631

ての自己であった。ここで，劇作的自己とは，組織内での監視が強まるなか，それに対して戦略的に対応する自己，つまり印象操作を駆使する自己を指している。こうした自己は，順応的な自己の場合もあるし，抵抗する自己を演じる場合もあろう。また，それらを混合したような自己の場合もあるかもしれない。いずれにしても，リーダーはフォロワーのアイデンティティを形成することによって，彼や彼女たちを動機付けるべきなのである。

　Collinson（2006）と同様に，フォロワーのアイデンティティに注目した研究としてDerue & Ashford（2010）がある（**図表 2-7**）。二人はリーダーシップ関係の発達について説明するなかで，フォロワーのアイデンティティがリーダーのそれと同様に，重要な構成要素であることを明らかにしている。二人によれば，これまでの研究は上司の地位にある者をリーダー，上司に報告すべき人間をフォロワーとして捉えてきた。そのため，リーダーとフォロワーとの間にある，社会的に構築される相互関係の重要性が軽視されてきたという。フォロワー・アイデンティティは，個人的で，一方向的で，静的なものとしてしか

描かれてこなかった。暗黙のフォロワーシップ論やプロトタイプ論にしても，認知的側面にばかり注目して，関係的視点が欠けているというのである。

　二人によれば，アイデンティティは三つの要素から成立する。すなわち，個人的内面化，関係的認識および集合的承認である。個人的内面化とは，リーダーやフォロワーとしてのアイデンティティを，自己概念の一部として組み込むようになる状態をいう。フォロワーとしての役割に関係のある，自己の新しい側面が創造されるということでもある。次に関係的認識について述べよう。二人によれば，個人のアイデンティティは様々な役割と結びついているし，またそれらの役割は相互に関係している。フォロワーシップとは，フォロワーが所有している何かではなく，個々人の間で認識される関係性を表現しているのである。関係的アイデンティティ・プロセスという概念は，リーダーやフォロワーといった相互的役割アイデンティティの採用を通じて，また，それが関係的に認識される程度に応じて，そのフォロワーシップ・アイデンティティが強くなることを示唆している（すなわち，フォロワーについていえば，相手が相互的リーダー・アイデンティティを帯びているとき）。最後に集合的承認とは，社会的環境のなかで，ある特定の社会的グループ（例えば，リーダーもしくはフォロワー）の一部としてみなされるということである。

　さて，二人はこれらを前提としたうえで，アイデンティティが形成される具体的なプロセスについても言及している。それがアイデンティティ・ワークである。アイデンティティ・ワークとは，人々がアイデンティティを形成し，修正し，維持し，強化し，改定することに従事することを指している。このワークは，特定のイメージを生み出そうとする個人と，その個人に対して正当なアイデンティティとしてのイメージをフィードバックし，強化する（またはしない）他者によって引き受けられる。それは主張と承認の繰り返しによって成立する。ここで主張とは，リーダーかフォロワーどちらかのアイデンティティを主張するために人々がとる行為を指す。承認とは，他者に対してリーダーかフォロワーどちらかのアイデンティティを承認するためにとる行為を指している。なお二人の研究は，リーダーシップに視点があるものの，これまでの説明からも理解できるように，リーダーシップとフォロワーシップは表裏一体の関係にあると考えられているため，本書ではフォロワーシップに視点を置いた説

明に修正している。

3．近年の実証研究

　それでは最後に，近年発表されたいくつかの実証研究を紹介して本章を閉じることにしよう。**図表2-8**（60・61頁）は，2021年までに発表された，主だった定量的研究を一覧にしたものである。フォロワーシップに関する研究は蓄積が進んでいるとは言うものの，実証研究は依然として少ない。ここでは，特に5つの研究を取り上げることにしたい。

　Blanchard, Welbourne, Gilmore & Bullock（2009）は，フォロワーシップ・スタイルと従業員の態度との関係について調べている。フォロワーシップ・スタイルについては，Kelley（1992）によって考案された20項目が使用されている。従業員の態度としては，組織コミットメント（愛着的コミットメントと規範的コミットメント）と職務満足（内発的職務満足と外発的職務満足）が取り上げられている。331名の大学職員を対象に調査をしたところ，フォロワーシップ・スタイルはケリーによって提示された，独自の批評的思考（ICT）と積極的関与（AE）の二次元で捉えられることが明らかになった。また，これら二つの特性とそれぞれの態度との関係は**図表2-9**（62頁）の通りである。

　分析結果から，積極的関与はどの態度に対しても正の影響を有していることがわかる。一方，独自の批評的思考は，内発的満足を除いてすべての態度に対して負の影響を有している。また，両者の交互作用項による影響を見てみると，内発的職務満足に対しては正の影響を有している一方で，外発的職務満足に対しては負の影響を有していることが見て取れる。この結果をさらに詳しく見てみると，フォロワーは積極的に関与しながら，独自の批評的思考を行うと内発的職務満足が高まるようである。すなわち，両方の特性が発揮される場合に，フォロワーの内発的満足も高まるということなのである。この結果は，両特性レベルの高いフォロワーを，模範的フォロワーとするケリーの考え方に符合しているように思われる。一方，フォロワーが消極的に関与している場合に，独自の批評的思考が行われると，外発的職務満足が低くなるようである。これらの結果から，独自の批評的思考はいわゆる「諸刃の剣」であると結論付けられている。

	フォロワーシップ測定尺度	尺度の詳細	先行要因
Blanchard, Welbourne, Gilmore & Bullock (2009)	Kelley (1992) 20項目	独自の批評的思考10項目 積極的関与10項目	なし
Kalkhoran, Naami & Beshlideh (2013)	Kelley (1992) 20項目	5つのフォロワーシップタイプ	なし
Leroy, Anseel, Gardner & Sels (2015)	Kernis & Goldman (2006) 16項目	オーセンティック・フォロワーシップ	なし
Kan, Heo & Kim (2016)	Kelley (1992) 20項目	独自の批評的思考10項目 積極的関与10項目	なし
Jin, McDonald & Park (2016)	Kelley (1992) 20項目	批評的思考2項目＋積極的関与2項目を合成	なし
Novikov (2016)	Kelley (1992) 20項目	独自の批評的思考10項目 積極的関与10項目	なし
Du Plessis & Boshoff (2018)	Kelley (1992) 20項目	合成	心理的資本 オーセンティック・リーダーシップ
Jin, McDonald & Park (2018)	Kelley (1992)	抜粋6項目	組織との適合感
Carsten, Uhl-Bien & Huang (2018)	フォロワーシップ役割志向	共同生産志向5項目 受動的役割志向4項目	なし
Marinan & Brown (2019)	Kelley (1992) 20項目	独自の批評的思考10項目 積極的関与10項目	心理的安全性
Ribbat, Krumm & Hüffmeier (2021)	Kelley (1992)	積極的関与12項目 独自の批評的思考4項目	なし
松山 (2016)	3次元モデル	受動的忠実性9項目 能動的忠実性12項目 プロアクティブ性8項目	なし
松山 (2019a)	3次元モデル	受動的忠実性9項目 能動的忠実性12項目 プロアクティブ性8項目	なし
松山 (2019b)	3次元モデル	プロアクティブ性8項目	リーダーシップ幻想部下性 内発的コミットメント 外発的コミットメント
渡部 (2020)	3次元モデル	受動的忠実性4項目 能動的忠実性4項目 プロアクティブ性4項目	なし
松山 (2021)	3次元モデル	受動的忠実型9項目 能動的忠実型12項目 統合型8項目	なし
西之坊 (2021)	Kelley (1992) Challeff (1995) オリジナル項目	積極的行動19項目 批判的行動11項目 配慮的行動8項目	リーダーの課題行動 リーダーの関係行動

定量的研究

調整要因	アウトカム	サンプル	回答数	
なし	愛着的コミットメント 規範的コミットメント 内発的職務満足 外発的職務満足	大学職員	331	
なし	職務満足 愛着的コミットメント 職務関与	石油・ガス関連企業 従業員	320	
オーセンティック・リーダー シップ	基本的欲求満足	サービス産業 ベルギー系組織	リーダー　30 フォロワー　118	
なし	バーンアウト 職務ストレス	ラグジュアリーホテル 従業員	544	
上司からの支援に対する認知 成果志向型文化	職務満足	82の連邦政府関係機関	1723392	
なし	役割行動 組織市民行動 職務成果	軍事プロジェクトおよ びR&D	管理者　22 一般従業員　35	
なし	ワーク・エンゲージメント	サンプル1 サンプル2	健康産業　647 鉱山業　254	
なし	職務満足 退職意志	米国公立大学の教職員	692	
なし	ヴォイス 上方向への権限移譲	オンラインサーベイ	管理者　42 一般従業員　306	
なし	なし	サーベイモンキー	大学院生　118 組織労働者　298	
なし	職務満足 組織コミットメント 組織市民行動 感情的消耗	オンラインサーベイ 組織労働者	413	
なし	労働成果 Well-being	web調査会社へ委託 民間企業勤務者	1000	
P行動・M行動	労働成果 Well-being	web調査会社へ委託 民間企業勤務者	1000	
なし	なし	アルバイト大学生	481	
なし	上司とのフォロワーシップ 行動類似度	web調査会社へ委託 民間企業勤務者	1015	
なし	ワーク・エンゲージメント 主観的統制感	web調査会社へ委託 民間企業勤務者	452	
なし	LMX	オンラインサーベイ 組織労働者	200	

[図表2-9]　結果の概要

	愛着的 コミットメント	規範的 コミットメント	内発的 職務満足	外発的 職務満足
独自の批評的思考（ICT）	低減	低減	無関係	低減
積極的関与（AE）	増大	増大	増大	増大
ICT×AE	無関係	無関係	増大	低減

出典：Blanchard, Welbourne, Gilmore & Bullock（2009），p125

　Kalkhoran, Naami & Beshlideh（2013）もよく似た研究を行っている。本研究においても，フォロワーシップ・スタイルと様々な職務態度が扱われている。フォロワーシップ・スタイルは先ほどの研究と同じく，ケリーの20項目が使用されている。職務態度としては，職務満足，組織コミットメント（愛着的コミットメント）そして，職務関与（job involvement）が取り上げられている。石油・ガス関連企業に勤める320人の従業員を対象に調査をしている。本研究では，これらの対象者をケリーの示した，フォロワーシップ・スタイル，すなわち模範的，順応型，実務型，消極的フォロワーに分類したうえで分析を行っている。孤立型フォロワーは除外されている。分析の結果，職務満足，組織コミットメント，そして職務関与，すべての態度において，フォロワーシップ・スタイルによる差異が見られた。特に，職務満足と組織コミットメントにおいては，模範的フォロワーが他のフォロワーに比べて高い値を示したとしている。

　次にKan, Heo & Kim（2016）を取り上げよう。本研究では，フォロワーシップとバーンアウトおよび職務ストレスとの関係について調査が行われている。この研究でも，フォロワーシップについてはケリーを参考にしているが，批評的思考と積極的関与以外に，目標一貫性およびチーム・スピリットと命名された特性が加わっている。ラグジュアリーホテルに勤務する544名の従業員を対象に調査を行ったところ，次のような結果となった。

　まず，バーンアウトに対して，積極的関与は正の影響を示した一方で，目標一貫性とチーム・スピリットは負の影響を示した。また，職務ストレスに対しては，積極的関与が正の影響を示した一方で，その他の三つの変数は負の影響を示していた。積極的関与といったフォロワーシップ特性がバーンアウトやストレスを導くという結果は，Blanchard et al.（2009）とは符合しないようにみ

える。しかし，組織コミットメントを高め，職務満足をもたらす一方で，精神的負担は増えているのかもしれない。三人は，個人的挑戦を要求するような仕事に対する積極的関与がバーンアウトを導くのではないかと考察している。

　セルビアでも同様の研究が行われている。Hinić, Grubor & Brulić（2017）もフォロワーシップ・スタイルと様々な態度について調査を行っている。フォロワーシップに関しても，これまでの研究と同様に，ケリーの20項目を用いている。中等学校に勤務する206名の教員を対象に調査を実施したところ，模範的フォロワーが最も多く全体の58.7％を占めた。次に多かったのが，実務型フォロワーで39.8％であった。その他のフォロワーはほとんど存在せず，孤立型は１％，順応型はわずかに0.5％であった。実務型と順応型が弁別されなかった可能性がある。そこで，模範的フォロワーと実務型フォロワーを比較したところ，内発的モチベーションと職務満足に関しては，模範的フォロワーの数値が高く，外発的モチベーションに関しては実務型フォロワーの方が高かった。また，同研究では，批評的思考レベルが高かった。それについて３人は，文化的要因が背景にあるとしている。つまり，セルビアの文化は，個人の感情や意見を自由に表明させるため，このような結果になったとみている。また，模範的フォロワーが多かったことについては，多くの人が，自らの職業キャリアを模範的フォロワーとしてスタートさせるという，ケリーの言説と符合するとしている。

　最後にJin, McDonald & Park（2016）を取り上げよう。この研究もフォロワーシップと職務満足について調べている。フォロワーシップの捉え方はケリーに依拠している。しかし，分析指標としてのフォロワーシップは二次元に分別せず，積極的関与２項目，批評的思考２項目を合体させて用いている。また，フォロワーシップが職務満足に与える影響を調整する要因として，上司からの支援に対する認知（PSS）と成果志向型文化（POC）を加えて分析している。82の連邦政府関係機関から得られた大規模データを分析した結果，フォロワーシップが職務満足に対して正の影響を有していることが明らかになった。さらに，階層的重回帰分析を行った結果，フォロワーシップは高いPSSのもとで，職務満足に正の影響をもたらしていることがわかった。優秀なフォロワーは他者や状況からの影響なしに課題を達成すると想定して，設定された仮説と

は逆の結果になっている。また，フォロワーシップは成果志向が弱い状況で，正の影響をもたらしていることも明らかになった。この結果も仮説を支持していなかった。

　以上，近年行われた実証研究をいくつか紹介してきた。これまでの研究では，産業組織および労働組織におけるフォロワーシップについて論じられていることがわかる。そして，すべての研究がケリーに依拠していることも明らかとなった。フォロワーシップを測定する際に，ケリーの開発した尺度が使用されているということでもある。しかし，ケリーの理論，尺度および類型化には，少なからず問題があると筆者は考えている。そこで，筆者は独自に，日本版フォロワーシップ尺度を開発することにした。それを次章で取り上げたいと思う。

第3章

日本的フォロワーシップの3次元モデル

　本章では，日本的フォロワーシップについて論じる。なかでも，組織貢献が可能な3タイプのフォロワーシップ行動に焦点を合わせる。まず第1節では，日本版フォロワーシップ尺度が，いかにして開発されたのかについて説明する。

第1節　日本版フォロワーシップ尺度の開発

1．Kelley（1992）の尺度を再考する

　前章で述べたように，現在世界的に使用されているケリーのフォロワーシップ尺度には，少なからぬ問題がある。**図表3-1**を見てほしい。誰もが，一見して質問文が長いと感じるのではないであろうか。そして，ダブルバーレル（double barreled）質問が，複数存在していることが見て取れる。ここで，ダブルバーレル質問とは，一つの質問文のなかに，複数の論点が含まれていることを意味している（大谷・木下・後藤・小松，2013）。例えば，問3を見てみよう。「仕事，組織に心底のめりこんで精力的に働く」ことと，「最高のアイデアや成果をもたらす」という二つの論点が見て取れる。こういった質問には回答が難しい。当然，回答結果にも歪みが生じてしまう。また，この尺度がどのようにして開発されたのかも不明である。ケリーは自らの論文や書籍において，それを明らかにしていない。

［図表3-1］　ケリーの尺度

	質　問　内　容
1	あなたの仕事は，あなたにとって大切な，何らかの社会的目的や個人的な夢を叶える助けになっているか？
2	あなた個人の仕事の目標は，組織の最も重要な目標と同一線上にあるか？
3	仕事，組織に心底のめりこんで精力的に働き，あなたにとって最高のアイデアや成果をもたらしているか？
4	あなたの熱意は広がり，ほかの社員をも元気づけているか？
5	リーダーの命令を待ち，言われたことだけをするのではなく，組織の最も重要な目標を達成するためには何が一番重要な組織活動かを，あなたなりに判断しているか？
6	リーダーや組織にとってより価値のある人間になるために，重要な活動の場において際立った能力を積極的に発揮しているか？
7	新しい仕事や課題を始めるにあたり，リーダーにとって重要な手柄をいちはやくたてているか？
8	あなたが締切までに最高の仕事をこなし，必要とあらば“穴を埋めてくれる”ことを承知のうえで，リーダーはほとんど一任する形であなたに難しい仕事を割り当てているか？
9	自分の業務範囲を超える仕事に対しても貪欲で，首尾よく成功させるためにイニシアティブを取っているか？
10	グループ・プロジェクトのリーダーでなくとも，ときには分担以上のことをして，最善の貢献をしているか？
11	リーダーや組織の目的に大いに貢献する新しいアイデアを自主的に考えだし，積極的に打ち出そうとしているか？
12	（技術面でも組織面でも）難しい問題をリーダーが解決してくれるのをあてにせず，自分で解決する努力をしているか？
13	自分がまったく認められなくても，自分以外の社員をよく見せるための手助けをしているか？
14	必要とあらばあまのじゃく的批評家になるのもいとわず，アイデアやプランがかかえる上向きの可能性，下向きのリスクの両方をリーダーやグループが考えるのを助けているか？
15	リーダーの要求，目的，制約を理解し，それに見合うように一生懸命働いているか？
16	自分の評価をはぐらかさず，長所も短所も積極的かつ正直に認めているか？
17	言われたことをするだけではなく，リーダーの知識，判断を心の中で問い直す習慣があるか？
18	リーダーに専門分野や個人的興味とは正反対のことを頼まれたら，「はい」ではなく「いいえ」と答えるか？
19	リーダーやグループの基準ではなく，自分の倫理基準で行動しているか？
20	たとえグループ内で衝突したり，リーダーから仕返しされることになっても，大切な問題については自分の意見を主張しているか？

出典：Kelley（1992），邦訳92-94頁

2．日本版尺度開発のための予備調査１

　また，ここに示された質問内容が，日本人労働者の精神性や日本の労働文化に対して，当てはまりがよいのか，という点についても疑問が残る。そこで筆者は，実際に日本企業の現場で働く労働者の声を拾うことによって，日本版フォロワーシップ尺度を開発することにしたのである。まずフォロワーシップ行動を抽出するために，予備調査を実施した。調査対象企業は，大阪に拠点を置く株式会社Ａである。会社定款に明示された事業内容は，①企業の人事，総務，財務その他の事業受託およびその企画・管理，②企業の計算・整理，帳票の記帳・整理等の各種事務処理業務の受託，③業務のアウトソーシングの受託，④関連会社の支払代行業務および資金管理業務，⑤前各号に付帯関連する一切の業務である。調査時直近の全従業員数は291名であり，職位構成は取締役４名，部長職６名（うち，取締役３名を含む），課長職８名，一般従業員276名である。

　2014年７月から８月にかけて，取締役および部長職を除く285名を対象に質問紙調査を実施した。組織長である部長から対象者全員に質問紙を手渡し，折り返し郵送にて返送してもらった。その結果，返送された回答数は279（97.8％）であり，そのうち，有効回答数は224（78.5％）であった。有効回答数の属性は男性が52名，女性が172名，平均年齢は46.9歳，平均勤続年数は11.8年であった。最終学歴は，高等学校が110名，専門学校が16名，短期大学が41名，四年制大学が57名であった。雇用形態は正社員が135名，嘱託社員が10名，有期契約社員が41名，派遣社員が17名，定年再雇用が15名，その他（出向受入社員，アルバイト等）が６名であった。

　後の本調査で使用する質問内容（フォロワーシップ行動）を抽出するため，自由記述による回答を求めた。質問は次の三つであった。すなわち，「フォロワー（部下）による望ましい態度・行動」，「フォロワー（部下）による望ましくない態度・行動」および「フォロワーシップという言葉に対するイメージ」について，それぞれ具体的に回答してもらったのである。ここで「フォロワー（部下）」という表記には若干の問題があるかもしれない。しかし，日本企業において，フォロワーという概念があまり浸透していないことを考慮して，あえて（部下）を付け加えた。後述するように，部下であるからといって，フォロ

ワーであるとは限らないものの，最もフォロワーに近い概念であることも事実である。この点については，Carsten et al.（2010）も参考にしている。

　得られた回答結果を概観したところ，長文のなかに複数の行動が含まれている回答や，様々な行動を箇条書きにしている回答などがあった。そこで，調査協力者でもあるA社の人事担当者とともに，それら回答結果を精査していったところ，105の望ましい行動が抽出された。なお，望ましくない行動もみたが，そのほとんどが望ましい行動の裏返しであった。「報告・連絡・相談」や「挨拶」などは比較的多くの回答者が取り上げていた。さらに類似表現などをまとめることによって，55の態度・行動に絞り込んだ。それを質問項目として表現したのが**図表3-2**である。

［図表3-2］　日本版フォロワーシップ尺度　ver.0

	質　問　項　目
1	上司の意を汲んで自主的に行動している
2	自主的に上司を支えている
3	自らの考えを上司に伝えられている
4	上司の示した組織目標に貢献しようと努力している
5	上司からの指示に的確に反応している
6	上司に対して，適切な意見や資料を提示している
7	上司をフォローするために状況把握や準備を常にしている
8	上司との意思疎通をうまくとっている
9	報告，連絡，相談を大切にしている
10	上司への影響力を意識している
11	部下である自分に何ができるかを追求している
12	部下としての責任をもっている
13	上司から与えられた役割を受け入れている
14	上司に対して献身的に考え行動している
15	上司に対する自分の立場をわきまえている
16	上司から与えられた業務に精一杯取り組んでいる
17	上司の考えをよく理解するよう努めている
18	上司から頼まれた仕事を快く引き受けている
19	上司に対してきちんとした言葉遣いをしている
20	上司が一から十まで指示しなくても動くことができる
21	上司が考え付かない新しいことに常に前向きに行動している
22	上司が示した方向に協調性をもって行動している
23	上司が示したフレームの範囲内で果敢にチャレンジしている

24	上司から学ぶ姿勢をもっている
25	上司に対して謙虚さを有している
26	上司の意向を汲み，先を考えて行動している
27	上司から言われたことをこなすのではなく，プラスアルファを考えている（ただし，余分なことをやるのではない）
28	上司の指示にできる限り従っている
29	報告・連絡・相談を行いながら，臨機応変，柔軟な対応をしている
30	上司の意見や注意，助言を素直に受け入れ，仕事に生かし取り入れている
31	上司から自分に求められている役割を迅速に果たしている
32	問題やミスをすぐに上司に報告している
33	業務進捗を適時に上司に報告している
34	上司の悪い部分を責めるのではなく良いところを認めるようにしている
35	上司あっての自分と心得ている
36	上司にわからないことはわからないというようにしている
37	上司を信頼している
38	上司の期待を超えた行動をしている
39	上司に対して影響力を発揮して成果を出そうとしている
40	上司に対して従順である
41	上司の意見や考えを否定しない
42	上司に対して気分のムラのない対応をしている
43	上司に忠実である
44	上司の立場に立って物事を考える努力をしている
45	上司に明るい声で挨拶している
46	上司の質問に対して返事が早い
47	上司の意見に納得した上で従っている
48	上司の言わんとしていることをうやむやにしない
49	上司の右腕である
50	上司に対しては「聴く」ことを心がけている
51	上司には建設的な意見を具申している
52	上司に対して良い影響を及ぼしている
53	上司に対して虚偽の発言をしない
54	上司とは和やかかつ冷静に話しができる
55	上司からの指導が自分にとって好ましいものでなくても，社会的に正しいことや会社の方針であれば従っている

　ちなみに「フォロワー（部下）による望ましくない態度・行動」についての回答結果を見ると，圧倒的に多かったのが「非協力的，自己中心的，勝手な行動」といった，協調性のない態度・行動であった。実に過半数を占めていた。これは集団主義を大切にする日本企業ならではの回答結果なのであろうか。そ

れ以外で多かったのは，「上司の指示に素直に従わない」，「思い込みで仕事を
進める」，「頑固」などであった。これらの回答結果も，上司との関係性をない
がしろにするという意味では，よく似ているかもしれない。素直に従うことを
求める一方で，「上司の指示に対してすべてイエスと言う」，「納得していない
のに従う」，「イエスと言いながら異なることをする」といった回答も多かった。
また，「反抗的な態度」や「挨拶をしない」，「聞く態度が横柄」といった，姿
勢の問題に言及する回答も少なくなかった。最後に，「報告・連絡・相談を怠
る」，「ミスを隠す」といった回答も多かったので付け加えておきたい。

3．フォロワーシップに対するイメージ

　また，「フォローシップという言葉に対するイメージ」についても，主だっ
た回答結果を紹介しておこう。まず目につくのが，無回答である。270の回答
のうち，実に65人が無回答であった。さらに，「よくわからない」，「イメージ
ができない」といった回答は26あった。加えて，「日本語でお願いします」など，
外来語を使用していることに対する批判的な回答もあった。以上から，フォロ
ワーシップという言葉があまり浸透していないことが見て取れる。とはいえ，
記述がある場合の多くは，ポジティブに捉えている回答が多かった。以下に主
な回答を示す。

> 「上司や周囲に良い影響をもたらす。批判と貢献を使い分けて成果を出そうとす
> る」
>
> 　　　　　　　　　　　　　　　　　（女性，短大卒，契約社員，57歳，勤続28年）

> 「他者に強制されることなく，自発的な動きで職制上のマネジャー，リーダー，
> あるいは周りのメンバーへの業務補佐をすることができる行動や考え方」
>
> 　　　　　　　　　　　　　　　　　　（男性，大学卒，正社員，48歳，勤続26年）

> 「ただ単に，指示を受け，それに従って行動するだけの存在ではなく，部下自ら
> が自身のフィルターを通して考え，ボトムアップしていき，組織を活性化させ
> ていくこと」

（男性，大学卒，正社員，44歳，勤続20年）

「自分の立場を理解した上で，時には上司にも自分の考えを主張できる力。部下としてどれだけ上司の方針に沿って仕事ができるか，グループの一員として，どれだけ成果を上げることができるかを常に意識しながら行動できる力」

（女性，短大卒，正社員，44歳，勤続23年）

「相手を尊重する事でお互いを尊重しあい，何かあったら手を貸すよという姿勢。良好な人間・職場関係を形成しようとする意思」

（男性，大学卒，正社員，43歳，勤続17年）

　以上，主な回答を5つ示した。これらは，すべてフォロワー個人にフォーカスしている。フォロワーの意思や行動，そして，考え方や能力について言及していることがわかる。次に，フォロワー個人ではなく，職場や組織の環境もしくは風土にフォーカスしている回答もあったので，以下に示しておこう。

「職場内で困っていたり，悩んでいたりする人を助け合うこと。仕事が職場メンバーにうまく割り当てられており，お互いが助け合う風土になっている。上司が命令中心ではなく，チームワークで仕事をしているイメージ」

（男性，大学卒，正社員，47歳，勤続26年）

「一人一人が多くの業務をこなすことが出来て，お互いの理解，フォロー，声掛けが自然に発生している職場環境」

（男性，大学卒，正社員，40歳，勤続15年）

「あまり耳慣れない言葉でイメージがわかないが……。目標に向かって，メンバー一同（上司，部下関係など）がお互いを高めつつ協力し合う事」

（女性，高校卒，正社員，36歳，勤続17年）

　以上のように上司＝部下関係に限定するのではなく，職場のメンバー全員が

相互に協力し合い，助け合いながら仕事を進めるというイメージを有している
回答者も少なからずいた。また，次に示すようなユニークな回答もあった。
フォレットの考え方を想起させる回答である。

　　　「フォロワーシップという言葉からイメージすることは『与えられた場所で咲き
　　　なさい』という言葉です。不服があるのであれば業務に対する義務を果たして
　　　からいえばいいし，義務を果たすために努力するべきだと思っています。その
　　　途中や結果を上司に報告・相談するのが部下のフォロワーシップだと」

　　　　　　　　　　　　　　　　　（女性，大学卒，正社員，45歳，勤続22年）

　もちろん，このようにポジティブに捉えている回答ばかりではない。「従順」，
「忠誠的」，「忠実」といった，いわゆる従来のフォロワー観を表現した回答も
あった。それ以外にも，こちらが想定していなかったような回答もあったので
紹介しておこう。

　　　「部下が勝手に暴走するような感じ」

　　　　　　　　　　　　　　　　　（女性，短大卒，契約社員，29歳，勤続9年）

　　　「上司が部下に及ぼす影響力」

　　　　　　　　　　　　　　　　（女性，高校卒，定年再雇用，64歳，勤続46年）

　フォロワーシップ概念が浸透していないために，様々な定義や解釈があるの
はやむを得ない。とはいえ，概念の方向性はある程度だけでも，統一した方が
よいのではないか。例えば，「ボス・マネジメント」といった言葉があるが，
これについても，上司による強権的なマネジメントという定義と，上司をマネ
ジメントするという逆の定義が混在している。フォロワーシップについても，
このようなことが生じないように，今後，留意する必要があるだろう。

4．日本版尺度開発のための予備調査2

　A社の協力により，55の質問項目からなる尺度を開発することができたもの

の，A社1社から得られた情報だけでは，日本人労働者を代表しているとは言えないと考え，改めて同様の調査を実施することにした。そこで，広く日本中から情報を得るために，今度はWEB調査会社に調査を依頼したのである。さらに，対象は部下を有する上司の立場にある労働者に限定することにした。2015年7月下旬に，全国の20歳以上の一般企業勤務者の中から，部下を有する200名をランダムに抽出して実施した。ただし，日本企業の管理職における男女比が，極端に男性に偏っていることから，総務省のデータなどを参考に割付を行った。今回は，女性管理職を11.5%としている。200名の回答はすべて有効と判断した。回答者の属性についてみると，所属企業の規模については，300人未満が最も多く98名（44.9%）であった。年代については，50歳代が86名（43.0%）と最も多く，ついで40歳代の63名（31.5%）であった。所属企業の業態については，製造業が68名（34.0%）と最も多く，ついでサービス業の33名（16.5%）であった。平均年齢は48.6歳（SD　8.98）で，平均勤続年数は18.1年（SD　10.83）であった。また，会社での役職については，人数の多い役職から順に，係長が61名（30.5%），課長が53名（26.5%），部長が46名（23.0%），役員が9名（4.5%）であった。さらに直属の部下の人数については，平均が9.0名（SD　11.43）であった。なお，所属企業の階層および部下の人数の多寡についても尋ねているので付け加えておく。階層の多寡については，普通だとする回答者が100名（50.0%）と最も多く，ついで「やや多い」の28名（14.0%）であった。最後に，部下の人数についても，普通だとする回答者が128名（64.0%）と最も多く，ついで「やや少ない」の34名（17.0%）であった。

　調査対象者に対しては，自由記述による回答を求めた。質問は次の通りとした。「上司であるあなたに対して部下がとるべき望ましい行動について教えて下さい。（こうしてほしい，こうすべきである，こうしてもらうとありがたいといったことをできるだけたくさん記述して下さい。）」

　回答結果を予備調査1で抽出された55の項目と見比べたところ，ほぼ同様の内容であった。ただ，新たに，前回得られなかった行動として，次の5つを付け加えることにした。それらは，「上司に対して言い訳はしない」，「上司に対して知ったかぶりはしない」，「上司に対して隠し事はしない」，「上司から受けた指示や注意は1回で理解している」，「上司の指示を待って行動している」で

あった。従って，フォロワーシップ行動尺度は60項目となった。

5．日本版尺度開発のための本調査

1）調査概要

　組織において有効なフォロワーシップ行動を特定化するために，新たなWEB調査を実施した。この調査も，WEB調査会社に依頼した。対象者は上司を有する一般企業勤務者とした。従って，本調査では部下の視点でフォロワーシップ行動を問うこととなる。調査会社によって，全国に勤務する上司を有する正規従業員1,000名がランダムに抽出された。なお本調査では，日本における正規従業員の男女比が2：1であると判断して，割付を行った。回収された回答は全て有効と判断した。

　回答者の属性は次の通りである。性別については男性が666名であった。最終学歴については，大学院が80名，大学が563名，短大・専門学校が195名，高校が157名，その他が5名であった。職位については，管理職が171名，職場の管理監督者が70名，一般従業員が758名，その他が1名であった。また職種については，事務・企画が407名，営業・販売が172名，研究開発・技術設計が150名，保安・サービスが87名，製造・建設・運輸などの現場業務が128名，その他が56名であった。所属企業の規模については，300人未満が553名と最も多く，ついで101名の10,000人以上であった。会社の業態については，卸売・小売業が90名，製造業が233名，サービス業が209名，建設業が77名，不動産業が38名，飲食店・宿泊業が12名，運輸業が60名，情報通信業が73名，医療・福祉が106名，その他が102名であった。次に回答者の平均年齢は39.2歳（SD　6.76）で，平均勤続月数は125.4ヶ月（SD　89.20）であった。また，現在の上司と勤務している期間は平均41.0ヶ月（SD　51.11）であった。最後に現在の上司が何人目かを尋ねたところ，平均3.5人目（SD　3.28）であった。

　まず調査対象者に対して，フォロワーシップ行動に関する質問について回答してもらった。前述した，60項目からなるフォロワーシップ行動尺度を使用した。回答者には，普段の行動について率直に回答してもらった。回答は，「全くそう思わない」から「非常にそう思う」までの5点尺度で回答してもらった。

2）因子分析および信頼性分析

　まず，フォロワーシップ行動を測定する各項目の平均値および標準偏差を算出し，天井効果およびフロアー効果の有無を調べたところ，効果を有する項目はなかった。そこで，最尤法によって因子分析を行った後に，プロマックス回転を実施したところ，固有値などから3因子解と判断した。そして，他の因子との整合性を勘案し，負荷量の絶対値が.55以上の項目を取り上げたところ，第1因子が12項目，第2因子が8項目，第3因子が9項目となった（**図表3-3**）。その他の項目は除外した。

　日本語版フォロワーシップ尺度の信頼性を検証するために，各因子における信頼性係数として，クロンバックのα係数を算出した。各因子の値は，第1因子から順に，.93，.92，.91であった。一般的に，信頼性が高いと判断されるためには，.70以上の値が必要とされている。分析の結果，どの因子においても.90を上回っており，信頼性はかなり高いと考えてよいであろう。

3）因子の命名

　次に因子の命名を行った。まず，抽出された因子が3つであることから，第2章で取り上げたカーステンたち（Carsten, et al., 2010）の研究結果が参考になるのではないかと考えた。彼女たちは，アメリカとカナダで働く31人の組織労働者を対象に，半構造化面接を行い，話の内容から3タイプの行動特性を抽出している。そして，それらの行動特性を踏まえて，対象者を3タイプのフォロワーに分類したのである。それが，Passive，Active，Proactiveである。これらフォロワーたちが，55頁の**図表2-5**で示された，フォロワーに典型的な態度や行動について，どの程度話題にするかを数値化したのが**図表3-4**である。

　図表から，PassiveとProactiveは際立った特徴を有していることが見て取れる。まず，従属性について見てみると，Passiveの数値が突出して高い一方で，Proactiveの数値は突出して低いことがわかる。そして，その中間に位置しているのが，Activeであることも見て取れる。次に，プロアクティブな行動について見てみると，先ほどとは逆に，Passiveの数値が突出して低い一方で，Proactiveの数値は突出して高いことがわかる。そして，その中間に位置して

[図表3-3] 日本版フォロワーシップの因子分析結果

質 問 項 目	平均	標準偏差	因子1	因子2	因子3
Q1-19. 上司に対してきちんとした言葉遣いをしている	3.70	0.96	.68	-.13	.13
Q1-20. 上司が一から十まで指示しなくても動くことができる	3.73	0.93	.67	.33	-.30
Q1-53. 上司に対して虚偽の発言をしない	3.68	0.95	.63	.00	.09
Q1-57. 上司に対して知ったかぶりはしない	3.65	0.92	.63	.05	.01
Q1-32. 問題やミスをすぐに上司に報告している	3.67	0.91	.63	.09	.09
Q1-9. 上司に対する連絡・報告・相談を大切にしている	3.68	0.96	.61	.09	.17
Q1-29. 上司に対して、報告・連絡・相談を行いながら、臨機応変、柔軟な対応をしている	3.64	0.91	.61	.21	.09
Q1-46. 上司の質問に対して返事が早い	3.59	0.90	.59	.21	.03
Q1-36. 上司にわからないことはわからないというようにしている	3.68	0.94	.59	.02	.05
Q1-15. 上司に対する自分の立場をわきまえている	3.67	0.90	.59	-.03	.25
Q1-13. 上司から与えられた役割を受け入れている	3.66	0.90	.56	.09	.24
Q1-59. 上司から受けた指示や注意は1回で理解している	3.56	0.90	.55	.26	-.04
Q1-23. 上司が示した枠を超えて果敢にチャレンジしている	3.30	1.00	.03	.80	-.04
Q1-38. 上司の期待を超えた行動をしている	3.23	0.98	.06	.77	-.06
Q1-49. 上司の右腕である	3.01	1.11	-.21	.77	.14
Q1-21. 上司が考え付かない新しいことに常に前向きに行動している	3.36	0.98	.12	.70	.00
Q1-52. 上司に対して良い影響を及ぼしている	3.33	0.90	.12	.67	.05
Q1-39. 上司に対して影響力を発揮して成果を出そうとしている	3.37	0.92	.07	.63	.13
Q1-11. 上司に対して、部下である自分に何ができるかを追求している	3.34	0.95	.04	.58	.27
Q1-7. 上司をフォローするために状況把握や準備を常にしている	3.41	0.94	.15	.55	.16
Q1-40. 上司に対して従順である	3.38	0.94	.17	-.08	.73
Q1-41. 上司の意見や考えを否定しない	3.35	0.96	.15	-.15	.69
Q1-43. 上司に忠実である	3.38	0.96	.14	.06	.69
Q1-35. 上司あっての自分と心得ている	3.24	1.06	-.19	.33	.67
Q1-37. 上司を信頼している	3.38	1.10	-.06	.26	.62
Q1-25. 上司に対しては謙虚である	3.49	0.94	.31	-.14	.61
Q1-60. 上司の指示を待って行動している	3.11	1.04	-.15	.06	.59
Q1-14. 上司に対して献身的に考え行動している	3.37	0.95	.00	.34	.58
Q1-47. 上司の意見に納得した上で従っている	3.41	0.99	.06	.25	.57

因子間相関		因子1		.65	.64
		因子2			.60

［図表3-4］　フォロワータイプ別行動・態度

行動・態度	Passive	Active	Proactive	合計
Obedience/deference（従属性）	13	8	1	22
Positive attitude（積極的態度）	10	8	5	23
Team player（チームプレイヤー）	8	9	7	24
Flexibility/openness（柔軟性／開放性）	7	5	7	19
Communication skills（コミュニケーションスキル）	4	5	8	17
Responsible/dependable（責任／信用）	3	3	3	9
Loyalty/support（忠誠心／支援）	3	4	2	9
Integrity（誠実さ）	3	3	1	7
Expressing opinions（意見表明）	2	6	14	22
Mission conscience（使命感）	2	3	3	8
Initiative/proactive behavior（プロアクティブな行動）	1	8	13	22
Taking ownership（オーナーシップ）	1	3	5	9

出典：Carsten et al., (2010) をもとに筆者作成

いるのが，Activeであることも見て取れる。数値を見ると，丁度裏返しになっていることも興味深い。どうやら，この二つの特徴が，フォロワーシップを分類する際の枠組みとなりそうである。ちなみに，意見表明はプロアクティブ行動と，そして積極的態度は従属性とよく似た結果になっている。

　さて，以上を参考に，改めて**図表3-3**を見てみよう。概観したところ，カーステンたちの分類を参考にすることができそうである。まず，因子3から見てみると，「従順」，「忠実」，「謙虚」，「献身」といった言葉の並んでいることがわかる。従順とは，素直で人に逆らわないことを意味している。まさに従属性を表しているといえよう。従って，カーステンたちの言う，passiveに相当すると考えられる。そこで，改めてpassiveを辞書で調べてみると，「受動的な」，「消極的な」という意味を有していることがわかる。また，passiveの語源を辿ると，耐えるという意味に出くわす。しかし，因子3をよく見てみると，何かに耐えるというような意味を有する言葉を見出すことはできない。それは，素

直に受容するという態度とは相いれない。従って，因子3はpassiveとは少し異なるということになる。そこで，ただ「他から働きかけられる」ことをさしている受動という言葉だけではなく，それに対して忠実であるという意味を加えて，「受動的忠実型」と命名することにした。忠実には，その通りにするという意味がある。すなわち，因子3は「他から働きかけられ，その通りにする」という行動特性を表していることになる。

　次に因子2を見てみよう。因子2を構成している項目には，「枠や期待を超える」，「新しいこと」，「前向き」，「準備」といった言葉が見られる。これは，カーステンたちの言う，proactiveに相当すると考えられる。ここで，proactiveとは，「先を見越した」，「先回りした」という意味である。語源は「前方に」を表すproと「活動的」を表すactiveにある。すなわち，前向きに，前のめりに，積極的に行動するといった意味もあるということだ。従って，因子2を「プロアクティブ型」と命名することにした。

　最後に因子1である。カーステンたちの言うactiveが当てはまるのであろうか。図表3-4を見てみると，activeを特徴づける態度・行動はあまり見当たらない。強いて言うなら，忠誠心であろうか。忠誠とは，その対象に対する，自己犠牲を伴った能動的な支持を意味している（松山，2014）。そこで改めて，因子1を見ると，「きちんとした」，「知ったかぶりはしない」，「報・連・相」，「返事が早い」，「立場をわきまえる」といった言葉が目に付く。これらは，自己犠牲とまでは言えないまでも，上司に対する忠誠心を表現しているとは言えないだろうか。少なくとも，忠実であることを能動的に表現しようとしているように，筆者には感じられる。「能動」とは，自ら他に働きかけることを指している。自ら上司に働きかけて忠実であることを示すという意味で，因子1を「能動的忠実型」と命名することにした。

4）妥当性の検討

　近年の研究では，開発された尺度の妥当性について，仮説検証を行うことが推奨されている（例えば，高橋・石川・佐藤，2021）。そこで，これら三つのフォロワーシップ行動特性について，仮説を設定することにした。

① 仮説の設定

　まず，受動的忠実型フォロワーシップ行動特性についてである。前述したように，この行動特性は，カーステンたちの言う従属性が強く，他から働きかけられ，その通りに行動するという特性を表している。すなわち，上司からの指示命令を素直に受容し，そのままそれを実行するというような行動を指しているのである。フォロワーシップの部下性ともいえる特性であり，一見すると，消極的に見えるかもしれない。しかし，それは近年，フォロワーに対して付与され続けてきた，ネガティブなイメージを払拭しようとするあまり，フォロワーシップの影響力を強調しすぎたためなのである。Crossman & Crossman（2011）も言うように，理想的なフォロワーシップモデルを修正する必要が生じてきているのである。それ故か，こうした傾向を是正するかのような研究も生じてきた。例えば，Agho（2009）が企業の役員クラスの人々を対象に，フォロワーシップについての調査をしたところ，フォロワーにとっての重要な属性として，忠実さや協調性といった従来的な側面が抽出されたという。やはり，これらの行動特性は，組織や上司にとって望ましいと考えられているのである。

　従って，こうした行動特性に注目した場合，仮にこうした行動特性だけが機能している組織であれば，この機能が発揮されているほど，組織の成果が高まるのではなかろうか。しかし，他のタイプ，すなわち能動的忠実型およびプロアクティブ型のフォロワーシップ行動特性が存在した場合はどうだろうか。恐らく，これらの方が好ましい成果を生じさせるのではなかろうか。そしてカーステンたちの調査で，プロアクティブなフォロワーが言及していたように，盲目的に従うフォロワーの位置づけが，相対的に低下するものと思われる（Carsten et al., 2010）。以上から，次のような仮説を設定した。

> **仮説1**　受動的忠実型フォロワーシップだけの組織では受動的忠実型フォロワーシップ行動特性は成果に対して正の影響を与えるが，能動的忠実型およびプロアクティブ型フォロワーシップも加わると，逆にそれは負の影響を与えるようになる。

　次に，プロアクティブ型と能動的忠実型フォロワーシップ行動特性について

である。カーステンたちの研究を参考にすると，これらの行動特性は，従属性とプロアクティブ性のレベルによって規定される。前述したように，従属性が成果に対して好ましい影響を及ぼすとはいえ，プロアクティブな行動には及ばない。そして，成果は従属性よりもプロアクティブ性の影響を受けると思われる。従って，労働による成果は，プロアクティブ性のレベルに応じて変化すると考えられる。以上から，次のような仮説を設定した。

> **仮説2**　能動的忠実型およびプロアクティブ型フォロワーシップ行動特性は，どちらも成果に対して正の影響を与えるが，それはプロアクティブ型の方が強い。

②　仮説検証

　2つの仮説を検証するために，本調査では労働成果についても回答してもらっている。ここで労働成果とは，労働に関するアウトカムとしての意欲や生産性を指している。独自に開発した。具体的な質問項目は「ここ最近，働く意欲が高まっている」，「ここ最近，仕事の生産性が高まっている」，「ここ最近，業績が上がっている」の3項目である。同じく5点尺度で回答してもらった。尺度の信頼性係数 α は.82であった。わずか3項目ではあるものの，信頼性は高いと判断してよいであろう。

　また本研究では，フォロワーシップ行動による純粋な影響力を明らかにするために，性別，年齢，勤続月数，現在の上司との勤続月数，仕えた上司数，学歴，職位，職種，所属組織の規模，業態を統制することにした。また，上司のリーダーシップ行動によって結果が左右されないように，PM理論（三隅，1984）を用いて，上司のP行動およびM行動をともに統制することにした。P行動については三隅の尺度から「上司は仕事量をやかましくいう」，「上司は仕事ぶりのまずさを責める」などの4項目を用いた。またM行動については，「上司は部下を支持してくれる」，「上司は部下を信頼している」などの8項目を用いた。それぞれを5点尺度で回答してもらったところ，P行動およびM行動それぞれの信頼性係数 α は.75および.94であった。

[図表3-5]　主要変数の平均値，標準偏差および相関係数

変数	平均	標準偏差	1	2	3	4	5	6	7	8	9	10	11	12	13	14	15	16
1 性別(男=1)	0.67	0.47																
2 年齢	39.20	6.76	.22**															
3 勤続月数	125.42	89.20	.22**	.52**														
4 上司月数	40.97	51.11	.02	.18**	.27**													
5 仕えた上司数	3.51	3.28	.12**	.24**	.48**	-.26**												
6 学歴(大学以上=1)	0.64	0.48	.14**	-.12**	-.05	-.15**	.13**											
7 職位(管理監督職=1)	0.24	0.43	.22**	.25**	.26**	.05	.17**	.13**										
8 職種(事務企画=1)	0.41	0.49	-.32**	-.04	-.02	-.01	.06	.06*	-.01									
9 規模(300人未満=1)	0.55	0.50	-.07*	.02	-.20**	.22**	-.36**	-.19**	-.12**	-.05								
10 業態(非製造業=1)	0.77	0.42	-.13**	-.04	-.12**	-.01	.00	.00	-.02	.12**	.12**							
11 P行動	2.99	0.78	-.02	.01	-.04	.08*	.03	.09**	-.05	-.09**	.02							
12 M行動	3.26	0.86	-.03	.00	-.03	.03	.00	.13**	-.01	-.11**	.00	.21**						
13 能動的忠実性	3.66	0.70	-.10**	.03	.02	-.02	.07*	.04	.10**	.00	-.12**	.03	.22**	.61**				
14 プロアクティブ性	3.30	0.78	-.03	.01	.05	-.02	.08*	.09**	.20**	.03	-.12**	.00	.30**	.64**	.73**			
15 受動的忠実性	3.35	0.77	-.07*	-.07*	-.05	-.05	.01	.09**	.04	.00	-.07*	.00	.25**	.71**	.72**	.71**		
16 労働成果	3.31	0.84	-.02	.09**	.09**	.05	.06	.02	.22**	-.01	-.05	.03	.22**	.41**	.55**	.65**	.37**	
17 Well-being	3.13	0.77	-.05	-.03	.03	.00	.01	.04	.16**	.00	-.09**	.01	.28**	.70**	.55**	.68**	.64**	.60**

N=1000
** : $p<.01$; * : $p<.05$

　図表3-5には，今回の調査で用いた主要な変数の記述統計量および変数間の相関係数を示している。それぞれのフォロワーシップ行動特性については，簡略して表現されている。また，Well-beingについては後で説明する。なお，P行動から下の変数については，平均値および標準偏差をそれぞれの質問項目数で除している。図表をみると，P行動の平均値がやや低く，わずかではあるが3を下回っていることがわかる。また，能動的忠実性の平均値がやや高いことも見て取れる。フォロワーシップ行動特性，PM行動特性および成果変数それぞれとの間には正の関係が認められる。

　次に，フォロワーシップ行動特性の労働成果に対する影響力を明らかにするために，重回帰分析を行った（図表3-6）。具体的には労働成果を目的変数としたうえで，まず統制変数として，性別ダミー（男性＝1），年齢，勤続月数，上司月数，仕えた上司数，学歴ダミー（大学以上＝1），職位ダミー（管理監督職＝1），職種ダミー（事務・企画＝1），規模ダミー（300人未満＝1），業態ダミー（非製造業＝1），P行動，M行動を投入した（モデル1）。値は全て，標準偏回帰係数βの値である。次に，仮説1を検証するために，説明変数としてまず受動的忠実性を投入し（モデル2），続いて能動的忠実性（モデル3），最後にプロアクティブ性（モデル4）を順次投入した。

[図表3-6]　労働成果を目的変数とした重回帰分析の結果

説明変数	モデル1（β）	モデル2（β）	モデル3（β）	モデル4（β）
性別（男＝1）	−.08*	−.07*	−.02	−.02
年齢	.06	.07	.02	.03
勤続月数	.01	.01	.03	.01
上司月数	.05	.05	.03	.03
仕えた上司数	.00	.00	−.02	−.01
学歴（大学以上＝1）	.00	−.01	.00	−.01
職位（管理監督職＝1）	.16**	.17**	.14**	.07**
職種（事務企画＝1）	−.02	−.02	.00	−.02
規模（300人未満＝1）	.00	.00	.03	.04
業態（非製造業＝1）	.03	.03	.02	.02
P行動	.14**	.12**	.11**	.05*
M行動	.36**	.25**	.16**	.07*
受動的忠実性		.16**	−.15**	−.32**
能動的忠実性			.53**	.29**
プロアクティブ性				.59**
R²	.23**	.24**	.36**	.48**
⊿R²	.23	.01	.12	.12
F変化量	24.079**	15.903**	187.600**	234.387**
N	1000	1000	1000	1000

**：p＜.01 ; *：p＜.05

　重回帰分析の結果から説明力についてみてみると，それぞれの決定係数はモデル1から順に，.23，.24，.36，.48と説明変数が多くなるにつれて，その説明力の大きくなっていることがわかる。なかでも，能動的忠実性およびプロアクティブ性を投入した際に，比較的説明力が大きくなっている。まずモデル1の結果から，統制変数の影響力について見てみると，性別が負の影響力を，職位が正の影響力を，そしてP行動とM行動がともに正の影響力を有していることが見てとれる。なかでも，M行動の影響力が比較的大きい。次にモデル2の結果から，受動的忠実性の影響力について見てみると，正の影響力を有していることがわかる。ところが，モデル3の結果をみると，能動的忠実性が比較的大きい正の影響力を示しているのに対して，受動的忠実性の影響力が負に転じていることが認められる。最後に，モデル4の結果をみると，プロアクティブ性が比較的大きな正の影響力を示しているのに対して，能動的忠実性の正の影響

力が半減し，受動的忠実性の負の影響力が倍増していることがわかる。

　組織において，受動的忠実型フォロワーシップ行動のみが機能しているのであれば，それは労働成果に対して正の影響を与えるようであるが，能動的忠実型やプロアクティブ型フォロワーシップ行動が加わると，負の影響力に転じるようである。以上から，仮説1は支持されたと言える。次に，モデル3および4から，能動的忠実型とプロアクティブ型フォロワーシップ行動は正の影響力を与えることがわかった。さらに，その影響力は，プロアクティブ型（.59）の方が，能動的忠実型（.29）よりも大きくなっており，これらの結果から仮説2も支持されたと考えてよいであろう。以上，設定された仮説がすべて検証されたことにより，本フォロワーシップ行動尺度の妥当性は高いと判断される。

6．フォロワーシップ行動特性の精緻化

　それでは，もう少しだけフォロワーシップ行動特性について考えておこう。本研究では，専ら労働組織におけるフォロワーシップ行動について考えてきた。具体的に言えば，対上司行動としてのフォロワーシップ行動である。先に示した分析結果から，こうしたフォロワーシップ行動は，労働成果に対して影響力を有していることが明らかとなった。すなわち，組織の成果にとって，フォロワーシップ行動は重要な要素になりうるということである。しかし，改めて先の分析で用いられた指標を見てみると，ここで扱われている成果とは比較的短期的なものであることが見て取れる。永続機能体としての組織には，短期的な成果だけでなく，長期的な成果を高めることが求められる。そこで重要となるのが，衛生的要因である。かつてハーズバーグは，動機付け要因と衛生要因が職務成果に関わる，互いに独立した要因であることを見出した（Herzberg, 1966）。衛生要因は直接的かつ短期的に成果を高めることはないものの，それが損なわれると，間違いなくフォロワー個人の心身にストレスを与え，生産性の低下を招くことになる。持続的に成果を高めるためには，衛生的側面をないがしろにしてはいけないのである。従って，組織行動の有効性を確認するためには，意欲や生産性などを指標とするだけでは不十分だということになる。そこで，本研究ではWell-beingを指標として用いることにしたのである。

　Well-beingは一般的に心理的安寧と訳され，持続的な幸福感などとも関連づ

けられている概念である。本研究では，先に取り上げた労働成果との差別化を明確にするために，私生活やワークライフバランスに重点を置くことにした。これらが心身の健康や心理的安寧をもたらすという考えである。そこで，次のような質問項目を独自に考えた。具体的には，「ここ最近，心身ともに調子が良い」，「ここ最近，私生活が充実している」，「仕事と私生活のバランスがとれている」などの8項目である。同じく5点尺度で回答してもらった。尺度の信頼性係数αは.88であった。

　さて，今回は行動特性をより精緻に概念化することが目的である。とはいえ，受動的忠実性とプロアクティブ性は，ともに特徴が際立っている。従って，問題は，能動的忠実性であるといえる。そこで今回は，特に能動的忠実性の特徴を明確にすることを目指したい。一見したところ，能動的忠実性は，受動的忠実性とプロアクティブ性の中間に位置しており，両方の特徴を併せ持っていると考えられる。もし，フォロワーシップ行動が，受動的忠実性からプロアクティブ性へと変容していくのだとしたら，その発達段階の途中にあるともいえる。いずれにしても，アンビバレント，すなわち両義的な特徴を有している可能性が高い。前述したように，能動的忠実性に見られた唯一の特徴は忠誠心である。そして，この忠誠心とは，これもすでに述べたように，自己犠牲と能動性がないまぜになった心性を表している。どうやら，精神衛生的にはあまり好ましい行動特性とは言えないようだ。以上から，次のような仮説を設定しておくことにする。

> **仮説3** 能動的忠実性は，Well-beingに対して，負の影響を与える。

　この仮説を検証するために，Well-beingを目的変数として，重回帰分析を行った（**図表3-7**）。まず，統制変数を投入した（モデル5）。次に，能動的忠実性だけを投入した（モデル6）。続いて受動的忠実性（モデル7），プロアクティブ性（モデル8）を順次投入した。重回帰分析の結果から説明力についてみてみると，それぞれの決定係数はモデル5から順に，.52，.54，.56，.60と説明変数が多くなるにつれて，その説明力の大きくなっていることがわかる。

　まずモデル5の結果から，統制変数の影響力について見てみると，性別と仕えた上司数がともに負の影響力を有していることがわかる。また，職位とP行

[図表3-7]　Well-beingを目的変数とした重回帰分析の結果

説明変数	モデル5（β）	モデル6（β）	モデル7（β）	モデル8（β）
性別（男＝1）	−.06*	−.04	−.04	−.04
年齢	−.05	−.06*	−.04	−.04
勤続月数	.06	.06*	.06*	.05
上司月数	.01	.00	.01	.01
仕えた上司数	−.06*	−.06*	−.06*	−.06*
学歴（大学以上＝1）	−.01	−.01	−.02	−.02
職位（管理監督職＝1）	.08**	.08**	.09**	.05*
職種（事務企画＝1）	−.01	.00	−.01	−.02
規模（300人未満＝1）	−.02	−.01	−.02	−.02
業態（非製造業＝1）	.01	.01	.01	.02
P行動	.15**	.13**	.11**	.08**
M行動	.65**	.55**	.45**	.39**
能動的忠実性		.18**	.07*	−.06（p=.0514）
受動的忠実性			.24**	.15**
プロアクティブ性				.34**
R^2	.52**	.54**	.56**	.60**
$\varDelta R^2$	.52	.02	.02	.04
F変化量	87.958**	43.107**	44.702**	100.200**
N	1000	1000	1000	1000

** : $p<.01$; * : $p<.05$

動およびM行動が正の影響力を有している。特に，M行動の値は大きい。次に
モデル6の結果から，能動的忠実性の影響力について見てみると，正の影響力
を有していることがわかる。ところが，モデル7の結果を見てみると，能動的
忠実性の正の影響力が半減しているのである。また，新たに投入された受動的
忠実性は正の影響力を有している。そして，モデル8の結果をみると，受動的
忠実性とプロアクティブ性が正の影響力を有している一方で，能動的忠実性の
影響力が負に転じていることが見てとれる。ただし，この値は小さく，有意確
率も5％水準をわずかに下回っている。また，受動的忠実性の正の影響力も小
さくなっていることがわかる。

　これらの結果から，仮説3はほぼ支持されたと言ってよいであろう。すなわ
ち，能動的忠実性はアンビバレントな行動特性であるということである。労働

成果に対しては正の影響を与える一方で，Well-beingに対しては負の影響を与えることからも，それは明らかである。このタイプのフォロワーシップ行動は組織にとっては好ましいかもしれないが，知らず知らずのうちにフォロワー個人のメンタルヘルスを蝕んでいくことを考えれば，そうとばかりも言えないかもしれない。すなわち，長期的な成果という点では，好ましくないと言えるのである。この複雑な心性については，次章で改めて論じることとする。

　では，その他の行動特性についても見ておこう。まず，プロアクティブ性である。この行動特性は労働成果，Well-being双方に対して正の影響を与える。精神衛生上の問題が少ないため，長期的成果にとっても好ましい行動特性といえる。一方，受動的忠実性は，労働成果に対しては負の影響を与える一方で，Well-beingに対しては正の影響を与えることがわかった。上司からの指示命令には忠実に従うため，ある程度の成果を上げはするものの，それ以上は望めないようだ。ある意味，仕事は仕事として，割り切っているのかもしれない。私生活を大切にするため，仕事とのバランスもとれているということであろうか。

　以上，フォロワーシップの3つの行動特性について，概念の精緻化を試みた。推測の域を出ない部分もあるものの，以前よりは，概念イメージが明確になってきたのではなかろうか。

7．小　　括

　では最後に，これまでの議論を整理しておこう。日本版フォロワーシップ尺度を開発していくなかで，3つのタイプのフォロワーシップ行動が明らかとなった。それが，受動的忠実型，能動的忠実型，そしてプロアクティブ型である。これらは，あくまでも組織に貢献しうる行動として措定される。ここで改めて，それぞれの特徴について，**図表3-8**をもとに考えてみよう。

　その前に，一つ注意しておきたいことがある。図表では，対上司行動を基礎とした，フォロワーシップ行動を表現している。そして，ここで表現されているのは，あくまでもフォロワーシップ行動およびその特性であり，フォロワーそのものではないということである。私たちは，こうした議論をするときに，どうしてもステレオタイプにカテゴリー化されたフォロワーを想像してしまう。その方が，理解しやすいからだ。しかし，私たちはまだ，フォロワーそのもの

[図表3-8]　フォロワーシップ行動の3次元モデル

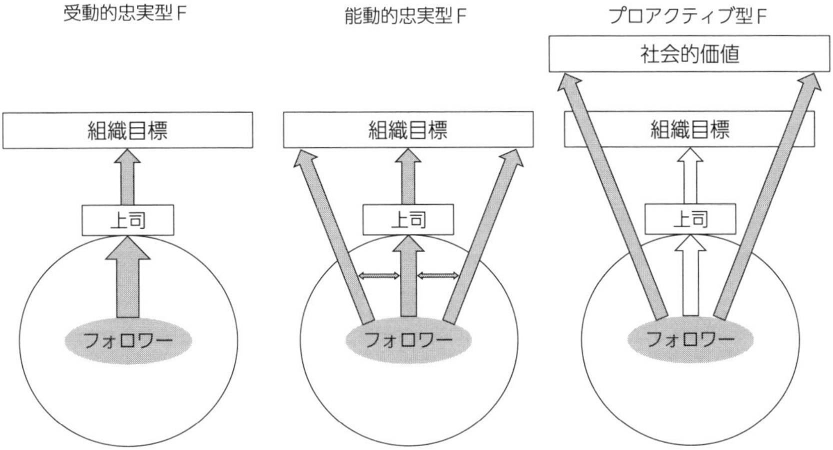

受動的忠実型F　　　　　　能動的忠実型F　　　　　プロアクティブ型F

については，何も議論していない。従って，次のように考える必要がある。すなわち，ある個人は，様々なフォロワーシップ行動特性を有していると。一人のフォロワーが，三つのタイプのフォロワーシップ行動特性を有しているということである。もちろん，その割合は個人によって異なるであろう。そしてもっと言うならば，組織労働者の場合，それは担当職務に応じても変化するであろう。例えば，10年目の中堅社員であったとしても，新たな職務にチャレンジするときには，受動的忠実型フォロワーシップ行動が優勢となるに違いない。従って，ある個人をいずれかのカテゴリーに押し込めるのは難しいといえる。もちろん，マインドセットや志向性といった観点でみたときに，一般的なカテゴリー化は可能なのかもしれない。これらの点については課題としておきたい。

1）受動的忠実型フォロワーシップ行動

　以上を踏まえたうえで，改めて，受動的忠実型フォロワーシップ行動特性から考えてみることにしよう。図を見てわかるように，フォロワーには上司がおり，その先には組織目標が掲げられている。受動的忠実型の行動にとって，上司は組織の窓口であり，エージェントである。その行動は，常に上司の指示命令に沿っているし，上司を通じて組織目標に貢献している。すなわち，組織目

標に対しては，直接的ではなく，あくまでも間接的な貢献にならざるを得ない。従って，その行動が組織目標を直接的に意図することはできない。上司を通じて，組織目標を意図することになるのである。例えば，就いたばかりの職務を想像してみてほしい。職務内容やその進め方，組織目標との関連性など，すべては上司のみが知っている。はじめのうちは，職務に精通することで精いっぱいであろう。上司から教えられたことを守るしかないのである。そのとき，自らで組織目標にまで思いを馳せることは難しい。ある意味，上司がすべてになる。

　こうした議論を，いわゆる「わざ」の世界で捉えるとどうなるであろうか。フォロワーとは，「模倣する人」でもある。生田（2007）によれば，「伝統的な『わざ』の習得における大きな特徴の一つは，各『わざ』に固有の『形』の『模倣』から出発するという点にある（13頁）」。一つひとつの要素に細分化できるような職務であれば，指図票やマニュアルに従っておくだけでいいのかもしれない。しかし，手作業が必要な工場労働や事務，技術開発，営業，そして，介護などの福祉労働に至るまで，容易に細分化できない職務は多い。だとすれば，それらは形や型として，捉えられてもいいのではないか。そして，それら職務には，熟練のわざやこつが求められるのである。ある職務において，師となる人物は上司だけではないかもしれないが，ここでは，上司にそれを代表させておこう。いずれにしても，受動的忠実型の行動は模倣から始まるということである。生田は次のように言う。

> 「人間が生きていくなかで示す様々の身体的活動はそれぞれ諸動作から成り立っており，新しい成員はその文化固有の諸活動を学んでいくにあたって，はじめは当の活動を成り立たせているその要素的活動への注目が必要とされる。（37頁）」

　特に日本の労働現場においては，それぞれの活動が文化固有的である。例えば，一般的には目標管理制度と呼ばれる人事制度も，A社とB社では異なる名称，異なる目的のもとで，異なる運用がなされている。その組織に固有の職務の進め方があり，そこにはやはり，わざやこつが求められるのである。形や枠

組みは上司が示してくれる。そして，当初フォロワーは，形を習得するために，要素的活動に注目する。まずは目先のことに没頭するのである。

2）能動的忠実型フォロワーシップ行動

しかし，目先のことに囚われているだけでは，そのフォロワーシップ行動の成長はそこで止まってしまう。上司の型を形だけ模倣しているだけではいけないのである。恐らく武道においても，芸道においても，自らの型を生み出すことこそが最終目標のはずである。生田は先の言葉に続けてこう述べる。

> 「学ぶ者としての新しい成員は，『形』の模倣，繰り返しを経るうちに，そこでの目標を自ら生成的により豊かにしていき，そうした目標と要素的活動とを照らし合わせながら，『形』の意味を身体全体で積極的に納得していこうとする努力を始める。そして，やがて全体的な活動の意味は何かという，より上位の，より開かれた目標へと自らの注目を移動させていく。(37頁)」

当初は上司の示す形を模倣し，枠組みに沿う行動を目標としていたフォロワーシップ行動も，やがて，組織や職務目標を意識するようになる。従って，**図表3-8**に示されているように，能動的忠実型のフォロワーシップ行動も，組織目標に対して直接コミットしようと変化するのである。それは，組織目標に対する直接的な貢献を意図している。まさに，生田の言うように，全体的な活動の意味を考え，上位の目標に注目するようになるのである。しかし，上司の存在は依然として大きい。それゆえ，図にあるように，上司に対するコミットメントも失われてはいない。従ってどうしても，組織目標に対するコミットメントとの間に，葛藤が生じてしまうのである。新しい，自分自身の型を模索するなかで，上司の示す形との間で葛藤を生じさせてしまうのである。前述したように，能動的忠実型の行動がアンビバレントな特徴を有しているのは，こうしたところにも原因があるのかもしれない。伝統的芸道では習得の原則として，「守・破・離」という言葉が用いられる。受動的忠実型が「守」の段階にあるのだとしたら，能動的忠実型は「破」の段階にちょうど差し掛かったところといえるのかもしれない。

3）プロアクティブ型もしくは統合型フォロワーシップ行動

　能動的忠実型の行動では，組織目標との関係から新しい型を見出そうとしながらも，上司が示す枠組みや形をうまく消化しきれずに葛藤を生じさせてしまう。この葛藤が消えない限り，新しい型，つまりプロアクティブ型の行動は生まれてこない。**図表3-8**を見てわかるように，プロアクティブ型の行動は，組織目標の先にある社会的価値までを見据えている。生田は，「わざ」を習得するためには，「わざ」の世界全体の意味について考えることが必要だと言う。師匠が示す「形」を包含する，「わざ」世界全体の意味である。同様に，フォロワーシップ行動でも，組織目標が示す「形」を包含する世界全体の意味を捉え，そのなかに位置づけることが大切なのではなかろうか。師匠の形を自らの主体的な動きにしたとき，ようやく葛藤は消える。すると，次のような変化が訪れるのである。

> 「より上位の，より開かれた目標へと自らの注目を移動させていくにつれ，諸細目，すなわち要素的活動については意識を向けなくなり，やがてほとんど意識を介在させない自然な動作としていくのである。(37頁)」

　この点も，フォロワーシップ行動に当てはまるであろう。図では，葛藤が消え，上司へのコミットメントがあまり意識されなくなっていることが示されている。カーステンたちも言うように，決して上司の指示をないがしろにしているわけではない。意識せずとも，上司の指示に自然と従っているということなのである。そして，常に，組織目標とその先にある社会的価値に意識が向けられている。上司の示す枠組みや形を超えて，独自のフォロワーシップ行動が生じているのである。まさに，新しい型が生まれたのである。「離」の段階が訪れたともいえる。

　このようにプロアクティブ型の行動は，上司へのコミットメントが組織目標へのコミットメントと相まって，自らのなかに統合されていく過程で生じる。統合がプロアクティブを生じさせるのである。人格心理学者の上田（1969）は，精神的健康について論じるなかで，統合の重要性を強調する。人格内の諸機能

[図表3-9]　フォロワータイプとフォロワーシップ行動

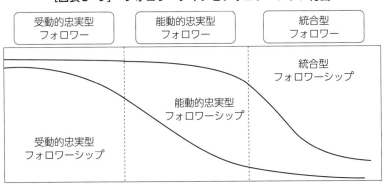

が統合されてこそ，精神的健康は訪れるというのである。そして，統合されて安定した自己は，外界に対して優位に立ち，自発的な行動をとることができるようになると示唆する。こうした意味において，プロアクティブ型行動は統合型行動と呼んでもいいのではないか。

　以上，三つのフォロワーシップ行動について考えてきた。最後に，これまで避けてきたフォロワータイプについて，少しだけ触れておきたい。前述したように，一人のフォロワーは，これら三つのタイプのフォロワーシップ行動特性のそれぞれを，多かれ少なかれ有している。従って，カーステンたちの言うように，文脈に応じて行動を変化させることも可能なのである。しかし，発現する行動の割合によって，便宜上分類することができないわけではない。それを表したのが，**図表3-9**である。ちなみに，先に取り上げた調査結果をもとに，最もスコアの高かった行動を，回答者のフォロワータイプとした場合，最も多かったのが，能動的忠実型フォロワーで全体の60％，次に多かったのが，受動的忠実型フォロワーで24％，そして，最も少なかったのが統合型フォロワーで16％であった。

第2節　フォロワーシップ行動研究

　次に本節では，さらにフォロワーシップ行動の特徴を明らかにするために，これまで筆者が行ってきた実証研究を紹介していく。

1．フォロワーシップとリーダーシップ[1]の関係

　まず取り上げたいのは，リーダーシップとの関係を探った研究である。前章でも述べたように，Carsten et al.（2010）によれば，フォロワーシップ行動の発現は文脈に依存する。例えば，厳格な官僚制を維持し，権威主義的なリーダーシップスタイルを強化しているような組織は，イノベーションや従業員の率先垂範を抑制するような，上意下達な意思決定風土をつくるであろう。そして，そうした文脈では，リーダーはフォロワーよりも有能であるという観念が強化され，フォロワーが組織過程に対して十分に貢献する機会は与えられない。受動的忠実型フォロワーシップは，こうしたタイプの文脈に適合するであろうが，プロアクティブ型フォロワーシップは適合しないであろう。プロアクティブ型の行動が多く発現するフォロワーは，官僚的な文脈のなかで，受容可能で達成可能なプロアクティビティの程度に応じて，フォロワーシップ行動を修正する必要に迫られる。事実，カーステンたちのインタビュー調査の結果，プロアクティブな行動傾向の強いフォロワーが権威主義的なリーダーシップに直面した場合に，「求められない限りはそれ以上のことをしない」といったフォロワーシップ行動に修正していることが明らかになっている。

　一方，権威主義的で官僚的な風土と比べると，権限委譲的風土はリーダーとフォロワーとの間の一線を不鮮明にし，より参加的なフォロワーシップ行動を奨励するように思われる。権限委譲や自律的風土を有した組織は，フォロワーがプロアクティブでいること，そして意思決定に参画し，ある場合には，リーダータイプの行動に従事する機会を提供する。こうした文脈は，率先垂範の風土，オーナーシップ，そして情報共有や共同説明責任といった言葉で定義されるであろう。従って，権限委譲的文脈はプロアクティブな行動を支持し，プロアクティブな問題解決，意思決定そして率先垂範といったフォロワーシップ概念に影響を及ぼす。一方，受動的なフォロワーシップ行動を多く発現させる個人は，リーダーシッププロセスに参加する機会に対して抵抗するかもしれないし，リーダーや組織がプロアクティビティを求めてきても，受動的行動を維持

1　本書でのこれまでの議論に照らせば，「管理者行動」などとすべきところであるが，ここでは一般的なリーダーシップ研究に合わせて記述しておく。

しようとするかもしれない。

　カーステンたちによれば，フォロワーが文脈をどのように知覚し，どのように振舞うかといったことに対してリーダーは大きな役割を果たす。権限委譲型労働風土が，フォロワーシップの参加的構成概念を誘発するように，権限委譲型リーダーは自律性を認め，内発的動機付けを高める。こうしたリーダーは，権威主義的リーダーとは異なり，自らの権威を誇示したり，鉄拳で統制しようとはしない。むしろ，彼らはフォロワーに対して自律性を与え，フォロワーを鼓舞し，成果を上げるために情報を共有化するのである。

　本研究においては，以上を踏まえて，上司によるリーダーシップ行動を文脈要因として措定する。そして，リーダーシップ行動には，PM理論を用いることにした。ただし，第1章の議論に照らすのであれば，PM行動はリーダーシップ行動ではなく，管理者行動として捉えた方が適切なのかもしれない。ここでPM行動とは，パフォーマンス（Performance）を志向する管理行動であるP行動と，人間関係を基礎とした集団機能を維持（Maintenance）するための管理行動であるM行動からなる。前述した権威主義的リーダーはP行動を，そして権限委譲型リーダーはM行動を採用する傾向が高いように思われる。これらの行動と3つのフォロワーシップ行動との交互作用が，どのような効果をもたらすのかについて分析したのである。なお，データは尺度開発の際に実施した調査で得られたものを用いている。

　フォロワーシップ行動とPM行動との関係性を明らかにするために行った，重回帰分析の結果が**図表3-10**に示されている。分析においてまず，統制変数として，性別ダミー（男性＝1），年齢，勤続月数，上司月数，仕えた上司数，学歴ダミー（大学以上＝1），職位ダミー（管理監督職＝1），職種ダミー（事務・企画＝1），規模ダミー（300人未満＝1），業態ダミー（非製造業＝1），P行動，M行動を投入した（モデル1）。値は全て，標準偏回帰係数βの値である。次に，3つのフォロワーシップ行動特性を投入した（モデル2）。続いて，リーダーシップ行動とフォロワーシップ行動の交互作用項を投入した。交互作用項は全部で6つある。なお，結果の解釈を容易にすること，および主効果変数と交互作用項の相関係数が高くなるのを抑えるために，各説明変数からそれぞれの平均値を引く変換を施している（Jaccard & Turrisi, 2003）。モデル4か

[図表3-10]　重回帰分析の結果

目的変数	労働成果		
説明変数	モデル1（β）	モデル2（β）	モデル3（β）
性別（男＝1）	−.08*	−.02	−.02
年齢	.06	.03	.04
勤続月数	.01	.01	.02
上司月数	.05	.03	.02
仕えた上司数	.00	−.01	−.02
学歴（大学以上＝1）	.00	−.01	.00
職位（管理監督職＝1）	.16**	.07**	.07**
職種（事務企画＝1）	−.02	−.02	−.02
規模（300人未満＝1）	.00	.04	.04
業態（非製造業＝1）	.03	.02	.02
P行動	.14**	.05*	.03
M行動	.36**	.07*	.09*
能動的忠実性（ac）		.29**	.28**
プロアクティブ（pr）		.59**	.57**
受動的忠実性（pa）		−.32**	−.29**
P*ac			.03
P*pr			−.09 p<.06
P*pa			.11**
M*ac			−.09*
M*pr			.07
M*pa			.04
R^2	.23**	.48**	.49**
$\varDelta R^2$	.23	.26	.01
F変化量	24.079**	163.277**	2.594*
N	1000	1000	1000

** : P<.01 ; * : P<.05

ら6は，目的変数をWell-beingにして同様の分析を行った結果を示している。

　まず，労働成果を目的変数とした重回帰分析の結果から，各々の説明力について みてみると，それぞれの決定係数はモデル1から順に，.23，.48，.49と，説明変数が多くなるにつれて，その説明力の大きくなっていることがわかる。モデル1と2については，すでに**図表3−6**で説明しているため，本分析ではモデル3に注目する。結果から，P行動と受動的忠実性の交互作用項が正の影響力を示し，M行動と能動的忠実性の交互作用項が負の影響力を示しているこ

とが認められる。また，P行動とプロアクティブ性との交互作用項が負の影響力を有しているという傾向が見て取れる。一方，フォロワーシップ行動特性それぞれの影響力についてはモデル2と比較してそれほど変化が見られないものの，P行動の影響力が失われていることが確認できる。

　さて，以上の結果から何を読み取ることができるだろう。注目したいのは，P行動と受動的忠実性の交互作用が労働成果に対して正の効果を有している点である。また，単独主効果を有していたP行動が，モデル3においてその効果を失っていることも見逃せない。P行動は，単独では効果を発揮することができず，受動的忠実型フォロワーシップ行動が伴ってはじめて意味をもつということなのだろうか。また，受動的忠実型フォロワーシップ行動は，単独では負の効果を生じさせてしまうものの，上司のP行動があれば，プラスの相乗効果に転じるようである。受動的忠実型の行動は，労働成果にとってあまり好ましくないと考えられがちであるが，必ずしもそうとばかりは言えないのである。上司が成果を高めるための適切な指示を出し，それに対して忠実に従うフォロワーシップ行動が合わされば，好ましい労働成果が生じるということなのであろう。

　次に注目したいのが，同じくP行動とプロアクティブ性の交互作用が，傾向ではあるものの，労働成果に対して負の効果を有している点である。この点についても，カーステンたちが示唆していた通りといえる。プロアクティブ型の行動は，単独では大きな正の効果を有しているのに，P行動を伴うと，マイナスに転じてしまうのである。プロアクティブ型の行動が発揮されているときには，上司は任せるという態度で見守ることに徹するべきなのであろう。しかし，もし上司の行動を変容させることが不可能な場合，それは受動的忠実型の行動に修正されなければならないのである。

　モデル3で，注目すべき最後の点は，M行動と能動的忠実性の交互作用が，労働成果に対して負の影響力を有していることである。この結果については，少し解釈が難しいかもしれない。M行動も能動的忠実性もともに，労働成果に対して単独で主効果を有している。なぜ，両者の交互作用効果がマイナスに転じるのだろうか。M行動とは，フォロワーに寄り添い，気遣い，温かく接するといった行動を指している。能動的忠実型の行動は葛藤を孕んだ行動であった。

もしかすると，上司のこのようなM行動は，フォロワーシップ行動が抱える葛藤を助長してしまうのではないだろうか。上司に対するコミットと，上司を超えようとする態度をそれぞれ助長してしまうとしたら，この解釈もあながち間違ってはいないように思われる。この点については，次章でも引き続き考えてみたい。

　以上，管理行動とフォロワーシップ行動の関係性について考えてみた。これらの結果は，フォロワーシップ行動を管理行動に応じて変化させる必要性を示唆している。すなわち，普遍的に有効なフォロワーシップ行動が存在するわけではないのである。フォロワーシップ行動は，環境や文脈に応じて変化させなければ，労働成果は高まらないのである。

2．フォロワーシップとワーク・エンゲージメント，そして主観的統制感

　次に取り上げるのは，近年産業界を中心に広く浸透している，ワーク・エンゲージメントと主観的統制感との関係である。

1）ワーク・エンゲージメント

　1920年代に実施されたホーソン・リサーチ（Mayo, 1933）によって，人間関係管理の重要性が認識されるようになって以降，産業界ではモラール・サーベイが盛んに行われてきた。すなわち，生産性に寄与する労働者の精神的側面に関する調査である。もともとモラールとは軍隊で用いられていた言葉で，士気と訳される。ただ，一般的には，集団の勤労意欲を指すことが多い。すなわち，個人の労働意欲を指す言葉としては，─今もそうだと思うが─，あまり用いられないということである。そして，1950年代以降，マズローを中心とした行動科学ブームの影響により，モチベーションという概念が浸透していくようになるのである。モチベーションは，モラールと異なり，どちらかといえば個人の労働意欲を表す概念として用いられているように思われる。いずれにしても，1920年代から今日に至るまで，労働領域における精神的側面については，変遷を経ながらも様々な調査が行われてきたといえる。そして，2022年現在，世界的に実施されているのがワーク・エンゲージメント調査なのである。

　ただしかし，ここであえてワーク・エンゲージメントを取り上げるのには，理由がある。前述したように，労働者の心理状態については，これまでも数多くの概念が使用されてきた。例えば，職務満足や，ワーク・モチベーション，そして組織コミットメントなどである。しかし，これらの心理状態は，たとえ生産性を高めたとしても，労働者個人にとっては好ましくない場合もある。それゆえ，筆者はこれまで，モチベーションやコミットメントとともに，労働者個人のメンタルヘルスをアウトカムに加えるようにしてきたのである（松山，2002；2014など）。人間関係学派の父と言われるメイヨーが，生産性に寄与する要因として，集団のモラールととともに，労働者たちの精神的健康が重要であることを見出していたからである（Mayo, 1933；1945）。

　そこで今回は，ワーク・エンゲージメントをアウトカムとして取り上げることにした。ワーク・エンゲージメントとは，仕事に誇りをもち，仕事にエネルギーを注ぎ，仕事から活力を得て活き活きとしている心理状態をさしている（Schaufeli & Dijkstra, 2010）。それは，仕事に関連するポジティブで充実した心理状態ともいえる。活力，熱意，そして没頭を特徴としている。例えば，エンゲージしている人は，仕事の最中，エネルギッシュで，力がみなぎり，活気に満ちていると感じるし（活力），自らの職務に意義を見出し，仕事に誇りを持っている（熱意）。そして，だからこそ自分の仕事に完全に熱中し，没頭できるのである。あまりに集中し過ぎるため，しばしば時間を忘れるほどなのである（没頭）。

　こうした描写からは，単に労働意欲が高いだけではなく，精神衛生的にも好ましい状態の個人が浮かび上がってくる。実際，健康度の高い労働者による生産性の高い職場づくりをめざすなかで，このワーク・エンゲージメントは生まれてきたと言われている（島津，2010）。例えば，ワーク・エンゲージメントの高い従業員は心理的苦痛が少なく，組織へのコミットメントが高く，そして役割行動や役割以外の行動を積極的に行うことが明らかにされているのである（島津，2010）。まさに，労働意欲と精神的健康の両方を併せ持った心理状態であると言ってもよいであろう。

2）主観的統制感

　労働におけるアウトカムを導き出す心理的概念には，モチベーションやエンゲージメント以外にもある。Locas of controlや自己効力感といった，主観的統制感もその一つであろう（竹綱・鎌原・沢崎，1988）。例えば，心理学辞典によれば自己効力感とは，「自分が行為の主体であると確信していること，自分の行為について自分がきちんと統制しているという信念，自分が外部からの要請にきちんと対応しているという確信（330頁，中島・安藤・子安・坂野・繁桝・立花・箱田編，1999）」を指している。バンデューラーによって提唱された概念として広く知られている（Bandura, 1977）。

　これまでに，自己効力感と労働関連成果との関係性を明らかにしようとした研究は数多い。例えばStajkovic & Luthans（1998）は114の既存研究をメタ分析した結果，自己効力感と労働関連成果との間に正の相関関係があることを見出している。また，Randhawa（2004）は，300人の科学者を対象に調査を行った結果，職務特性自己効力感と労働成果との間に，統計的に有意な正の関係を有していることを明らかにしている。さらに，Cetin & Askun（2018）は，マルチレベル分析の結果，職業的自己効力感が内発的動機付けを通じて，労働成果に対して統計的に有意な正の影響力を与えていることを明らかにしている。これらの結果から，主観的統制感が労働成果に対して好ましい影響を及ぼすと考えて，概ね問題はないであろう。

3）調　　査

①　概　　要

　本調査は，上司を有する正規従業員を対象に2020年11月に実施された。実査は民間の調査会社に委託された。調査会社によって，全国に勤務する労働者500名がランダムに抽出されたが，今回は，その中から会社役員と自営業者を除くことにした。その結果，有効回答は452となった。

　回答者の属性は次の通りである。性別については男性が356名（78.8%）であった。最終学歴については，大学院が35名（7.7%），大学が253名（56.0%），

短大・専門学校が76名（16.8%），高校が88名（19.5%）であった。職位については，管理職が299名（66.2%），職場の監督者が40名（8.8%），一般従業員が113名（25.0%）であった。職種については，事務・企画が144名（31.9%），営業・販売が93名（20.6%），研究開発・技術設計が59名（13.1%），保安・サービスが34名（7.5%），製造・建設・運輸などの現場業務が53名（11.7%），その他が69名（15.3%）であった。所属組織の規模については，300人未満が最も多く，195名（43.1%）であった。ついで10,000人以上の66名（14.6%）であった。企業の業態については，卸売・小売業が37名（8.2%），製造業が121名（26.8%），サービス業が76名（16.8%），建設業が27名（6.0%），不動産業が13名（2.9%），飲食店・宿泊業が2名（0.4%），運輸業が35名（7.7%），情報通信業が37名（8.2%），医療・福祉関連が31名（6.9%），その他が73名（16.2%）であった。次に回答者の平均年齢は48.2歳（SD：9.89）で，平均勤続月数は188.0ヶ月（SD：139.65）であった。また，現在の上司と勤務している期間は，57.5ヶ月（SD：67.86）であった。最後に，現在の上司が何人目かを尋ねたところ，平均4.8人目（SD：4.74）であった。

② 分析指標

(a) フォロワーシップ行動

日本版フォロワーシップ行動尺度を用いた。尺度の信頼性を示すクロンバックの α はそれぞれ，受動的忠実型フォロワーシップが.90，能動的忠実型フォロワーシップが.92，統合型フォロワーシップが.90であり，高い信頼性が確認された。

(b) ワーク・エンゲージメント

Schaufeli, Bakker, & Salanova（2006）で開発された，ワーク・エンゲージメント短縮版尺度を使用した。具体的な質問項目は「仕事をしていると，活力がみなぎるように感じる」,「仕事に熱心である」,「自分の仕事に誇りを感じる」など9項目全てを用いた。尺度の信頼性を示すクロンバックの α は.95であった。

(c) 主観的統制感

主観的統制感を測定する目的で，三好（2003）によって開発された主観的な

感覚としての人格特性的自己効力感尺度を使用した。全7項目のなかから，逆転項目は除くことにした。具体的な質問項目は，「大して努力しなくても，私はたいていのことならできるような気がする」，「どんな状況に直面しても，私ならうまくそれに対処することができるような感じがする」など5項目である。尺度の信頼性を示すクロンバックの α は .88であった。

(d)　統制変数

本研究では，フォロワーシップ行動からの影響力を，できるだけありのまま

[図表3-11]　因子分析の結果

質問項目	平均	標準偏差	因子1	因子2
7．組織はリーダーの善し悪しで決まる	3.63	0.85	.76	−.02
13．リーダーが選ばれるプロセスは，きわめて重要である	3.62	0.81	.76	−.05
10．優秀なリーダーならば，組織の生死を分けるような重要な決断ができる	3.53	0.83	.75	−.10
9．善きリーダーならば組織の衰退を食い止めることができる	3.48	0.81	.70	−.12
5．質の高いリーダーシップがなければ，その組織が上手くやっていくことは不可能だ	3.49	0.83	.68	−.05
14．リーダーシップの資質は，私が考える限り最も重要な個人的資質である	3.45	0.78	.67	.16
1．リーダーシップの質は組織が機能するうえで最も重要な要因である	3.72	0.87	.66	−.06
8．本当に素晴らしいリーダーによって導かれなければ，組織は何も達成することができない	3.30	0.85	.61	.18
12．組織の業績が芳しくないとき，最初に注目すべき存在はリーダーである	3.38	0.83	.60	.09
4．組織においてリーダーシップを発揮するあらゆる人々は，組織を創造したり破壊したりするパワーを有している	3.40	0.82	.59	.06
11．リーダーシップと組織の成果との関係性は，それほど強くない	2.85	0.95	−.06	.75
6．リーダーが誰であるかはさほど重要ではない	2.70	1.02	−.12	.73
3．組織におけるほとんどの事柄は，リーダーの意思決定や行為とほとんど関係しない	2.85	0.92	.00	.71
15．リーダーは組織の成果に関係することに対して全面的な責任を負うべきではない	3.06	0.87	.17	.49
2．組織の失敗は，優秀なリーダーのコントロールを超えた要因によるものである	3.27	0.90	.39	.40

			リーダー重要	リーダー非重要
因子の解釈				
因子間相関		因子1	1.00	.06
		因子2	.06	1.00

に抽出するため，多くの変数を統制することにした。まず，属性変数として，性別，年齢，勤続期間（月数），上司との勤続期間（月数），仕えた上司の数，学歴，職位，職種，所属組織の規模および業態である。さらに今回は転職意志とリーダーシップに対する信念についても統制することにした。

　まず，転職意志については，総務省内閣府によって実施されている「世界青年意識調査」で使用されていた項目を使用した。「この会社でずっと働きたい」を1点，「変わりたいと思うことはあるが，このまま続けることになろう」を2点，「機会があったら変わりたい」を3点，「どうしても変わりたい」を4点として算出した。ちなみに，それぞれの選択肢を選んだ回答者の数は順に，119名（26.3%），182名（40.3%），130名（28.8%），21名（4.6%）であった。

　リーダーシップに対する信念については，Meindl & Ehrlich（1988）によって開発されたリーダーシップ・ロマンス尺度を使用した。全15項目について5件法で回答してもらった。回答結果を因子分析したところ**図表3-11**のようになった。分析の結果，2因子構造であることがわかった。1項目だけ除外している。質問項目の内容から，因子1を「リーダー重要」（10項目），因子2を「リーダー非重要」（4項目）と命名した。尺度の信頼性を示すクロンバックのαはそれぞれ順に，.89，.76であった。

③　分析結果

　今回の調査で用いた主要な変数の記述統計量および変数間の相関係数は**図表3-12**の通りである。それでは，いくつか注目すべき点についてみていこう。まず，能動的忠実型フォロワーシップの平均値をみてみると，3.70と他の二つに比べて若干高い数値であることがわかる。一方，ワーク・エンゲージメントと主観的統制感のスコアは中央値に近い数値になっている。ワーク・エンゲージメントと統合型フォロワーシップおよび，主観的統制感との間には，かなり高い正の関係が認められる。また，主観的統制感と統合型フォロワーシップの間にも同様の関係性がみられる。また，転職意志と3タイプのフォロワーシップとの間には，負の関係が認められる。さらに，リーダーが組織にとって重要であるという信念は，すべてのフォロワーシップ行動との間に正の関係を有していることがわかるが，なかでも能動的忠実型との関係が最も大きい。その一

[図表3-12]　主要変数間の平均値，標準偏差および相関係数

変数	平均	標準偏差	1	2	3	4	5	6	7	8	9	10	11	12	13	14	15	16	17
1 性別	0.79	0.41																	
2 年齢	48.18	9.89	.44**																
3 勤続期間（月数）	187.96	139.65	.30**	.45**															
4 上司との勤続期間	57.48	67.86	.03	.07	.18**														
5 仕えた上司数	4.82	4.74	.19**	.25**	.54**	-.29**													
6 学歴	2.48	0.89	-.11*	-.01	-.06	.18**	-.13**												
7 職位	0.66	0.47	-.31**	-.30**	-.39**	-.08	-.30**	.19**											
8 職種	0.52	0.50	-.18**	-.09	.01	-.01	.04	-.03	-.04										
9 規模	0.43	0.50	-.05	-.02	-.25**	.37**	-.41**	.22**	.07	-.01									
10 業態	0.44	0.50	.07	.07	.07	.02	.02	-.10*	-.01	-.01	-.04								
11 転職意志	2.12	0.85	-.08	-.15**	-.28**	-.02	-.18**	.00	.04	-.04	.20**	-.02							
12 リーダー重要	3.50	0.59	-.04	-.01	.01	-.09	.06	-.03	-.08	.05	-.06	-.02	-.06						
13 リーダー非重要	2.87	0.72	.00	-.13**	-.02	-.02	-.03	.00	.04	-.09*	.01	-.06	.05						
14 受動的忠実型F	3.31	0.73	-.10*	-.09	-.02	-.09	.01	-.08	.03	.08	-.10*	-.03	-.32**	.37**	.20**				
15 能動的忠実型F	3.70	0.68	-.06	.05	.09	-.09	.15**	-.13**	-.13**	.10*	-.16**	-.09*	-.25**	.50**	.02	.70**			
16 統合型F	3.21	0.79	.04	.00	.17**	.01	.11*	-.19**	-.18**	.10*	-.17**	.06	-.26**	.39**	.24**	.62**	.63**		
17 ワーク・エンゲイジメント	3.05	0.90	-.05	-.03	.10*	.00	.07	-.04	-.02	.06	-.14**	.02	-.30**	.36**	.22**	.49**	.38**	.62**	
18 主観的統制感	3.09	0.79	.02	.03	.11*	-.01	.05	-.07	-.09*	.05	-.12*	.02	-.12*	.33**	.35**	.29**	.32**	.61**	.56**

N＝452，性別（女性＝0，男性＝1），学歴（大学院＝4～高校＝1），職位（非管理職＝0，管理職＝1），職種（事務・営業以外＝0，事務・営業＝1），規模（300人以上＝0，300人未満＝1），業態（製造・サービス以外＝0，製造・サービス＝1）
**：P<.01，*：P<.05

　　方で，リーダーは組織にとって重要ではないという信念は，受動的忠実型と統合型との間では正の関係を有するものの，能動的忠実型との間では有意な関係を有していないことが見て取れる。

　　次に，フォロワーシップ行動のワーク・エンゲージメントに対する影響力を明らかにするために，重回帰分析を行った（**図表3-13**）。具体的にはワーク・エンゲージメントを目的変数としたうえで，まず統制変数として，属性変数である性別ダミー（男性＝1）年齢，勤続期間（月数），上司との勤続期間（月数），仕えた上司数，学歴，職位ダミー（管理職＝1），職種ダミー（事務・営業職＝1），規模ダミー（300人未満＝1），業態ダミー（製造・サービス＝1）を投入した（モデル1）。値は全て，標準偏回帰係数βの値である。続いて，残りの統制変数として，転職意志，組織にとってリーダーが重要であると信じる程度（リーダー重要），組織にとってリーダーが重要ではないと信じる程度（リーダー非重要）を投入した（モデル2）。最後に，3つのタイプのフォロワーシップ行動を投入した（モデル3）。

　　重回帰分析の結果から説明力についてみてみると，それぞれの決定係数はモ

[図表3-13]　ワーク・エンゲージメントを目的変数とした重回帰分析の結果

	モデル1 (β)	モデル2 (β)	モデル3 (β)
性別	−.06	−.05	−.06
年齢	−.05	−.03	.02
勤続期間（月数）	.11	.04	.00
上司との勤続期間	.02	.04	.01
仕えた上司数	−.02	−.01	.00
学歴	−.01	−.02	.05
職位	.00	.00	.04
職種	.05	.02	.00
規模	−.13	−.06	−.04
業態	.01	.02	−.02
転職意志		−.25**	−.13**
リーダー重要		.33**	.18**
リーダー非重要		.18**	.04
受動的忠実型F			.19**
能動的忠実型F			−.21**
統合型F			.53**
R²	.03	.25	.46
⊿R²	.03	.22	.21
F変化量	1.598	41.956**	55.642**
N	452	452	452

** : P<.01 ; * : P<.05

デル1から順に，.03, .25, .46と，説明変数が多くなるにつれて，その説明力の大きくなっていることがわかる。まずモデル1の結果から属性変数の影響力についてみてみると，どの変数も有意な影響力を有していないことが明らかとなった。次に，モデル2の結果から，転職意志は1％水準で有意な負の影響力を，リーダー重要とリーダー非重要はともに同じく1％水準で有意な正の影響力を有していることがわかった。なかでも，リーダーを重要だと考える信念は比較的大きな影響力であった。最後に，モデル3の結果を見てみると，さきほど有意であった，リーダー非重要が影響力を失っていることがわかる。また，受動的忠実型と統合型は1％水準で有意な正の影響力を有している一方で，能動的忠実型は同じく1％水準で有意な負の影響力を有していることが明らかになった。

[図表3-14]　主観的統制感を目的変数とした重回帰分析の結果

	モデル4 (β)	モデル5 (β)	モデル6 (β)
性別	−.02	−.03	−.04
年齢	−.01	.04	.09
勤続期間（月数）	.11	.08	.00
上司との勤続期間	−.01	.02	−.02
仕えた上司数	−.08	−.05	−.02
学歴	−.03	−.04	.04
職位	−.07	−.06	.02
職種	.04	.02	−.01
規模	−.11	−.05	−.01
業態	.01	.01	−.03
転職意志		−.05	.01
リーダー重要		.30**	.15**
リーダー非重要		.33**	.23**
受動的忠実型F			−.15**
能動的忠実型F			−.07
統合型F			.65**
R^2	.03	.24	.45
$\varDelta R^2$	.03	.21	.21
F変化量	1.426	40.510**	55.878**
N	452	452	452

**：P＜.01；*：P＜.05

　次に，フォロワーシップ行動の主観的統制感に対する影響力を明らかにするために，重回帰分析を行った（**図表3-14**）。重回帰分析の結果から説明力について見てみると，それぞれの決定係数はモデル4から順に，.03，.24，.45と，説明変数が多くなるにつれて，その説明力の大きくなっていることがわかる。まず，モデル4である。属性変数は先ほどと同じである。先ほどと同様に，どの変数も影響力を有していないことがわかる。次に，モデル5の結果から，リーダー重要とリーダー非重要がともに，１％水準で有意な正の影響力を有していることが明らかになった。転職意志は影響力を有していなかった。そして最後に，モデル6の結果をみてみると，受動的忠実型が１％水準で有意な負の影響力を有している一方で，統合型は同じく１％水準で有意な正の影響力を有していることがわかった。特に統合型の影響力はかなり大きいことが見て取れ

る。また，能動的忠実型は影響力を有していなかった。

④　考　　察

　まず，ワーク・エンゲージメントを目的変数とした重回帰分析の結果からみていこう（**図表3-13**）。前述したように，受動的忠実型と統合型は統計的に有意な正の影響力を有している一方で，能動的忠実型は統計的に有意な負の影響力を有していることが明らかになった。これは，先に示したWell-beingを目的変数とした分析結果とほぼ同じである。ワーク・エンゲージメントは労働成果よりも，Well-beingに近い概念なのであろうか。この結果から，受動的忠実型の行動が必ずしも，組織や個人にとって好ましくない行動ではないことが，改めて明らかになった。「上司のいいなり」と言ってしまうと，どうしてもネガティブな印象を与えてしまうが，「上司の言うことを素直に受け入れる」と言い換えれば，随分と印象は変わる。素直に受け入れることができている状態は，精神的にも安定しており，「健全な」労働意欲が高まるのかもしれない。

　また，能動的忠実型の行動が予想以上に大きな負の影響力を有していたことから，組織や個人にとってあまり好ましくない行動であることが明確になった。それにしても，労働成果に対しては正の影響力を有していたこの行動が，なぜ，ワーク・エンゲージメントに対してはこのような結果をもたらしたのであろうか。もしかすると，それは労働成果を構成している質問内容に原因があるのかもしれない。前述したように，本書では労働成果を測定する際に，業績が高まったか否かについての認知も問うている。能動的忠実型行動は，実際に成果を高めはするものの，ワーク・エンゲージメントのような，純粋で健全な労働意欲に対してはあまり好ましい影響を及ぼさないのではないか。すなわち，成果は必ずしも健全な労働意欲だけによってもたらされるものではないということである。能動的忠実型フォロワーシップは，精神的に好ましくない労働意欲を生じさせることが，より明らかになったといえる。特に，この能動的忠実型フォロワーシップは，他の二つのフォロワーシップと比較して，よく用いられる行動である。本研究でも平均値が3.70と比較的高い数値を示している。最近では，渡部（2020）の研究でも，同様の結果が出ている（3.73）ことから，安定的に高い数値を示す行動だと言えそうである。このように，最も多く用いら

れる行動が個人の精神的健康に好ましくない影響を与えるということは，看過できない問題である。能動的忠実型フォロワーシップについては，引き続きよく検討する必要があるだろう。

　では次に，主観的統制感を目的変数とした重回帰分析の結果について考えてみよう（**図表3-14**）。こちらは，ほぼ予想通りの結果と言ってよいであろう。主観的統制感とは，自分が行為の主体であると確信し，自らを含め統制できているという感覚を指している。受動的忠実型の行動は負の影響を与えている一方で，統合型の行動はかなり大きな正の影響を与えており，それぞれの特徴が顕著に表れた結果と考えて間違いないと思われる。受動的忠実型の行動は，上司からの指示を素直に受容することによって生じるため，優れて他者性を帯びた行動であるといえる。統制感とは，こうした他者性ではなく，自己性を帯びることによって得られると考えられることから，納得のできる結果と言えよう。同じことが，統合型の行動にも当てはまる。統合型の行動は，前述したように，自らの内部が統合されており，それゆえ，外界や課題に集中することが可能となり，外界を呑みこむかのような心持ちから生まれる行動である。そういう意味では，まさに自己性を帯びた行動であるともいえる。標準偏回帰係数βが.65という，かなり大きな数値になっているのも頷けるだろう。最後に，能動的忠実型の行動は，主観的統制感に対して影響力を有していなかった。繰り返し述べてきたように，この行動は先の両行動の間にあり，両義的な側面が強い。いわば，自己性と他者性が並存している行動であるとも言えよう。従って，この二つの性質が相殺し合うため，何の影響力ももたなかったのではないだろうか。今回のこの結果は，3つの行動それぞれの特徴を見事にあぶり出したと言える。

3．フォロワーシップと心理的安全性

1）心理的安全性

　近年，ワーク・エンゲージメントとともに産業界を席巻している概念の一つが，心理的安全性である[2]。「（チームの）心理的安全性」とは，Edmondson

---

(2019) によると,「みんなが気兼ねなく意見を述べることができ, 自分らしくいられる文化」のことである。つまり, 組織を構成する人々が, 組織内の活動において, 恥をかいたり, 無視されたり, 非難される心配がなく, 個人の率直な意見やアイデアを出したり, ミスを報告することができる組織風土のことである。変化が多く, 複雑でスピードが求められる現代社会においては, フォロワーシップが大切になる (松山, 2018)。そして, フォロワーがフォロワーシップ行動を発揮する環境の土台となるのが心理的安全性である。つまり, 今や心理的安全性は企業にとって欠かせないものなのである。

「心理的安全性」という概念が産業界で広く認知されるようになったのは, Googleの研究チームによって, 2012年から2016年までの4年間にわたって実施された「プロジェクト・アリストテレス」が一つのきっかけである (Google re：Work[3])。プロジェクト・アリストテレスにおいて, リサーチチームは, 効果的なチームにおいて重要なのは,「誰がチームのメンバーであるか」よりも,「チームがどのように協力しているか」であることを突き止めた。また, リサーチチームによれば, 心理的安全性が高いチームのメンバーは, 低いチームのメンバーに比べて離職率が低く, 収益性が高く,「効果的に働く」とマネジャーから評価される機会が2倍も多くなるのである。

Googleの調査は, 心理的安全性の歴史において, 1つの大きなターニングポイントになった。というのも, 心理的安全性という概念そのものはGoogleの調査よりはるか以前から存在していたにもかかわらず, 約50年間産業界において日の目を浴びてこなかった概念だからである。「(組織の) 心理的安全性」という概念を最初に提唱したのは, Schein & Bennis (1965) である。二人は, 1965年の時点で, 組織改革の不確実さと不安に対処できるようになるには心理的安全性が必要だと考えていた。50年間日の目を浴びることのなかった心理的安全性が, Googleの調査をきっかけに注目されるようになったのは, 単にGoogleが心理的安全性の訴求に成功しただけでなく, 産業界がフォロワーシップを最大限に発揮させる環境を必要としていたためではないだろうか。そのニー

3　Google re：Work 『「効果的なチームとは何か」を知る』
　（https://rework.withgoogle.com/jp/guides/understanding-team-effectiveness/steps/introduction/
　最終アクセス日2021年7月15日）

ズを満たしたのが心理的安全性であった。

　ただし，ここで注意しておかなければならないのは，Edmondson（2019）が提唱した心理的安全性は「チームの心理的安全性」だということである。エドモンドソン自身，チームの心理的安全性の研究・調査をスタートさせたきっかけは医療チームであった。また，プロジェクト・アリストテレスにおいて調査対象となったのは，115のエンジニアリングのプロジェクトチームと，65の営業チームであった。医療チーム，エンジニアリングチーム，そして営業チームのいずれも，明確な目標に基づいて結成されたチームである。しかし，日本の職場はチームと呼ぶに相応しい組織なのであろうか。Edmondson（2012）は，チームについて語る中で次のように述べている。「チーミングとは，新たなアイデアを生み，答えを探し，問題を解決するために人々を団結させる働き方（邦訳，38頁）」であると。果たして，日本企業における職場がチームと言えるのかについては，議論の余地もあろうが，本研究ではとりあえず，エドモンドソンの考える心理的安全性概念を適用することにした。

2）調　　査

①　概　　要

　本調査は，一般企業に勤務し，部下を持たず，上司を有する正規雇用の一般従業員を対象に実施された。実査は民間の調査会社に委託された。調査会社によって，調査条件を満たし，全国に勤務する労働者500名がランダムに抽出され，500の有効回答が得られた。

　回答者の属性は以下の通りになった。住まいについては，都市部（東京，神奈川，愛知，大阪，福岡）が243名（48.6％）であった。性別については，男性が288名（57.6％）であった。最終学歴については，中学校が4名（0.8％），高校が138名（27.6％），短期大学・専門学校が94名（18.8％），大学が240名（48.0％），大学院が24名（4.8％）であった。職種については，事務・企画が231名（46.2％），営業・販売が71名（14.2％），研究開発・技術設計が46名（9.2％），保安・サービスが28名（5.6％），製造・建設・運輸が77名（15.4％），その他が47名（9.4％）であった。所属する企業の規模については，300人未満

が268名（53.6％），300～1,000人未満が72名（14.4％），1,000～5,000人未満が72名（14.4％），5,000～10,000人未満が31名（6.2％），10,000人以上が57名（11.4％）であった。所属する企業の業態については，卸売・小売業が46名（9.2％），製造業が120名（24.0％），サービス業が71名（14.2％），建設業が40名（16.0％），不動産業が25名（5.0％），飲食・宿泊業が3名（0.6％），運輸業が43名（8.6％），情報通信業が53名（10.6％），医療福祉関連が21名（4.2％），金融業が31名（6.2％），教育業が10名（2.0％），その他が37名（7.4％）であった。次に回答者の平均年齢は48.2歳（SD：10.42）であった。平均勤続年数は12.89年（SD：10.34）であった。上司が管理する部下の平均人数は14.76人（SD：24.46）であった。現在の上司との労働期間の平均年数は5.36年（SD：6.23）であった。現在の上司が何人目か尋ねたところ，平均4.66人目（SD：4.97）であった。

② 分析指標

(a) フォロワーシップ

今回は，松山のフォロワーシップ尺度の中から，渡部（2020）を参考に，因子負荷量の高い項目を4つずつ抽出し，計12項目からなる短縮版尺度を作成して用いた。具体的な質問項目は，「上司に対してきちんとした言葉遣いをしている」，「上司が示した枠を超えて果敢にチャレンジしている」，「上司に対して従順である」など12項目である。また，質問に対しては5件法で回答してもらった（1＝当てはまらない，2＝あまり当てはまらない，3＝どちらともいえない，4＝やや当てはまる，5＝当てはまる）。尺度の信頼性を示すクロンバックのαはそれぞれ，統合型が.80，受動的忠実型が.86，能動的忠実型が.70であった。

(b) 職場の心理的安全性

Edmondson（2019）で開発された，全7項目からなるチームの心理的安全性の尺度を，「チーム」という言葉を「職場」に変更して使用した。7項目を因子分析したところ，2因子に分解された。本研究では，2因子のうち，より信頼性の高かった因子を用いて分析する。因子の内容は，「職場では，メンバーが困難や難題を提起することができる」「職場では安心してリスクを取ることができる」「職場のメンバーと仕事をするときには，私ならではのスキルと能

力が高く評価され，活用されている」「職場には，他人の努力を踏みにじるような行動を故意にする人は誰もいない」の4項目である。質問には5件法で回答してもらった。また，クロンバックのαは.74であった。

(c) 労働成果

今回もアウトカムとして労働成果を措定する。労働成果については，創造性，生産性，労働意欲そして職務特性などを測定する尺度を参考に開発した。まず開本（2005）より，「担当業務（商品知識，実務知識）に精通する」「顧客満足を高めるための工夫や対応に全力を傾ける」等の4項目をそのまま使用した。また，竹下・山口（2017）より，「過去の仕事のやり方について，チームで振り返りを行っている」「ユラーが発生したら，将来どうやって防止するか，チームで議論している」等の10項目を参考にした。労働意欲については，島貫（2007）より，「指示されたことは着実にこなそうとしている」等の3項目を使

[図表3-15] 因子分析の結果

番号	質 問 項 目	平均	標準偏差	因子1	因子2
Q3-8	革新的な発案や発明をしている	2.88	1.00	.89	-.31
Q3-17	新しいアイデアを仕事に活かしている	3.14	0.94	.88	-.07
Q3-15	作業プロセスの改善方法を編み出すために時間をかけている	3.24	0.85	.73	.11
Q3-4	自分が所属する職場以外の人々からのアイデアや専門知識を探し求めている	3.17	0.95	.70	.05
Q3-14	業績や品質など高い成果達成にこだわっている	3.29	0.90	.56	.32
Q3-6	顧客満足を高めるための工夫や対応に全力を傾けている	3.36	0.85	.54	.30
Q3-19	私の仕事の出来ばえが，組織に重要な影響を与えている	3.20	0.95	.52	.20
Q3-13	指示された事は着実にこなそうとしている	3.74	0.92	-.15	.89
Q3-18	私がやらなければならない仕事の量は，はっきりしている	3.51	0.92	.02	.66
Q3-1	当初計画した日程に沿って活動できている	3.51	0.92	.13	.61
Q3-20	私は同じことを何度も繰り返すような仕事をしている	3.42	0.93	-.15	.58
Q3-7	仕事でミスをしたら，将来どうやって防止するか考えている	3.58	0.90	.23	.53
Q3-22	私はいつでも自分のしている仕事の出来ばえを知ることができている	3.37	0.86	.31	.52
因子の解釈				創造的成果	堅実的成果
因子間相関			因子1		.65

用した。最後に，職務特性については，福間（2020）の因子分析結果をもとに，因子負荷量の高い5項目を抜粋して使用した。例えば，「私がやらなければならない仕事の量は，はっきりしている」などである。これらについても，すべて5件法で回答を求めた。以上22項目を投入して因子分析したところ，9項目は除外され，2因子が抽出された。それぞれを項目の内容から，創造的成果と堅実的成果と命名した（**図表3-15**）。なお，尺度の信頼性を表すクロンバックのαは，それぞれ，.89と.83であった。

(d) 統制変数

本研究では，フォロワーシップ行動による純粋な影響力を明らかにするために，性別，学歴，職種，所属企業の規模，所属企業の業態，年齢，勤続年数，現在の上司が管理する部下の人数，現在の上司との勤続年数，現在までに仕えた上司の数を統制することにした。

③ 分析結果

図表3-16には，今回の調査で用いた主要な変数の記述統計量および変数間

[図表3-16] 記述統計量および変数間の相関係数

変数	平均	標準偏差	1	2	3	4	5	6	7	8	9	10	11	12	13	14	15
1 性別	0.58	0.49															
2 学歴	3.28	0.95	.11*														
3 職種	0.46	0.50	-.50**	-.02													
4 規模	0.54	0.50	-.10*	-.17**	.16**												
5 業態	0.24	0.43	.24**	.08	-.19**	-.13**											
6 年齢	45.24	10.43	.27**	-.14**	-.12**	.00	.13**										
7 勤続期間	12.89	10.35	.25**	-.06	-.09*	-.22**	.30**	.55**									
8 部下数	14.76	24.49	.09*	-.05	-.15**	-.21**	-.04	.04	.05								
9 上司との勤続期間	5.36	6.23	.06	-.16**	-.01	.26**	.08	.23**	.31**	-.09*							
10 何人目	4.66	4.98	.19**	.10*	-.01	-.31**	.11*	.28**	.43**	.11*	-.29**						
11 受動的忠実型F	3.35	0.84	-.07	.11*	-.02	-.10*	-.05	-.12**	-.09*	.03	-.01	-.06					
12 統合型F	3.02	0.79	.01	.12**	.00	-.08	.08	.02	.05	-.05	.06	-.03	.48**				
13 能動的忠実型F	3.75	0.67	-.11*	.05	.02	-.13**	-.01	.06	-.02	-.01	.00	-.02	.56**	.52**			
14 心理的安全	3.15	0.72	.01	.11*	-.05	-.13**	.00	-.03	-.06	-.06	.02		.42**	.54**	.38**		
15 堅実的成果	3.52	0.67	-.07	.00	.01	-.03	.01	.03	.02	.02	.07	-.06	.47**	.44**	.61**	.49**	
16 創造的成果	3.18	0.72	.02	.12**	-.09**	-.08	.06	-.02	.05	.01	.00	-.05	.43**	.69**	.45**	.58**	.66**

N＝500，性別（男＝1，女＝0），学歴（中学＝1〜大学院＝5），職種（事務＝1，以外＝0），規模（300人未満＝1，以外＝0），業態（製造業＝1，以外＝0）
** : P＜.01 ; * : P＜.05

の相関係数を示している。主要変数の平均値をみてみると，統合型フォロワーシップはほぼ中央値を示している一方で，能動的忠実型フォロワーシップは比較的高い数値を示していることがわかる。また，堅実的成果に比べて，創造的成果は少し低い値を示している。次に，主要変数間の相関係数を見たところ，すべて，比較的高い正の数値を示していることがわかる。なかでも，統合型フォロワーシップと創造的成果との間に，強い相関関係を見て取ることができる。

　次に，フォロワーシップ行動特性の労働成果に対する影響力および，そのプロセスに対する心理的安全性の影響力を明らかにするために，重回帰分析を行った（**図表3-17**）。労働成果については創造的成果と堅実的成果に分けたうえで分析を行った。具体的には，まず創造的成果を目的変数としたうえで，統制変数として，性別ダミー（男性＝1），学歴，職種ダミー（事務＝1），規模ダミー（300人未満＝1），業態ダミー（製造業＝1），年齢，勤続期間，部

[図表3-17]　重回帰分析の結果

目的変数	創造的成果			堅実的成果		
説明変数	モデル1（β）	モデル2（β）	モデル3（β）	モデル4（β）	モデル5（β）	モデル6（β）
性別	−.05	−.02	−.02	−.10	−.01	−.01
学歴	.12*	.03	.03	.02	−.04	−.04
職種	−.09	−.08*	−.08*	−.01	.02	.03
規模	−.06	.04	.04	−.06	.06	.05
業態	.02	−.01	−.02	.02	.02	.02
年齢	−.03	−.05	−.04	.06	.01	.02
勤続期間	.12	.11*	.10*	.01	.01	.00
部下数	.00	.05	.06	.02	.06	.07
上司との勤続期間	−.03	−.06	−.06	.06	.05	.05
何人目	−.13	−.08*	−.08*	−.07	−.02	−.02
受動的忠実型F		.05	.07		.10*	.12**
統合型F		.49**	.50**		.01	.01
能動的忠実型F		.07	.04		.45**	.42**
心理的安全		.26**	.27**		.30**	.31**
受動＊安全			.13**			.12**
統合＊安全			−.01			−.03
能動＊安全			−.10*			−.11*
R^2	.04	.56	.57	.02	.48	.49
ΔR^2	.04	.52	.01	.02	.46	.01
F変化量	2.059*	143.303**	3.435*	0.922	107.243**	2.94*
N	500	500	500	500	500	500

**: P<.01；*: P<.05

下数，上司との勤続期間，仕えた上司数を投入した（モデル1）。値は全て，標準偏回帰係数βの値である。次に，3つのフォロワーシップ行動特性と心理的安全性を投入した（モデル2）。続いて，心理的安全性とフォロワーシップ行動との交互作用項を投入した。交互作用項は全部で3つである。なお，結果の解釈を容易にすること，および主効果変数と交互作用項の相関係数が高くなるのを抑えるために，各説明変数からそれぞれの平均値を引く変換を施している（Jaccard & Turrisi, 2003）。モデル4から6は，目的変数を堅実的成果に代えて同様の分析を行った結果を示している。

　まず，創造的成果を目的変数とした重回帰分析の結果から各々の説明力について見てみると，それぞれの決定係数はモデル1から順に，.04，.56，.57と，説明変数が多くなるにつれて，その説明力の大きくなっていることがわかる。はじめにモデル1の結果から，統制変数の影響力について見てみると，学歴のみが正の影響力を有していることが見てとれる。次にモデル2の結果をみると，職種と仕えた上司数が負の影響力を，勤続期間と統合型Fおよび心理的安全性が正の影響力を有していることがわかる。特に，統合型は.49と比較的高い数値を示している。最後に，モデル3の結果をみると，心理的安全性との交互作用において，受動的忠実型との組み合わせは正の影響力を有している一方で，能動的忠実型との組み合わせは負の影響力を有していることがわかる。そして，統合型との組み合わせは影響力を有していないことが見て取れる。

　同様に，堅実的成果を目的変数とした重回帰分析の結果にもとづいて，各々の説明力について見てみると，それぞれの決定係数はモデル4から順に，.02，.48，.49と，説明変数が多くなるにつれて，その説明力の大きくなっていることがわかる。はじめにモデル4の結果をみると，どの統制変数も影響力を有していないことがわかる。次に，モデル5の結果から，受動的忠実型，能動的忠実型そして心理的安全性が，それぞれ正の影響力を有していることがわかる。特に，能動的忠実型が比較的高い数値を示していることが見て取れる。最後に，モデル6の結果をみると，心理的安全性との交互作用において，受動的忠実型との組み合わせは正の影響力を有している一方で，能動的忠実型との組み合わせは負の影響力を有していることがわかる。そして，統合型との組み合わせは影響力を有していないことが見て取れる。

④　考　　察

　概観したところ，今回の結果も，３つの行動それぞれの特徴を見事にあぶり出しているように思われる。まず，**図表3-17**のモデル２を見てみよう。創造的成果に対して有意な効果を有しているのは，統合型の行動だけであることがわかる。その他二つの行動は有意な効果を有していない。これまで見てきたように統合型の行動は，自らだけでなく周りの環境をも統制した結果生じていると考えられる。他者に支配されることなく，自律的な行動であることが，創造的成果に結びつくのであろう。一方モデル５を見てみると，堅実的成果に対して有意な効果を有しているのは，能動的忠実型と受動的忠実型で，統合型は有意な効果を有していないことがわかる。そして，能動的忠実型の方が，受動的忠実型よりも大きな影響力を有しているのである。事前に周到な準備をし，計画を立て，そして立案された計画通りに業務を遂行するということは，上司や組織の指示や意向に忠実であるということに他ならない。それぞれの行動特徴が明確に示された結果であると言えよう。

　次に，心理的安全性との交互作用についても見ておこう。モデル３と６を見てみると，よく似た結果になっていることがわかる。創造的成果および堅実的成果双方に対して，受動的忠実型との交互作用が正の効果を有している一方で，能動的忠実型との交互作用は負の効果を有し，統合型との交互作用は有意な効果を有していないことが認められるのである。しかも，βの数値もさほど変わらない。この結果は，解釈が難しいものの，とても興味深い。どうしてこのような結果になったのであろうか。

　この結果は，どのような成果に対してであろうと，受動的忠実型と心理的安全性との間には正の相乗効果が生まれること，能動的忠実型との間には，負の相乗効果が生まれること，そして統合型との間には，相乗効果が生じないことを示している。これらの結果から，心理的安全性は受動的忠実型の行動と親和性が高いものと考えられる。受動的忠実型の行動とは，上司の指示を素直に聞き，忠実に従うことなどを表している。心理的安全性はこうした行動を際立たせるのではないだろうか。要は，心理的安全性はフォロワーシップ行動の状態を活性化する機能を有しているということである。では，能動的忠実型の行動

はどうであろうか。この行動は，これまで幾度となく述べてきたように，両義的で葛藤を孕んでいる。従って，心理的安全性によって，その状態が活性化されるのだとしたら，負の効果を有するのもわからなくもない。逆に，統合型の行動は，こうした葛藤が消失した状態であるため，心理的安全性との間に相乗効果は生じないのかもしれない。ゼロに何を乗じてもゼロにしかならないように。

4．小　　括

　本章では，日本版フォロワーシップ行動尺度の開発について紹介し，明らかになった3つの行動について考えてきた。日本版とは言うものの，カーステンたちの研究結果とよく似た部分もあるため，ある程度の普遍性は有していると考えてもよいのかもしれない。ただ，カーステンたちの研究ではあまり言及されていなかった部分も多い。例えば，受動的忠実型の行動は，カーステンたちの言う，passiveな行動に近いが，彼女たちはこの行動をそれほどポジティブには捉えていないように思われる。しかし，本章でこれまで論じてきたように，受動的忠実型の行動は十分組織に貢献しうる。こうした意味において，本書では，受動性や従順性を肯定的に捉えている。この点については，次章で改めて論じるつもりである。また，こうした問題が生じる一つの原因は，カーステンたちの議論が3タイプで完結してしまっていることにある。この点についても，次章で取り上げたい。次に，能動的忠実型の行動である。カーステンたちの言う，activeな行動に近いが，この行動が両義的であることについて，彼女たちは触れていない。しかも，このタイプの行動は非常に多く見られる。必然的に，このタイプのフォロワーも多くなる。実に60％ものフォロワーがこのタイプであることは，大きな問題であるように思われる。最後に，統合型の行動である。カーステンたちの言う，proactiveな行動に近い。客観的に捉えられる行動として，プロアクティブと表現した彼女たちの洞察力は素晴らしい。ただ，それが行動の内面で，少なくとも二つのベクトルが統合された結果であることについては，言及がなかったと思われる。このように今回，カーステンたちの研究結果を参考にしながらも，新たな知見を加えることができたのではないかと考えている。さて，カーステンたちの研究に欠けているのは，フォロワーシップ

行動を分類するための枠組みである。ケリーが提示した，積極的関与と独自の批評的思考のような枠組みがないのである。そこで，次章では，日本的フォロワーシップ行動を位置づけるためのフレームワークについて考えてみたい。

第4章

観従理論：フォロワーシップ行動
のための枠組

　第2章でみたように，これまでのフォロワーシップ理論，なかでも役割理論アプローチは，現象として生じるフォロワーシップを構成する要素を明らかにし，それを枠組として，分類を行ってきたといえる。例えば，ケリーではそれらが，積極的関与と独自のクリティカルシンキングであったし（Kelley, 1992），チャレフでは支援と批判であった（Chaleff, 1995）。すなわち，ケリーの理論によれば，フォロワーシップ（行動）は積極的関与と独自の批評的思考によって生じるということになる。そこで本章では，第3章で明らかとなった，日本的フォロワーシップ行動を位置づけるための枠組について考える。

第1節　フォロワーシップとは何か

　日本的フォロワーシップ[1]のための枠組を明らかにするためには，改めて，フォロワーシップについて考えてみる必要がある。なぜなら，日本的フォロワーシップが発生するプロセスを明らかにしなければ，その枠組を構成する要素を理解できないからである。
　これまでの歴史のなかで，フォロワーシップの当事者ともいうべきフォロワーは，ほとんど価値のない存在とみなされてきた。Kellerman（2008）によれば，かつてフォロワーとは組織の下層に位置し，上司と比べて権限や影響力

---

[1]　本書で論じているフォロワーシップが日本に特有なものであるかどうかは，国際比較調査などを経なければ明らかにはならないが，日本人労働者を対象として概念化されたという意味で，今のところは暫定的に日本的フォロワーシップとしておきたい。

が劣る人たちのことであった。特にアメリカにおいてフォロワーは，このように「劣る人たち」というレッテルを貼られ続けてきた。Baker（2007）によれば，「活気のない，無力な大衆」というイメージを払拭することは難しく，フォロワーは長らく「羊」「受動的」「服従」「タビネズミ」そして「農奴」といった言葉で描写されてきたのである。しかし，1980年代以降，フォロワーのイメージは次第に変化し，そこに積極的な意味が付与されるようになってきた。例えば，Graham（1988）は組織に対する心理的関与度によって，部下とフォロワーを峻別する。そして，組織の目標を内在化し，組織を自らと同一視しているような成員こそがフォロワーだというのである。このように，フォロワーに対する積極的な意味付与の傾向は，Kelley（1992）やChaleff（1995）においても同様であろう。もはやフォロワーは単に受動的に服従するだけの存在ではなくなっている。

　しかし，フォロワーを積極的に捉えようとするあまり，フォロワーやフォロワーシップ概念が歪んできてしまっているようにも見受けられる。フォロワーシップの受動性があまりにも軽視されているように思えるのである。それゆえ，このような傾向を是正するような議論も見られるようになってきた。この点については，第3章でもふれた通りである（Agho, 2009；Crossman & Crossman, 2011）。要は，フォロワーシップの「従う」という，まさに根幹的な側面を適切に捉えようとする動きが生じてきているのである。例えばそれは，次のような定義に見て取れる。

　　「フォロワーシップとは，指示命令に効果的に従い，リーダーの努力を支援する能力（Bjugstad, Thach, Thompson & Morris, 2006, 304頁）」

　　「フォロワーシップとは，リーダーの命令に従う責任を部下が認識するプロセスであり，リーダーの命令を遂行するのに最適な行為をとるプロセスである。そして命令がない場合には，使命に貢献するための適切な行動を推測し，そうした行動をとる（Townsend & Gebhart, 1997, 52頁）」

　これらの定義では，フォロワーが従う存在であることを明言しており，「従

う」ということ自体がそれほど容易ではないことを暗示している。果たして，効果的に従うとはどういうことであろうか。また，従う責任とは何か。そして，それをフォロワーはどのように認識すべきなのであろうか。このように考えれば考えるほど，「従う」という行為が複雑な様相を呈してくるように思われるのである。ただし，従うと一口に言っても，フォロワーが従うべき対象は様々である。その点については，また後で論じることにして，ここでは，とりあえず，組織における上司を，従うべき主な対象として議論を進めていくことにする。

　このように，フォロワーシップにおいて「従う」という行動は，無視することのできない重要な特徴であることが明らかである。日本的フォロワーシップにおいても，受動的忠実型の行動が場合によっては有効であることも，第3章で見た通りである。受動的忠実型は，従順な態度と忠実な行動で成立している。まさに「従う」という行為そのものと言ってもよい。カーステンたちの研究結果からもそれは明らかである。従って，日本的フォロワーシップを成立させる特性として，まずは「従う」ということに注目して考えていきたいと思う。

第2節　心理的二重性

1.「従う」の意味

　では，改めて「従う」という言葉の意味について考えてみよう。『広辞苑』第6版によれば，従うとは「自分より強大なもの，不動・不変なものの権威や存在を認め，自分の行動をそれに合わせる」ことである。語源を調べてみると，「した」と「がふ（肯ふ）」から成り立っていることがわかる（白川，2007）。「した」は慕うの「した」と同根の語であるという。そして，「肯ふ」の「肯」という文字には，「うなずく，心から進んで」という意味があるようだ（小川・西田・赤塚編，1968）。従って，「したがふ」は「自ら進んで服すること」という意味になる。フォロワー個人の意思によって，「従う」ことを選択するということであろう。しかし，「従う」という行動には，別の発生プロセスもある。同じく，『広辞苑』には次のような意味も記載されている。「動かされるままに

動く」と。これも、「従う」なのである。この表現からは、従っている主体の意思のようなものを感じることはできない。

　こうしたことから、「従う」という現象の心理的二重性とも呼び得る性質を垣間見ることができる。Uhl-Bienたちも言うように、「フォロワーシップは影響を与えられることを自らに許す（Uhl-Bien & Pillai, 2007, p.196；Uhl-Bien et al., 2014, p.83）」ことで成立するのである。すなわち、ここには、影響を与えられる自我とそれを許す自我が想定されている。従って、動かされるままに動いている状態とは、もし「許す」自我が健全に機能しているのであれば、影響を与えられることを自らに許し、影響を与える他者に自らを委ねている状態を指すのであろう。しかし、もし許す自我が他者に支配され、健全に機能していないのであれば、様相は全く異なる。このように、従うという行動はとても複雑である。フォロワーシップを理解するとは、従うという行動や現象について理解することなのである。そしてどうやら、その理解のためには、二つの自我を想定する必要があるようだ。

2．二重過程モデル

　心が二つに分かれているという発想は、それほど新しいものではない。本能vs. 理性や意識vs. 無意識といった二項対立は、古くから存在した。近年では、認知神経科学や認知心理学といった分野の発展により、人間の認知機能が二つのタイプによって特徴づけられることが明らかになってきている。Stanovich（2004）によれば、これらは二重過程（並行プロセスあるいは、デュアルプロセス）理論と呼ばれている。それは、これらの理論が、脳内に二つの認知システムを認め、それぞれが他方とは異なる目的構造を有し、また、その実行に必要な独自のメカニズム型をもつと考えられているからである。ここではスタノヴィッチにならって、一方の認知システムをシステム1（TASS）、他方をシステム2（分析的システム）と呼んでおこう。それぞれの特性については、**図表4-1**の通りである。ここではまず、システム1について考えてみたい。

　さて、システムは単純ではない。スタノヴィッチによれば、システムという用語は誤解を招く。なぜなら、脳内には、数多くの「サブシステムのセットがあり、それぞれが分析的システムの制御を受けることなく、みずからの活動の

[図表4-1]　各認知システムの特性

システム1	システム2
連想的	規則に基づく
全体論的	分析的
並列的	直列的
自動的	制御型
認知能力への負荷が比較的少ない	認知能力への負荷が大きい
比較的迅速	比較的遅い
高度に文脈依存	文脈から独立

出典：Stanovich（2004，邦訳，48頁）をもとに筆者作成

　引き金となる刺激に反応して，自律的に働く（邦訳，51頁）」からである。すなわち，システムは単数ではないということである。そこで，この自律的サブシステムのセット，すなわちシステム1を，彼は，TASS（The Autonomous Set of Systems）と呼ぶことにしたのである。

　では，TASSについてもう少し理解を深めておこう。スタノヴィッチによれば，TASS内部の動作が意識的経験をもたらすことはない。つまり，無意識のうちに動作は進められるということである。そしてまた，TASSの複数のプロセスは（互いに，および，分析的処理と）並行して，実行され，分析的システムからのインプットを必要としないようである。一方，分析的処理はこの意味で自律的であることがまずない。つまり，TASSサブプロセスからの情報入力を受けて作動することが多い。すなわち，TASSに依存しているということである。なお，TASSサブプロセスの古典的実例として，反射運動が挙げられているので，少し触れておきたい。

　有機体の反応として，最も原初的ともいえるのが，反射であろう。心理学辞典によれば，反射とは，刺激によって引き起こされる，体の一部に生じる定型的な運動パターンである。主に，瞳孔反射や唾液反射などが挙げられる。食べ物からの刺激が，反射弓を通じて伝わり，唾液を分泌するという反応が生じる。ここに，その個人の意志は介在しない。唾液を出すまいと思っても，それを止めることはできないのである。これを行動と呼ぶのであれば，反射は最も原初的な行動といってよいであろう。

　これらの行動が原初的であることの良い例として，新生児期において観察さ

れる原始反射が挙げられる。把握反射や哺乳反射などのことである。これらの反射的行動は，正常児の場合，生後4〜5か月の間に徐々に消失していくようである。生まれたばかりの赤ん坊は，自らの意志で行動することができない。というより，意志そのものがない。それゆえ，こうした原始反射が生得的に備わっているのであろう。いわば，新生児は，原始反射によって生かされるのである。まさに脳科学者ダマシオが言うように，「自然は，問われることもなく，思考を必要とすることもなく，ただ自動的に命を調節し，維持する手段を生物に授ける（Damasio, 2003，邦訳67頁）」のである。いずれにしても，これら反射運動が，自動的に，分析的システムからの入力もなく，無意識のうちに生じていることを考えれば，スタノヴィッチの言う，TASSの特徴を有していることは明白であろう。また，スタノヴィッチによれば，TASSに含まれるサブシステムは，このように生得的なものだけではない。習練を繰り返すことによってTASSの一部になりうる，後天的に獲得されるサブシステムもあるという。なお，この点については，後ほど取り上げることにする。

　以上のように，システム1が人間行動の効率化に果たす役割は大きい。しかし，それが仇となることもある。2002年にノーベル経済学賞を受賞したカーネマンによれば，システム1はだまされやすく，信じたがるバイアスを備えている。従って，「2通りの解釈が可能でも，そんなことはあっさり無視して，できるだけつじつまの合う筋書きをすらすらと作ってしまう（Kahneman, 2011, 邦訳168頁）」ようである。そして，彼の言う「見たものがすべて」効果が働くと，「手持ちの限られた情報を過大評価し，―中略―手元の情報だけで考えうる最善のストーリーを組み立て，それが心地よい筋書きであれば，すっかり信じ込む（邦訳，293頁）」というのである。カーネマンはその良い例として，人々が企業業績の原因をいとも簡単に，CEOに帰属させてしまう，いわゆるCEO英雄神話を取り上げている。彼によれば，企業の成功が優れたCEOによってもたらされる確率は約60％であり，運頼みの場合よりもわずかに10％高いだけなのである。これを原因の錯覚と捉えている研究者もいるが（Chabris & Simons, 2010），基礎となるメカニズムは同じであろう。

　一方，システム2の主な働きは，システム1の衝動を抑えることである。「システム1が『提案』した考えや行動を監視し，制御すること（邦訳，66頁）」

が主な機能だと言える。そして，こうした提案の一部に対しては行動に移すことを許可し，それ以外の提案に対しては，却下や修正といった裁決を下すのである。ただし，**図表4-1**にもあるように，システム2は認知能力への負荷が大きい。消耗しやすいため，あまり働かないようにできているようである。

　では，システム2について，有名な4枚カード問題を使って考えてみよう。これは，ピーター・ウェイソンが考案した問題で（Wason, 1968），スタノヴィッチも自著のなかで取り上げている。ここに4枚のカードがある（**図表4-2**）。カードの両面には数字かアルファベット1文字が印字されている。一方の面にアルファベットが印字されていれば，もう一方の面には，必ず数字が印字されている。今，「一方の面に母音のアルファベットが印字されていれば，もう一方には偶数が印字されている」という命題が与えられたとしよう。この命題が真であることを確かめるためには，最低限，どのカード，もしくはどれらのカードを裏返せばいいだろうか。スタノヴィッチによれば，この問題に正答できる被験者は実に10％程度しかいない。ほとんどの被験者が誤答してしまうというのである。それはどうしてだろうか。被験者の多くは，Aと8を選択するようである。恐らく，被験者のシステム1は命題に示された，母音と偶数に反応してしまうのであろう。しかし，よく考えれば，8の裏面に子音のアルファベットが記されていても，なんら問題ないのである。本来システム2は，このように自動的に反応しようとするシステム1を抑制し，制御する。8のカードに反応してしまうことに「待った」をかけるのが，システム2の役割であるにもかかわらず，誤答した被験者においては，それが機能しなかったのである。しかし，前述の通り，システム2は消耗しやすいためあまり働かない。一方，システム1は放っておくと，有意味な刺激に対して勝手に反応してしまうので，こういった間違いが起こりやすくなるのである。

[図表4-2]　4枚カード問題

　カーネマンは，我々が陥る様々なエラーを炙り出すことによって，システム1のこうした特徴を巧みに描いて見せる。しかし，自動化は認知処理に限定されるのであろうか。そもそもここで言う，システムとは何をどこまで含んでいるのか。心理学において，認知主義が行動主義と対比的に扱われることからも明らかなように，これらの議論からは，客観的な行動が見えてこない。認知的処理だけでは，フォロワーシップ行動を明らかにすることはできない。また，フォロワーシップ行動は優れて対人的な行動を，そのなかに含んでいる。だとすれば，これまでのように机上の議論に終始するのではなく，対人的な場面における具体的な行動に関する議論が必要なのではないか。

3．模倣とミラーニューロン

　私たちが，誰かに手取り足取り，つまりパペットのように糸でつながれて，筋肉の一つひとつの動かし方を微細に教えられたわけでもないのに，他者と同じように振る舞うことができるのはなぜだろうか。生後間もなく（2週間から3週間）の新生児が，親の振る舞いを再現できるのは有名な話である（Meltzoff & Moore, 1977）。対面している親が舌を突き出せば，赤ん坊も舌を突き出す。親が口を丸くすれば，赤ん坊も同じように口を丸くするのである。人間の原初的行動は，前述した反射と，このような生得的な模倣行動（高度な反射と言えるのかもしれないが）から始まるのだと言える。そして，この模倣こそが，日常生活において客観的に把握することのできる最も基本的な対人行動だと言えよう。

　古い心理学辞典を紐解けば，そもそも模倣とは，「他の行動を認めて，これと同じ行動をとる現象（宮城編，1979，237頁）」を指す。すなわち，模倣は知覚→認知→行動といったプロセスを経て生じると考えられてきたといえる。親が舌を突き出している様子を認知したうえで，子供もそれを意識的に真似るということである。しかし，生まれたばかりの新生児にそれが可能であろうか。自らの顔を見たこともなく，動かし方もわからないであろう新生児が，どうして，目の前にいる親と同じ動作ができるのであろうか。それは音声模倣も同様である。「ママ」と口を動かす母親を見て，口の動かし方も，音の発し方もわからないはずなのに，新生児はそれを模倣することができるのである。

　この点について，音声模倣の研究者である今福（2015）は次のように述べている。「ヒトは新生児期から，外部環境の発話音声と口唇部運動という異種感覚情報（視−聴覚情報）を統合的に知覚し，自身の運動に変換するシステムを有する可能性がある（231頁）」と。そして，その神経科学的基盤として考えられているのがミラーニューロンシステムなのである。

　Iacoboni（2008）によれば，他人をきわめて微妙なところまで鋭敏に理解することを可能にする細胞群を，ミラーニューロンと言う。彼らの発見によるとミラーニューロンは，自らが行動する場合だけでなく，他人の行動を見たときにも発火する。つまり，他人の行動を見たときにも必ず，脳内でその行動に必要な運動計画が常に開始されると言うのである。しかもそれは，自らの意思に関わりなくである。またこのことは，行動に関連する音や行動に関する単語を聞いただけでも同様である。「自分でサッカーボールを蹴った時にも，ボールを蹴られるのを見たときにも，ボールが蹴られる音を聞いたときにも，果ては『蹴る』という単語を発したり聞いたりしただけでも（邦訳，22頁）」，ミラーニューロンは同じように発火するのである。だとすれば，前述した心理学辞典の定義は，最早適切とはいえないように思われる。模倣は，必ずしも認知を経由して生じるとは限らないのだから。ただ，こうした知覚即行動を，高度な反射として捉えることはできないのであろうか。いずれにしても，ミラーニューロンを介して生じる反応は，自動模倣と言うのが最も適切であるように思われる。

　ミラーニューロンが発見される1世紀も以前の19世紀末に，こうした自動模倣性の基盤を神経系に求める精神病理学者がいた。ヘンリー・モーズリーである。Maudsley（1880）によれば，神経系には生得的な模倣の傾向がある。私たちは，しばしば一緒にいる他人の態度やしぐさを無意識に模倣することがある。精神病理学的臨床経験から彼が述べるには，特に神経質な人やヒステリックな人による病気の擬態が，それを物語っている。また，これらの人たちは，抑制する反射が機能しなければ，それを止めることができないようである。

　意識的ではない模倣を強調するのは，アメリカの心理学者ボールドウィンも同様である（Baldwin, 1894）。他者の顔の表情を獲得し，感情を理解するといった，いわば潜在的で漠然とした刺激を再現するという反応を，意志的な模倣と

して説明することには無理がある。そこで，ボールドウィンは模倣を3つに分類するのである。第1の模倣は，生物学的模倣と呼ばれる。いわば神経刺激の再生産を意味しており，脳における第一の皮質下が関わっているという。恐らくモーズリーが言う，刺激に応じてただ反射的に運動が生じることを指しているのであろう。第二の模倣は，心理的，皮質的な模倣である。この段階の模倣は，意識的に利用可能な二つの媒体を通して生じるという。その媒体とは，感覚と記憶である。モーズリーの言うように，明確な意識はないものの，知覚と思慮を通じて模倣が生じている場合を指すのであろう。なお，ボールドウィンによれば，記憶を媒体とした場合，その個人には欲求が生じる。そして，この欲求には，好ましい記憶コビーに関する模倣的傾向の意識があり，記憶の他の要素によってその一部が抑制されると，意志が生まれるとしている。最後に第三の模倣である。これは，可塑的または二次的皮質下模倣と呼ばれている。かつては意識的な適応であった刺激反復反応が，「二次自動的」反応となり，ついには無意識的な模倣となったケースを指している。端的に言えば，習慣である。これは，先述したスタノヴィッチの議論にも通じるであろう。

　さて，こうした議論を社会学にまで拡張したのが，タルドである。Tarde（1890）は，社会性と模倣性をほぼ同義に捉えていた。そして社会＝共同体は，この模倣性によって成立するとも考えていた。タルドもまた，模倣の自動性，そして受動性を強調する。タルドによれば，社会状態とは催眠状態なのである。施術者の行動を模倣するように教示された催眠状態にある個人は，自らの意志がなくても施術者を模倣する。この個人は，自発的に模倣したと信じているかもしれないが，それは錯覚に過ぎない。それはまさに社会的人間の錯覚でもあるとタルドは言う。私たちはいわば自動人形なのである。そして，催眠状態にある個人が，催眠術によって一時的に抵抗力を奪われてしまう様子は，社会的存在に潜む模倣的受動性を，私たちに明らかにしてくれるともタルドは言う。さらにタルドによれば，社会の基礎と起源にあるのは共感ではない。共感は人々の間に相互的模倣を必要とするが，相互的模倣よりも一方的模倣の方が手っ取り早い。その一方的模倣を可能とするのが，威信だと言うのである。従って，社会は，「王＝神」といった威信に対する原始的服従から始まるのだと言える。そして，原始的服従とは，意志的で意識された服従を意味しない。

まさに，自動的服従なのである。古代の人々は皆，「実際には自分たちが知らないうちに，祖先たちや首長，預言者たちによってゼンマイを巻かれ，動かされるがままであったのである（邦訳，127頁）」。

　このようにみてくると，基本的な人間行動は，反射と模倣によってほぼ説明が可能であるように思われる。では，指示命令によって生じる行動はどうであろうか。これも，模倣の一種と言ってよいのであろう。ミラーニューロンの説明にもあったように，私たちは「ボールを蹴る」という言葉を聞いただけで，脳内に行動を準備してしまう。これは，ボールを蹴る他者をイメージし，それを自動模倣しようとしていることと同義である。だとすれば，「ボールを蹴りなさい」という指示命令は，単に模倣強度を増すための促進力に過ぎないのかもしれない。いずれにしても，「他」からの刺激が必要であることは言を俟たない。それは身体の内側からの刺激をも含んでいる。ボールドウィンやモーズリーによる，刺激の再生産や，記憶コピーによる模倣の説明からも，それは明らかであろう。ここでようやく，私たちはフォロワーシップ行動を構成する一つ目のシステムを明らかにすることができた。それを「従我」と名付けよう。スタノヴィッチたちの言うシステム 1 を，客観的な対他行動にまで拡張したと考えてほしい。「他」からの刺激に自動的に反応し，行動を生じさせようとする自我システムである。

　さて，フォロワーシップ行動は従我だけで生じるものではない。それは，認知がシステム 1 だけで機能しないのと同様である。ここで，再びミラーニューロンに目を向けてみよう。ミラーニューロン研究の第一人者であるリゾラッティによれば，ミラーニューロン系が模倣にとっての必要条件であることは間違いないものの，それだけでは模倣を生じさせるのに十分ではない。模倣にはミラーニューロンを制御するシステムが必要で，このシステムには促進機能と抑制機能の二つの機能が欠かせないというのである。ミラーニューロンによってコード化された潜在的行為を，実際の運動行為へと変換させる促進機能は不可欠だが，同時に，この移行を抑える抑制機能も必要となるというのが彼らの見解である。「もしそれが働かなかったら，自動的に行動が再現されてしまう（Rissolatti & Sinigaglia, 2006，邦訳168頁）」のである。

　リゾラッティの言う抑制機能と類似の働きについては，先述した議論のなか

でもしばしば触れられていた。モーズリーの言う「抑制する反射」，ボールド
ウィンの言う「記憶の一部を抑制すること」，そして，タルドの言う「抵抗力」
がそれである。これらが機能しなければ，神経症患者は擬態を止められないし，
意志は生まれない。そして，施術者の言いなりにもなってしまうのである。さ
らに精神病理学的知見を踏まえて，リゾラッティも次のように言う。これは，
反響動作症という障害を抱えた患者について語ったものである。

　　　この障害を抱えた患者は，他者の行為をただちに模倣せずにはいられない傾向
　　　を持っており，たとえそれが非常に奇異な行為であってもほとんど反射作用の
　　　ように模倣してしまう。このように，前頭葉に損傷があると，前頭一頭頂回路
　　　によってコードされた潜在的行為の模倣行為への変換を遮断するブレーキ・メ
　　　カニズムが排除されることがわかる（邦訳，170頁）。

　同様の知見は，統合失調症や離人症といった精神疾患からも得られる。例え
ば岡（2008）で取り上げられている，作為体験が良い例であろう。岡によれば，
作為体験とは，本来であれば自己がその主体であるはずの営為に他者の侵害を
被る体験である。「させられ」体験とでもいうべきであろうか。この病態は「統
合失調症という自己性をめぐる病理の中核に位置する（271頁）。」と岡は言う。
　岡（2008）では，こうした作為体験に苦しむ男性患者が取り上げられている。
脳の中の声の主が，したくもないことをするように命じてくるのだと言う。気
づいたら衝動的に手が動いている。体が自然に動いてしまうのである。そして，
それを抑制することが彼にはできない。この症例を考察する際に，岡は，男性
患者の自己が「体験する自己」と「観察する自己」とに乖離していると捉える。
そして，「作為体験において他者の干渉の手に陥るのは『体験する自己』だけ
であり，『観察する自己』の能動性は無傷のまま保たれている（277頁）。」とす
るのである。
　いうまでもなく，ここで言う「体験する自己」こそが従我である。これまで
論じてきたように，私たちは皆，他からの刺激を受け入れ，それに自動的に反
応しようとする。そのことを，まさにこの男性患者は教えてくれている。専門
外の筆者が言うのは憚られるものの，ここでの問題は，「観察する自己」が十

全に機能していないことにあるのではないのか。この点については，これ以上深くは立ち入らないが，本書では観察する自己が正常に働いていれば，この男性患者の動きは止められたと考えたい。観察する自己とはただ，傍観するだけではなく，判断や抑制行動までをも含むのである。ここに，フォロワーシップ行動の今一つのシステムが導き出されることになる。これを「観我」と名付けよう。観我とは，自動的に反応しようとする従我を監視し，誤りであると判断した場合には，それを抑制するシステムである。スタノヴィッチたちの言う，システム2を拡張したと考えてほしい。

　なお，観我という呼称については，今からおよそ100年前に，禅仏教の考えを西洋社会に普及させた鈴木大拙にも従っている。Suzuki（1927）によれば，「意識が目覚めると，意志（will）は行為する者（actor）と観る者（observer）に分離する（119頁）」。これは葛藤を生じさせる。無我や無心を重んじる禅仏教では，これを克服することが重要とされるのである。優れた日本文化研究を残したBenedict（1967）は，後にこの言説に出会い，この考え方に依拠して日本人の自己統制や訓練について考察することになる。彼女は，無我について次のように述べる。すなわち，無我とは「今私がしているという意識の全くない（邦訳，286頁）」状態であり，そのとき「観る我（observing self）は排除される（原著，247頁）」と。ただ，こうした捉え方は，日本人にのみ当てはまるというものでもないだろう。以上より，フォロワーシップ行動を次のように表すことにする。

　　フォロワーシップ行動＝f（従我・観我）

　すなわち，フォロワーシップ行動とは従我と観我の相互作用によって生じるのである。ただし，観我は従我に依存しており，従我によるプロセスが生じなければ機能しない。

4．自らの行動とは

　フォロワーシップ行動は人間行動そのものとも言える。これまでの議論を踏まえるのであれば，私たちの行動は，「他」からの刺激がなければ生じないこ

とになる。それでは，「自」はどこにあるのか。自発的な行動は存在するのであろうか。

　この点について，有名なリベット実験を参考に考えてみたい。リベットとは，アメリカの神経生理学者ベンジャミン・リベットを指している。彼の研究業績は，あまりにも衝撃的であったため，「最初完全に無視され，やがて論争を巻き起こし，そしてついには承認される（Libet, 2004, 邦訳266頁）」という数奇な経緯を辿っている。実験の詳細についてはLibet（2004）や深尾（2004）に譲るとして，ここでは，実験の概要を時系列で示すことにしよう（**図表4-3**）。図表にある現象とは，被験者に生じた現象を指している。

[図表4-3]　リベット実験

	運動発動までの時間	現　　象
T1	数十分？	実験者から好きな時に指または手首を曲げるように指示を受ける
T2	550ミリ秒	脳内に準備電位が生じる
T3	200ミリ秒	動作に対する意図の自覚
T4	0ミリ秒	指または手首を曲げる

　図表をみてわかるように，被験者が行為する550ミリ秒前には，既に脳内で活動の準備が始まっている。そして，被験者は脳内で活動準備が始まった後に，意図を自覚しているのである。では，そもそも意図を準備させたのは何なのか。この点については，リベットも多くを語っていない。しかし，ここまでの議論から考えれば，それは実験者による指示と言わざるを得ないのではないか。ボールドウィンに倣えば，T1の時点で実験者によって与えられた指示は，被験者の記憶として残される。もちろん，被験者の脳内には他の記憶コピーがたくさん眠っているはずである。それが刺激となって行動を起こさせようとはするものの，強度に勝る実験者の指示以外の記憶はすべて抑制されることになり，ここに意志が生じるのである。指示を発した実験者が被験者に対しては権威として映るため，その分，この記憶は他の記憶よりも行動を生じさせる効力が強いのであろう。また，実験への参加を自らの意志によるものと自覚しているのであれば，その自覚がさらに効力を強める可能性は大きい。それは，認知的不協和理論が示すように，被験者の不服従はこうした自覚との間に不協和を生み

出すからである。さらには，状況に応じた行動を生じさせる「場の強制力（深尾，2004）」もまた，その効力を強めるに違いない。この点については，いわゆるアフォーダンス理論による説明が可能かもしれない（佐々木，2015）。

　ただ，ここまでは従我内部で生じているプロセスに過ぎない。T2の時点で従我によって意図は生じ始めてはいるものの，この時点では，まだ行動が生じるかどうかは不明である。T3の時点で，その意図に気づいた被験者において，「やっぱりまだ曲げるのはよそう」と，行動が生じるのを抑止することは可能なのである。言うまでもなく，これが観我の役割である。事実，リベット自身も同様の仮説を立てている。すなわち，このように生じてくる潜在的運動が発現するか否かは，彼の言う「拒否権」の行使次第であり，「運動行為が現れないようにプロセスをブロック，または『拒否』すること（邦訳，161頁）」は可能だということなのである。この拒否権を行使する自我システムこそが，観我なのである。このように考えてみると，リベット実験の結果は，これまでの議論を裏づけるものになっている。実験者からの指示に反応しようとする被験者の従我を，観我によって止めることもできるのだが，ある時点では，その発現を許すのである。これが自発的行動の発生プロセスだといえる。リベット実験の成果は，人間の自発的行動を認めていないという批判を生んでいるが，それは違うであろう。このように観我が十全に機能して，従我と観我が統合した状態で行動が生じる場合，これを自発的行動と呼んでもいいのではないか。たとえ，行動の始発が「他」によるものであっても，である。従って，私たち人間の自発的行動とは，常に括弧付きの（自発的）行動とならざるを得ないのかもしれない。

　かつて，「自」を巡っては，「みずから」と「おのずから」という二つの表現に注目した，卓抜な論考があった（木村，2008）。そのなかで，木村（2008）は「ある自己発生的な事態が生じている場合に，その動きをより客体側へ押しやって眺めると『おのずから』と言われ，より主体側へ引き寄せて感じると『みずから』と言われる（29頁）。」と述べていた。ここで，自己発生的な事態を，その個人において生じている行動として捉えた場合，この行動は本来的には「おのずから」生じつつある行動のはずである。しかし，おのずから生じている行動は「自」という場においてであるかもしれないものの，「他」によって

引き起こされているために，客体的に感じるのであろう。そして，おのずから生まれようとしている行動が，観我によって制御されたときに，主体性が生じ，「みずから」の行動と感じることができるのではないだろうか。

　ただ木村は，このような捉え方をしていない。木村にとって「おのずから」とは自然（じねん）であり，それは，「自そのまま」，すなわち，自が自としてのあるがままの姿にほかならない。しかし，そこには他者性が見えてこない。そもそも木村は，親鸞に依拠して自然を捉えようとしていたはずである。だとすれば，親鸞の思想において中核となる「他力」に触れないのはおかしい。ここで，他力とは『彌陀の誓願』を指している。親鸞の教えは私たちに，自力を捨て，仏の力に自らを任せきるという境地を目指すよう求める。『末燈鈔』にはこうある。「自然（じねん）といふは，自はおのづからといふ，行者のはからいにあらず，しからしむといふことばなり。然といふは，しからしむといふことば，行者のはからいにあらず」と。この言葉を，フォロワーシップ行動論に照らして解釈するならば，おのずから生じる行動とは，従我によって生じる。しかし，従我にとって「他」が必要であることは，これまで幾度も述べてきた通りである。恐らく，ここではそれが「他力」なのではないか。すなわち，自然とは他力によって生じたままにあるということなのである。では，観我は必要ないのであろうか。

　『末燈鈔』には，「義なきを義とす」，という言葉がある。ここで，義とは行者のはからいを指している。つまり自力である。従って，「義なきを義とす」とは，「自」を失いつつも「自」のある状態を意味しているのではないだろうか。だとすれば，まさに，観我が機能してはいるものの，従我と統合され，潜在化している状態と解釈することはできないだろうか。初めから観我を働かせずに，他力に任せきることなど不可能であろう。行者は迷いながら，悩みながら仏の道を歩んでいくはずである。そこには当然，観我の働きがある。それをいつしか突き抜けたときに，両者が統合され，他力による自然の状態が生まれるのではなかろうか。

　こうした議論を通じて，木村（2008）では自然と自己が，対照的に捉えられているが，ここでは，自然と自由を対にして考えてみたい。私たちは自由の対義語として，強制や束縛といった言葉を思い起こすが，これまでの議論を踏ま

えると，自然こそが対照概念であるように思われてくる。かつて，優れた日本文化論を残したBenedict（1967）は，日本人の能力開発における自己訓練について触れるなかで，芸道や武道だけでなく，世俗的な生活においても，日本人は「無我」を追求すると述べていた。一方，「アメリカ人は観る我を自己の内にある理性的原理とみなし，危機に臨んでぬかりなくそれに注意を払いつつ行動することを誇りとする（邦訳，287頁）」とベネディクトは言う。こうした言説から理解できることは，アメリカ人は観我を尊重しているということである。そして，観我が機能していることを自覚しているときに自由を意識するのではないだろうか。一方，日本人は従我と観我が統合されている状態，つまり自然の状態を理想とする。

　例えば，先生から必ず宿題を済ませてから遊ぶようにと釘を刺された，学校帰りの少年たちについて考えてみよう。帰り道にあるいつもの公園にさしかかった彼らは，公園という「他」に反応して，いつの間にか遊び始める。一見，それは自由に見えるが，そうではない。彼らは自然にふるまっているだけなのである。ただし，ここで言う自然は道から外れた自然であり，観我のない自然である。もしくは，嫌な宿題から逃れるだけの消極的自由ともいえる。では，こうした少年たちとは一線を画し，やはり今日のところはまっすぐ帰宅しようとする少年がいたとすればどうであろうか。もし，その少年が自らの観我を意識していれば，その少年は自由な状態であると言える。しかし，従我と観我が統合され，ともに意識されない状態であるならば，それこそが自然なのであろう。このように考えてくると，先の公園で遊び始めた少年たちは，自然な状態にあるわけでもないのかもしれない。なぜなら，この場合の他力は教師が指し示す学業の道であるからだ。だとすれば，公園で遊び始めた少年たちは，ただ単に道から外れているだけということになるのかもしれない。

　また，このように使い分けるのはどうだろうか。公園で遊び始める子供たちは自然（しぜん）な状態にある。そして，それを横目に見ながら，まっすぐ帰宅して宿題に取り掛かろうとする少年は自由な状態にあると言えるのだが，自由はある意味，葛藤を内在化させている。観我が機能しているのは良いが，従我との間に葛藤が生じているのである。しかし，これらが統合され，葛藤を抱えることなく帰宅しようとしているのであれば，この少年は自然（じねん）の

状態にあるのだ。すなわち，自然を「しぜん」と「じねん」とに区別することによって，その状態の違いを表現してはどうかということなのである。単なる言葉遊びに過ぎないであろうか。

5．社会行動の自動性

　いずれにしても，もはや人間行動が自動的に生じることは，疑う余地がないように思われる。Dijksterhuis, Chartrand & Aarts（2007）によれば，人間を意識的エージェントとする考えは崩れ去ってしまった。しかしそれでもなお，呼吸や歩行などの単純な行動であればともかく，複雑で高度な行動となると話は別かもしれない。例えば，Eriksen & Kuethe（1956）の行った古典的な実験が興味深い。彼らは，あらかじめ特定の綴り字から成る言葉を「ショック語」と定義し，こうした言葉を被験者が偶然発したときに，必ずショックを与えるようにした。すると，何度か繰り返しているうちに，被験者はショック語に関係する言葉を発しなくなったのである。すなわち，被験者はいつしか，ショックを回避する術を身に付けてしまったといえる。そして，驚くべきことに被験者たちは，自分たちがどうしてショックを与えられなくなったのか，理解できていなかった。無自覚のうちに，ショック語を回避するという行動が生じるようになっていたのである。こうした行動は，ある意味むしろ，意識的に生じさせようと思っても難しいかもしれない。私たちは，このように高次の心理過程を無意識のうちに生み出しているのである。

　社会行動の自動性研究において第一人者と目されるバージによれば，1970年代に認知心理学が注目されるようになり，認知は意識的で熟慮的なものであると考えられるようになった。「したがって，人は自らの判断がどのように行われているかを自覚しており，判断に影響する入力にも気づいていると（Bargh, 2007, 邦訳1頁）」思われていたのである。しかし，リベット実験でも見た通り，私たちは無自覚のうちに脳内で活動の準備を始めるし，活動準備を開始させる入力にも気づいていない。バージたちは，四半世紀以上にわたり，判断，動機付けや社会行動などといった高次の心理過程における自動性を明らかにすべく，数多くのユニークな実験を行ってきた。

　Dijksterhuis, Chartrand & Aarts（2007）によれば，「自動性研究は模倣行動，

社会的カテゴリーの活性化，そして目標の活性化を扱う 3 つの研究領域に分類される（邦訳，40頁）」。ではここで，それぞれの領域における代表的な研究をみておこう。まず，模倣行動については，Chartland & Bargh（1999）の研究が紹介されている。この研究では，共同作業を行う相手の癖が自動的に模倣されることを明らかにしている。次に，社会的カテゴリーの活性化については，Bargh, Chen & Burrows（1996）による研究が紹介されている。この研究では，高齢者ステレオタイプをプライミング（高齢者に関連する単語に接触させる）された被験者の歩くスピードが遅くなることを明らかにしている。高齢者ステレオタイプの活性化が原因だと考えられる。最後に，目標の活性化については，Aarts & Dijksterhuis（2000）の研究が紹介されている。この研究では，目標獲得のための手段が自動的に活性化することを明らかにしている。講義に出席することをプライミングされた被験者において，移動手段として頻繁に使用する自転車に関する反応が早くなったのだという。

　このように，「意識的過程の代表格とされてきた目標追求までもが概ね無自覚にコントロールされている（Dijksterhuis et al., 2007，邦訳37頁）」というのである。目標は意識外で活性化され，その後無意識に作用して自己規制を効果的に導くことができる，というのが彼らの見解である（Bargh, Gollwitzer, Lee-Chai, Barndollar & Trötschel, 2001）。かつて，パナソニックの創業者である松下幸之助が，経営の極意について尋ねられた時に，「念ずることですな」と言って，失笑を買ったという逸話があるが，彼はこうした高次の心理過程が無意識に生じることを，暗黙知として有していたのではなかろうか。目標を強く念じることによって，それが，自らを無自覚にコントロールしてくれるということを体で知っていたのである。目標を思い出すたびに強く念じておけば，それほど意識せずとも，目標を実現するための手段や知識に気づきやすくなり，知らず知らずのうちに，目標に近づいていくということなのであろう。これは一種の習慣形成ともいえる。

　先述したAarts & Dijksterhuis（2000）では，習慣が目標志向的な自動行動として捉えられている。そして習慣とは，目標とそれを達成するための行動とを結びつける一種のリンクを意味している。目標の活性化によって，生物はある行動を選択したり，ある行動を実行するための計画を立てるように導かれる

と彼らは言う。そして，目標を定期的に追求していると，細部にまで意識的に注意を払う必要性が薄れていくようである。同じ行動を選択する頻度が高く，その行動が満足のいく形で目標達成につながれば，その行動は目標と結びつくようになる。つまり，目標に方向づけられた，同じ行動を選択し，実行することで，目標と道具的行動の関連付けが行われるというわけだ（すなわち，習慣の形成）。その結果，目標の活性化は，自動的に関連する行動へと，さらに広がっていくことになる。こうしたメカニズムを，松下幸之助は熟知していたのではなかろうか。

6．Homo audiens

さて，結局のところ私たちは，アメリカの心理学者ジェインズがかつて紹介していた，トマス・ヘンリー・ハクスリー（イギリスの生物学者）の言葉の通り，「意識を持つ自動人形」なのかもしれない（Jaynes, 1990）。ジェインズによれば，人類は長きにわたり，内なる声に従って行動してきた。古代に暮らす「個々の人間の神経系には神のような部分があり，彼らは奴隷のようにその命令の言いなりだった（邦訳，242頁）」とジェインズは言う。この点は，これまでの議論とも符合する。モーズリーがいうように，神経系は刺激を再生産しようとするメカニズムを備えているし，すぐさま再生産されなくとも，それらは記憶となって残される。まさに，内なる声とは，こうした記憶として留まっていた過去の刺激が，活動を促そうとするときに現れるのであろう。文字が発明されるまでは，こうした刺激は個人の内面でくすぶり続けたに違いない。しかし，文字が発明されるや否や，その刺激を外部化することが可能となった。内なる声を操作し，制御することができるようになったのである。この変化が意識を生んだと考えられている。意識が生まれると，内なる声は聞こえなくなっていった。

さて，ジェインズによれば，聞くことは一種の服従である。「英語の『obey』はラテン語の『obedire』からきており，『obedire』は『ob』と『audire』から成る。これは，『目の前の相手の話を聞く』という意味だ（邦訳，125頁）」とジェインズは言う。そして，内なる声は意思でもあったとして，さらに次のようにも言うのである。「意思は神経系における命令という性質を持つ声として現れ

たのであり，そこでは命令と行動は不可分で，聞くことが従うことだった（邦訳，127頁）」と。内なる声を聞くことは，命令を受け取るということであり，それは同時に従い行動することでもあったのである。これは，私たちの従我そのものではないのか。先のリベット実験で言うなら，被験者は意思という内なる声を聞いて（比喩的な意味で），指か手首を曲げたのである。私たちは，本来，「聞く人＝従う人」，すなわち，homo audiensなのである。

　『創世記』によれば，私たち人間は楽園でただ，神の命に従うのみであった。というか，従っているという自覚も有していなかった。自らを省みず，自分たちが裸で暮らしていても，気に留めなかったのである。そのときの人間には従我しかなかったと言える。しかし，知恵の実を食べたことで，途端に，自分たちが裸であることに気づいてしまい，恥ずかしくなった。まさに観我が備わった瞬間といえよう。蛇にそそのかされた女が，夫とともに知恵の実を食べたすぐ後のことが，『創世記』では次のように記されている。

　　するとたちまち二人の眼が開かれて，自分たちが裸であることが分かり，無花果樹の葉を綴り合わせて，前垂をつくったのである（邦訳，14頁，傍点筆者）。

　果たして，これは単なるフィクションに過ぎないのであろうか。筆者には，ヒトの進化の過程が比喩的に語られているように思われてならない。恐らく，進化の順序から言えば，従我形成が先であろう。ヒトの祖先は，環境からの刺激にただ反応しながら暮らしていたに違いない。しかし，道具を使い，火を生み出し，文字を使用するようになって，ヒトはただ刺激に反応するだけでなく，それを自覚できるようになった。行動の意味を見出せるようになったのである。私たちは，こうして，homo audiensからhomo sapiens（知恵の人）へと進化しているのである。

　それにしても，知恵の実を食べるや否や，裸の自分たちに気づいたという物語の一節は，私たちに何を示そうとしているのであろうか。それは先にも触れたように，観我が芽生えたことを私たちに伝えようとしているのだと思われる。しかし，なぜこのエピソードなのだろうか。気づきを得たというだけなら，他にも例はありそうなものなのに。それはやはり，観我が視覚と通じているから

ではないだろうか。自分たちが裸でいることは，見なければわからない。気づきや自覚は見ることに通じているのである。だからこそ「観我」なのである。ジェインズによれば，意識の出現は，「聴覚的な心から視覚的な心への転換と解釈できる（邦訳322頁）」。ジェインズのこの言葉が正しいとすれば，「聞く」＝従我が先で，「観る」＝観我という機能は後から備わったと考えて，間違いないであろう。ちなみに「観る」を意味するobserveの語源は，ob＋serveであり，奉仕という意味をそのなかに含んでいる。「観る」には，ただ目の前にある対象を眺めているだけではなく，役に立つという意味をも含んでいるのである。例えば，家人が夫に対して，「（幼い）子供のことを観ておいてね」というとき，それは，幼子が何か危ないことをしないか，いたずらをしないか，ということをただ見守っているということだけではなく，もし，そのような事態が生じそうになれば，「それを未然に防ぐ」という意味をも含んでいるということなのである。観我は，ただ従我を見守るだけではなく，それを抑止し，制御することまでをも含んでいるのである。

　それではここで，今までの議論を踏まえて，フォロワーシップ行動発生のプロセスを図示してみよう（**図表4-4**）。従我はまず，外からの刺激に自動的に反応しようとする。これまで述べてきたように，刺激に対しては自覚している場合もあれば，そうでない場合もある。知らず知らずのうちに，目の前にいる人物の行動を模倣している場合は後者にあたる。そのとき，観我は機能していない。また，従我は外からのすべての刺激に反応するわけではない。いくつか

［図表4-4］　フォロワーシップ行動発生プロセス

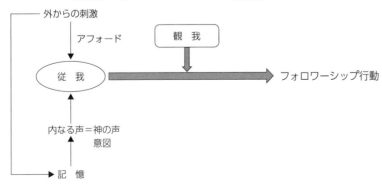

の刺激は記憶となって残される。それらは，まるで心の泡のように現れては消えるが，そのなかの特定の記憶刺激が従我の反応を呼び起こすことになる。もしかすると，内外の刺激が従我に影響を及ぼす際に，それらが無意識のうちに組み合わさって，元の刺激とは全く異なる刺激が創発したときに，「他」と切り離された「自」がそこに生じるのかもしれない。いずれにしても，こうした説明は，まだ極めて未熟であるため，今後さらなる検討が必要であろう。

7．観従理論と日本的フォロワーシップ行動

　ここでようやく私たちは，日本的フォロワーシップ行動を位置づけるための枠組みを手に入れたことになる。**図表4-5**では，それぞれのフォロワーシップ行動をマッピングしている。組織従我を横軸に，組織観我を縦軸に設定している。ここでは，労働組織に限定された狭義のフォロワーシップ行動について考えるため，組織従我・観我とした。従って，ここでのフォロワーシップ行動は，いわゆる組織行動とほぼ同義と考えてよいであろう。縦軸と横軸の交点は，それぞれの標準位置を示している。標準を上回っている場合は，それぞれのシ

[図表4-5]　フォロワーシップ行動マップ

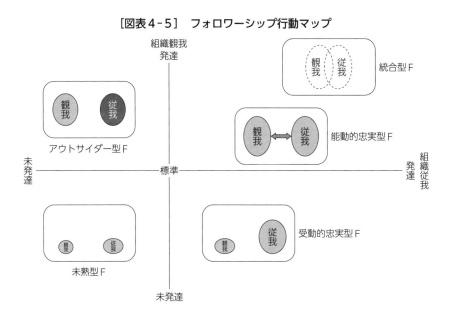

ステムが発達した状態にあると考える。

　さて，これまで取り上げてきた3つのフォロワーシップ行動は，組織に対して貢献可能な行動であった。それは，標準レベル以上の従我によってもたらされる。それゆえ，標準地点よりも右側にマッピングされている。当然，従我が未発達の場合も想定されるため，ここでは新たに2つのフォロワーシップ行動を追加している。それが，未熟型とアウトサイダー型である。未熟型の行動は，組織に参入したばかりの新入社員をイメージしてもらうとわかりやすいであろう。新規参入者には，組織にあふれる刺激や情報に対して，まだ迅速に反応できるだけの従我が育っていない。観我もしかりである。従って，未熟な行動しか生じない。これは，中途入社者や，異動したばかりの既存社員についても当てはまる。

　組織社会化が進み，与えられた役割や職務についての理解が深まり，組織や職務からの刺激に対して，ほぼ自動的に反応できるようになってくると，受動的忠実型行動へと移行する。それは，従我が発達してきたことを示している。しかし，まだ観我は標準に達していない。それでも，一定レベル以上の組織貢献が可能であることは，これまで見てきた通りである。人間行動は他からの刺激によって始発する。組織から与えられる刺激に，まずは反応できるようになることが重要なのである。従って，まずは組織で求められる知識や価値，行動様式を身に付け，それらを守ることが重要になる。芸道や武道でよく使われる「守・破・離」で言うなら，「守」の段階にあるといえよう。

　受動的忠実型の段階にあるフォロワーシップ行動は，与えられる情報や刺激を素直に受け入れる。しかし，経験を重ねるうちに，こうした刺激に違和感を覚え始める。この違和感こそが，観我の芽生えと言ってよいであろう。上司の指示命令に常に「はい」と答えていた部下が，すぐには返答しなくなり，「なぜ，それをしなければならないのだろう」と疑問を感じるようになる。過去の経験などによって形成された記憶が，行動の選択肢として浮かび上がるため，観我が従我を抑制しようとするのである。このとき，それまでは上司を通じて間接的に組織を理解し，組織に貢献しようとしていた部下が，組織や組織目標を直接理解しようとし始めているのだとも言える。この段階で生じるのが，能動的忠実型フォロワーシップ行動である。これまでとは異なる新しい行動が生まれ

る可能性を秘めており，守・破・離で言うなら，破の手前の段階ともいえる。

　しかし，観我が発達すればするほど，従我との間に葛藤が生じ，それが大きくなってくる。上司の指示命令に対して違和感を覚えているのに，それを伝えることができない。上司から尋ねられれば意見を言うことができるのだが，そうでなければ，自ら上司に対して意見を言うことはできない。忠実であることを示そうと懸命になり，なるべく嫌われないようにしようと振る舞う。面従腹背に陥ることも稀ではない。第三者からは意欲的で生産性も高いように映るものの，間違いなくストレスをため込んでいる。従我と観我が統合されると，次の段階に移行できるのだが，移行できるフォロワーは少ない。

　視野を広げ，視座を高くすることによって，フォロワーは組織を直接理解し，組織に対して直接貢献できるようになるだけでなく，組織の向こう側にある社会をも見据えられるようになる。自分たちが営んでいる事業や，その場所である組織が社会においてどのように位置づけられるのかが俯瞰できるようになる。同時に，目先に囚われることが少なくなり，未来に思いを馳せることも可能になる。こうした時空の広がりが，自我にも反映され，従我と観我が統合されるとそれらは潜在化し，葛藤のない大我となって世界と対峙し始める。すると，あたかも世界を呑み込んだかのような心持になり，自己実現を感じることができるようになる（上田, 1969）。それは，マインドフルネスな状態といってもいいであろう（Brown & Ryan, 2003）。意識的ではない，受容的な状態でありながら，気づきを得ている。人格内部の統合だけではなく，組織との統合も果たしている。組織の枠を超えた新たな世界が創発し，まさに守・破・離でいう，「離」の段階が訪れる。それはまた，自然（じねん）状態の創出でもある。この段階のフォロワーシップ行動に，他のメンバーが従おうとしたとき，そのフォロワーはリーダーとなる。

　しかし，能動的忠実型の段階で，上司や組織との関係を損なってしまったフォロワーシップは，いわばアウトサイダーに移行してしまう。従我は一定程度発達しているものの，機能不全に陥っており，上司や組織からの刺激に対して，適切に反応できなくなってしまうのである。一方で，観我は健在であるため，より一層，従我は押さえつけられてしまう。抑うつ型になる場合もあれば，逆にアグレッシブになり，自己中心型の行動になってしまう場合もある。組織

にとっては有益かもしれないが，独断専行で周囲の理解を得られないという点では問題なしとはいえない。

　以上，5つのタイプのフォロワーシップを，観従理論の枠組みのなかに位置づけてみた。今回は割愛したが，能動的忠実型のフォロワーシップにおいて，観我が組織に憑依された場合，いわゆる「会社人間」が生じると考えている。会社人間は既に死語になっているかもしれないが，過労死や過労自殺が後を絶たない現状に鑑みれば，なおも真摯な議論が必要であることは言を俟たない。また，観我はケリーの唱える独自の批評的思考およびチャレフの批判にほぼ近いと言えるものの，従我は彼らの言う，積極的関与や支援とは全く異なる。この理論が優れて日本的な特徴を帯びているのか，もしくは，普遍性を有しているのか，といった点についてはさらなる議論が必要であろう。

第5章

フォロワーとは何か

　私たちは自らの意思で,「今ここ」にあるわけではない。気づいたときには,すでにこの世に生を授かっており, 生かされている。そう, 優れて受動的な存在なのである。リベットの考えを拡張するならば, 私たちが「生きている」ということも単なる錯覚でしかないのかもしれない。生態系の頂点に君臨していると豪語しながらも, 自らの創造主を考えないわけにはいかないのが, 私たち人類なのである。様々な文化圏に残存する神話が示すように, 私たちは, 神のような存在を, どうしても必要としてしまう。こうした意味において, フォロワーとは人間そのものを指していると言っても良いのかもしれない。まさに私たちは, homo audiens（従う人）なのである。ただし, 形而上学的な議論は本書の範囲を超えている。ここでは, あくまでも社会行動者としてのフォロワーについて考えていきたい。

第1節　フォロワーが従う対象は何か

1．生活者としてのフォロワー

　これまで本書では, フォロワーシップ行動について考えてきた。その際,フォロワーが従う対象として考えられていたのは, 労働組織における上司であった。すなわち, フォロワーシップ行動は「対上司行動」として捉えられてきたと言える。それは, これまでの議論が, 主に労働領域を中心に展開されてきたためである。しかし, 私たちは労働者である前に, 一人の人間であり, 様々

な生活領域に関与している生活人・社会人である。政治哲学者サンデルも言うように，私たちは多層的に位置づけられた自己（multiply-situated selves）として思考し，行動しうる市民でもあるのだ（Sandel, 1996）。かつて，社会学者の見田宗介は時代が十人一色から十人十色へと変化していると捉えていたが（見田, 1995），これからは一人十色の時代になるのではないか。私たちが関与している重要な他者や生活領域の数だけ，それらに対応する自我があると考えれば，それほど不思議なことでもあるまい。第2章でも見たように，個人は様々な社会的自己の集合体として理解されるべきなのである（Collinson, 2006）。

　バーナードの議論に依拠するならば，組織人格だけに焦点を当てるのではなく，非組織人格をも併せ持った，全人格を有する存在としてフォロワーを捉えるべきなのである。それは，生活者の重要性を訴えた天野（1996）にも通じる。天野によれば生活者とは，「生活の全体性を把握する主体（14頁）」を指している。それはつまり，生活者が様々な生活領域を構成している重要な他者や情報を俯瞰的に把握し，それらを踏まえたうえで実践的に行動していることを示している。私たちが関与する生活領域は実に様々である。それらは相互に密接な関係を有しており，場合によっては「入れ子構造」のようにもなっている。本書では労働領域が焦点化されているが，私たちには他にも家庭や地域といった重要な生活領域があるし，それらを包含する社会や世界といった視点も必要となる。こうした意味において，私たちが従うべき対象は無数に存在する。しかし，それらすべてに反応することは私たちの限界を超えている。従って私たちは恐らく，これらのなかから自らにとって有意味な刺激を取り出して，それに従っているのであろう。例えば，いわゆる「会社人間」は，専ら労働領域のなかに有意味な刺激を見出すフォロワーなのである。この場合，家庭などの他の生活領域は後景に退いている。要はTPO（Time/Place/Occasion）や個人特性に応じて，有意味な刺激は変化するということなのである。

　もちろん，こうした有意味刺激は様々な刺激の複合体でもある。例えばここに，アパレルショップで働いている一人の男性従業員がいるとしよう。彼は，何に従って働いているのであろうか。それは，顧客の要望であるときもあれば，上司からの指示である場合もあろう。また，その店が掲げる組織目標に従っているということもあるかもしれない。そして，これらが複合的に絡まり合って，

彼を動かしている可能性もあるのだ。このとき，彼の妻の顔が思い浮かぶことはまずないであろう。それは，店で働いているときの彼にとって，有意味な刺激ではないからである。家庭領域の刺激は後景に退いている。問題が生じるのは，例えば，上司の指示と顧客の要望とが一致しないときなどであろう。そのとき，彼はジレンマ状態に陥る。いわゆる役割葛藤である。興味深いことに，フォロワーは従う刺激に応じて，役割を担うと言える。この場合であれば，上司の指示に従っているときは「部下」という役割を担っていることになるし，顧客の要望に従っているときは「販売員」という役割を担っている。すなわち，「部下」と「販売員」という役割の間で，葛藤が生じているとも言えるのである。こうした意味において，彼は部下でもあり，販売員でもあることになる。フォロワーは労働領域においてでさえ，様々な顔，すなわち社会的自己を有しているのである。これを全体人格に拡張すると，例えば，家庭領域における妻に対応した「夫」という役割や，子供に対応した「父親」という役割をも，彼が引き受けていることがわかる。まさに一人十色なのである。

　かつて，人格心理学者マズローは，自己実現的傾向を「自分がなりうるすべてのものになろうとする願望（Maslow, 1970, 邦訳72頁）」と述べていた。それはあくまでも，生活者である全体人格においてであると解釈したい。これまでの議論を踏まえるのであれば，自己実現とは，まず個人が所属するそれぞれの生活領域において，すべてのものになろうとする願望ということになろう。彼には，労働領域における自己実現もあれば，家庭領域における自己実現もあるといえる。そして，例えば，家庭領域における自己実現とは，「夫」と「父親」になろうとする願望を実現することなのである。すなわち，自らの潜在的能力を十分に発揮して，「夫」と「父親」といった役割を全うしたときに得られるのが，家庭領域における自己実現なのである。もちろん，同様のことが他の生活領域にも当てはまる。さらには，これらすべての生活領域において，全ての役割を全うすることができたとき，真の自己実現が訪れるのかもしれない。それは，真のフォロワーの完成ともいえる。

2．従うべき主要な対象とは

　ただしかし，全ての対象について考えることは，本書の能力を超えている。

そこで，改めて私たちが日常従っている主な対象について考えてみよう。例えば辞書では，どのように説明されているであろうか。followという言葉の意味を辞書で調べてみると，次のような用例の示されていることがわかる（小稲編，1980）。「方針・計画などに従う」，「職業に従う」，「指導者に従う」，「先例・規則などに従う」，「忠告などに従う」。これらが私たちの従うべき主な対象なのである。ちなみに人間を指す言葉は，指導者だけのようである。それ以外は，人間によって生み出されたものといってよいであろう。しかし，ここで一つ注意しなければならないことがある。「指導者に従う」という言葉の真の意味についてである。私たちが従うのはあくまでも，指導者の示す方針や指示命令である。「先生の教えに従う」や「同僚の助言に従う」という場合も同様であろう。すなわち，教えや助言といった従うべき対象内容が省略されているだけであって，その人間に従うわけではないことに注意しておかなければならない。指導者に従うという言葉が一人歩きするとき，それは，指導者による完全支配を意味している。それはもはや洗脳であろう。この問題については改めて考えてみたいと思う。

　さて，「従う」ということについて考えるとき，それが忠誠を尽くすということとほぼ同義であるように感じるのは筆者だけではあるまい。例えば，忠誠の定義にはこうある。

> 一般的には自我を超えた客観的な大義名分や理念，または自我の属する上級者，集団，制度などに対する愛着・傾倒の感情・態度をいう。この感情がもたらすものは，忠誠の対象を相対的に長期的に喜んで支持し，そのために行動することであり，ある程度の道徳的・感情的・物質的犠牲を払うことをいとわないという態度である（日本大百科全書，529頁）。

　この定義は，政治学者，田口富久治によるものである。これを見ると，忠誠とは「従う」という行為を準備させる態度であることがわかる。そしてまた，忠誠の対象は上級者といった特定の個人だけではなく，大義名分や理念といった抽象的な概念や，集団や制度など，人間によって形成される副次的なものまでが含まれるようだ。この点については，先ほどの議論と符合する。さて，興

味深いのは，忠誠の対象が「自我を超えた」対象と，「自我の属する」対象とに分けられている点である。一体，どのようにして分けられているのであろうか。鍵は，「客観的」という表現にある。すなわち，大義名分や理念が客観的である一方で，上級者や集団は客観的ではないのである。私たちには，上級者や集団を客観的に見ることが難しいのである。要は，対象との間にある心理的距離の問題なのかもしれない。心理的距離が長いほど，忠誠の強度は弱まると考えていいであろう。

　企業文化論の地平を開いたとされるPascale & Athos（1981）は，日本企業を観察するなかでユニークな事実を発見した。西洋人が個々において独自のアイデンティティを確立しようとするのに対して，日本人は，自己の周囲に存在する者を含めた「包括的アイデンティティ（inclusive identity）」を成長させようとするというのである。それゆえ，日本人のもつグループの概念は，西洋における姻戚関係にごく類似したものとなり，西洋での夫婦関係のように，日本の共働チームにおいては，個々人の役割間の境界線が不明確になる傾向にあるとも述べる。すなわち，先の定義に照らすならば，客観的に見ることのできない上級者などは，それに属する個人のアイデンティティのなかに，逆に包摂されてしまっているということなのである。この見立ては，日本企業における組織が，西洋企業の組織に比べて，優れて共同体的であることを物語っている。ただ，たとえ西洋社会であっても，企業組織においてはともかく，姻戚関係以外にも同様の事象は認められる。

　忠誠心について研究しているフェルテンによれば，忠誠心はその個人のアイデンティティを形成し，維持し，強化する（Felten, 2011）。従って，親族でなくとも，ある個人が誰かに対して忠誠心を抱くことがあれば，その誰かが個人のアイデンティティの一部となるのである。フェルテンは，キリスト教の創始者であるイエスとその弟子ペテロのエピソードから，ペテロがイエスの弟子であることを3回否定したことによって，自らのアイデンティティを失うことになったと説明している。また，忠誠の対象は人だけではない。私たちは嗜好品やそのブランドに対しても忠誠を抱くことがある。いわゆるブランド・ロイヤルティである。フェルテンは言う。「ブランドを選び，使い続けることには，自分が何者であるかを表明するという一面がある（邦訳，189頁）」と。これら

の事例はいずれも，対象に対する忠誠がその個人のアイデンティティを構成していることを物語っている。

3．「従う対象」に関する調査結果

　ではここで，筆者が行った「従う対象」についての調査結果を紹介しておこう。第3章で紹介した「フォロワーシップとワーク・エンゲージメント，そして主観的統制感」調査と併せて実施しているため，調査概要などについては第3章を参照されたい。「あなたは普段，何もしくは誰に従って仕事をしていますか。思いつく限り自由に回答してください」という質問に回答してもらっている。得られた回答を研究補助者とともに分類したところ，本章記載の図表のようになった。まず全体の結果についてみてみると，最も多かったのが，上司などの「上位者」で回答数は153（32.5％）であった。次に多かったのが，自分の信念・考えなどの「自分」で回答数は110（23.4％）であった。3番目に多かったのは，業務手順などの「マニュアル・規程」で回答数は55（11.7％）であった。4番目は「わからない・特になし」で回答数は53（11.3％）であった。5番目は会社の方針などの「組織目標」で回答数は49（10.4％）であった。最後は顧客のニーズなどの「顧客」で46（9.8％）であった。以上のカテゴリーに分類できなかった，その他の回答は除外している。なお，その他のなかでも比較的多かったのは，法律（回答数12），家族（同4），社会通念（同3），常識（同2）などであった。ユニークなものとしてはステークホルダーという回答もあった。以上から，上司などの上位者に従って働いていると認識している労働者が最も多く，約3分の1を占めている。

　次に属性ごとにみてみたい。まず学歴ごとの回答結果である（**図表5-1**）。学歴ごとにみても，やはり「上位者」という回答の最も多いことがわかる。ただ，最終学歴が低いほど，その傾向は強くなるように思われる。それは「マニュアル」についても言える。逆に，学歴が高いほど，「自分」に従って働いている回答者が多いという傾向も見て取れる。

　次に職位ごとにみてみよう（**図表5-2**）。一般従業員と職場の管理監督者の回答を見ると，「上位者」という回答が最も多い一方で，管理職では「自分」という回答が最も多くなっていることがわかる。また，管理職の回答に注目し

［図表5-1］　学歴ごとの回答結果

	マニュアル・規定	顧客	組織目標	自分	上位者	わからない・特になし	合計数	
大学院	5	6	2	10	14	4	41	8.8%
	12.2%	14.6%	4.9%	24.4%	34.1%	9.8%	100.0%	
大学	27	26	35	72	82	24	266	57.1%
	10.2%	9.8%	13.2%	27.1%	30.8%	9.0%	100.0%	
短大・専門学校	10	9	3	18	27	12	79	17.0%
	12.7%	11.4%	3.8%	22.8%	34.2%	15.2%	100.0%	
高校	13	5	9	9	29	13	78	16.7%
	16.7%	6.4%	11.5%	11.5%	37.2%	16.7%	100.0%	
その他	0	0	0	1	1	0	2	0.4%
	0.0%	0.0%	0.0%	50.0%	50.0%	0.0%	100.0%	
合計数	55	46	49	110	153	53	466	100.0%

［図表5-2］　職位ごとの回答結果

	マニュアル・規定	顧客	組織目標	自分	上位者	わからない・特になし	合計数	
一般従業員	40	30	26	68	110	39	313	67.2%
	12.8%	9.6%	8.3%	21.7%	35.1%	12.5%	100.0%	
職場の管理監督者	5	3	2	6	11	4	31	6.7%
	16.1%	9.7%	6.5%	19.4%	35.5%	12.9%	100.0%	
管理職	10	13	21	36	32	10	122	26.2%
	8.2%	10.7%	17.2%	29.5%	26.2%	8.2%	100.0%	
合計数	55	46	49	110	153	53	466	100.0%

てみると，「組織目標」という回答が比較的多い一方で，「マニュアル」という回答の割合が小さくなっていることも見て取れる。この結果は，本書でのこれまでの議論を裏付けていると言えよう。

　次に職種ごとの結果についてみてみよう（**図表5-3**）。ほとんどの職種において「上位者」が，従う対象として考えられていることがわかる。興味深いのは，「営業・販売」のみ，「自分」と回答している割合が最大ということである。同じく，他の職種に比べて「顧客」という回答も多いことがわかる。また，「研究開発」では，「上位者」と同じ程度の割合で「自分」と回答していることも見て取れる。一方で，「保安・サービス」においては，「自分」という回答が極

[図表5-3]　職種ごとの結果

	マニュアル・規定	顧客	組織目標	自分	上位者	わからない・特になし	合計数	
事務・企画	16	5	21	34	56	15	147	31.5%
	10.9%	3.4%	14.3%	23.1%	38.1%	10.2%	100.0%	
営業・販売	4	20	8	32	26	11	101	21.7%
	4.0%	19.8%	7.9%	31.7%	25.7%	10.9%	100.0%	
研究開発・技術設計	6	7	4	16	17	5	55	11.8%
	12.0%	14.0%	8.0%	32.0%	34.0%		100.0%	
保安・サービス	6	3	3	3	12	7	34	7.3%
	17.6%	8.8%	8.8%	8.8%	35.3%	20.6%	100.0%	
製造・建設・運輸などの現場業務	12	1	3	11	22	7	56	12.0%
	21.4%	1.8%	5.4%	19.6%	39.3%	12.5%	100.0%	
その他	11	10	10	14	20	8	73	15.7%
	15.1%	13.7%	13.7%	19.2%	27.4%	11.0%	100.0%	
合計数	55	46	49	110	153	53	466	100.0%

[図表5-4]　規模ごとの結果

	マニュアル・規定	顧客	組織目標	自分	上位者	わからない・特になし	合計数	
300人未満	20	22	17	52	79	28	218	46.8%
	9.2%	10.1%	7.8%	23.9%	36.2%	12.8%	100.0%	
300人以上	35	24	32	58	74	25	248	53.2%
	14.1%	9.7%	12.9%	23.4%	29.8%	10.1%	100.0%	
合計数	55	46	49	110	153	53	466	

端に低い。また，「マニュアル」という回答が比較的多いこともわかる。同じく「マニュアル」と回答した労働者の多かったのが「製造など」である。現場業務ということもあるのであろう。逆に「顧客」という回答が極端に少ないのも特徴的である。

　次に組織の規模ごとにみてみよう（**図表5-4**）。回答数が同程度になるように300人未満と300人以上で比較することにした。若干の傾向として，「上位者」という回答が300人未満の規模に多いことが見て取れる。その反面，「組織目標」および「マニュアル」という回答が300人以上の規模に比較的多いようである。

[図表5-5]　業態ごとの結果

	マニュアル・規定	顧客	組織目標	自分	上位者	わからない・特になし	合計数	
卸売・小売業	2	3	0	12	17	3	37	7.9%
	5.4%	8.1%	0.0%	32.4%	45.9%	8.1%	100.0%	
製造業	20	8	14	30	34	10	116	24.9%
	17.2%	6.9%	12.1%	25.9%	29.3%	8.6%	100.0%	
サービス業	13	9	6	16	25	11	80	17.2%
	16.3%	11.3%	7.5%	20.0%	31.3%	13.8%	100.0%	
建設業	1	1	3	11	8	2	26	5.6%
	3.8%	3.8%	11.5%	42.3%	30.8%	7.7%	100.0%	
不動産業	1	2	2	3	5	2	15	3.2%
	6.7%	13.3%	13.3%	20.0%	33.3%	13.3%	100.0%	
飲食店・宿泊業	1	1	0	0	1	2	5	1.1%
	20.0%	20.0%	0.0%	0.0%	20.0%	40.0%	100.0%	
運輸業	5	2	6	9	12	5	39	8.4%
	12.8%	5.1%	15.4%	23.1%	30.8%	12.8%	100.0%	
情報通信業	2	7	4	9	10	5	37	7.9%
	5.4%	18.9%	10.8%	24.3%	27.0%	13.5%	100.0%	
医療・福祉	1	5	7	4	16	3	36	7.7%
	2.8%	13.9%	19.4%	11.1%	44.4%	8.3%	100.0%	
その他	9	8	7	16	25	10	75	16.1%
	12.0%	10.7%	9.3%	21.3%	33.3%	13.3%	100.0%	
合計数	55	46	49	110	153	53	466	100.0%

「上位者」という回答が最も多いという点では，規模による違いはなさそうである。

　最後に，業態ごとにみてみよう（**図表5-5**）。建設業を除くすべての業態において，「上位者」という回答の最も多いことがわかる。特に卸売・小売業と医療・福祉は，他の業態と比較しても多いことがわかる。小売業においては，「自分」という回答も多い一方で，「組織目標」と回答した人が誰もいなかった。製造業とサービス業では「マニュアル」という回答が比較的多くみられる。また，建設業では「自分」という回答が極めて高いこともわかる。さらに，情報通信業において「顧客」という回答が多いという結果になった。

　以上，属性ごとの結果についてみてきた。注目したいのは，「自分」という回答である。「自分」という回答が多かったのは，例えば，管理職や研究開発

職であった。こうした属性を有するフォロワーは，組織から裁量権を与えられ，比較的自律的に仕事をしていると考えられる。それゆえ，「自分」と回答したのであろう。しかし，その「自分」を構成しているものは何か。もし，組織目標や価値，信念などが，その個人の中に統合されているのであれば，統合型フォロワーである可能性が高い。すなわち，こうした質問に，「自分」と回答したフォロワーは，統合型フォロワーかもしれないのである。ただし，逆の場合も考えられる。第4章でみた，アウトサイダー型のフォロワーである。組織を自分のなかに包摂できなかった場合，それは「むき出しのエゴ」になる。今後は，補完的に定性的研究などを実施して，細やかに分析する必要があろう。

第2節　フォロワーは権威に従う

　第1節では，フォロワーが様々な対象に従うことについてみた。筆者の調査結果などから，フォロワーは上位者や組織に従っていると認識していることがわかった。これらは，いわば「権威」を有した存在だといえる。ある国語辞典によれば，権威とは人々を強制し服従させる威力である。私たちは権威に従いやすい性質を有しているのだ。依然としてなくならない企業不祥事の多くは，上司や組織からの不適切な指示にフォロワーが抗えないことを示している。誤っているとわかっていても，フォロワーはそれを正すことができないのである。この点について第2節では，社会心理学の古典ともいえる，服従実験を参考に考えてみたい。

1．権威に従う

　ここで服従実験とは，当時アメリカのイェール大学に在籍していた，スタンレー・ミルグラム博士が行った実験室実験を指している（Milgram, 1974）。1960年から1963年にかけて行われた。この実験は，いわゆるアイヒマン裁判に触発されて企画されたと言われている。アイヒマンとは，第二次世界大戦下のドイツにおいて，ユダヤ人たちをアウシュビッツ収容所に移送する役割を担っていた責任者のことである。この男性は，戦後すぐに逃亡を図り，アルゼンチンに潜伏していたところを，イスラエル警察によって捕らえられ，1961年から

始まった裁判によって裁かれることになる。テレビ中継もされたとあって，全世界が注目するなか，裁判は進められた。しかし，その内容は衝撃的であった。「あなたはなぜこのような虐殺を実行したのか」と問われたアイヒマンは，終始「ただ，命令に従っただけだ」と答えたのである。「命令がなければやっていなかった」とも。アイヒマンは特に残虐な人間というわけではなかった。至って普通の人間のように見えた。このように普通の人間が，戦争とはいえ，大量殺戮を命じられて，それに抗うことなく従ってしまうのか。ユダヤ人でもあったミルグラム博士は，アイヒマンの言葉に衝撃を受けると同時に，確かめてみたいという衝動に駆られたようである。人は，命じられただけで，これだけ簡単に殺人を犯せるものなのか。それを明らかにすることが，この服従実験の目的だったのである。

　実験は，様々な場所，様々な形態で実施されたが，ここでは最初に行われた，基本となる実験についてのみ紹介しておく。まず，実験の被験者はコネチカット州ニューヘイブンに住む，一般の市民から，新聞広告を通じて募集された。ニューヘイブンには当時30万人の人たちが住んでいた。典型的な被験者としては，郵便局職員，高校教師，営業マン，エンジニアなどがいたと言う。実験はイェール大学の研究所で実施された。実験室のなかの様子は**図表5-6**の通りである。実験室に，3人の人間が配置されていることがみてとれる。実験の名

[図表5-6]　服従実験の様子

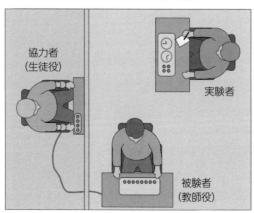

協力者
（生徒役）

実験者

被験者
（教師役）

目上の目的は学習に対する罰の影響を明らかにするというもので，まず実験者がそれを説明する。その後，残りの二人は，教師役と生徒役に分かれる。ここでも，名目上は両者ともに被験者という位置づけであるが，実は，生徒役はいわゆるサクラで，実験協力者であった。巧妙な仕掛けがあり，本当の被験者が教師役になるように仕組まれていたのである。

　学習内容は，対連想学習作業と呼ばれるものであった。教師役は事前に生徒役に学習をさせ，その後，問題を提示していく。そして，生徒役が提示された問題に間違うたびに，教師役の被験者は電撃発生器を用いて，生徒役に電撃を与えるように指示されたのである。図表を見るとわかるように，生徒役は装置につながれている。しかし，これは教師役が抱いているイメージで，生徒役は実験が始まると同時に，手首の装置を外すことが許されていた。生徒役は壁の向こうにいて，教師役からは見えないようになっていたためである。

　教師役の前に置かれているのが電撃発生器である。水平に並んだレバースイッチが30個ついていた。それぞれのスイッチにははっきりとわかるように，15から450ボルトまでの数値が書かれていた。また，左から右へ向かって15ボルトずつ増えるだけでなく，電撃の強度を示す言葉が次のようにはっきりと書かれていたようである。軽い電撃，中位の電撃，強い電撃，強烈な電撃，激烈な電撃，超激烈な電撃，危険：過激な電撃，×××，×××。と。最後の表記は，それ以上は踏み込んではいけないことを連想させるような不気味な表記になっている。

　生徒役は頻繁に誤答する。教師役は生徒役が間違うたびに，電撃の強度を上げていくように指示される。そして，生徒役は75ボルトの電撃を与えられるとうめくようになる。それが120ボルトになると，苦痛になってきたと叫びだす。150ボルトになると，出してくれとわめき，180ボルトになると，痛くて死にそうだと言い始める。さらに，270ボルトになると，苦悶の絶叫に変わり，315ボルトで，激しい絶叫の後，実験への参加はやめたと断言し，回答しなくなるのである。しかし，無回答でも電撃を与えるルールになっているので，さらに与え続け330ボルトを超えると，無反応になる。これらは全て，生徒役の演技だが，教師役にはそれがわからないようになっていた。

　この実験の本来の目的は，被験者がどの段階まで電撃を与え続けるかを明ら

かにすることにあった。また，教師役が罰を与えることに躊躇した場合には，実験者は4段階に渡って，促すことになっていた。「続けてください」から「ほかに選択の余地はないんです」といったように，促しの言葉を順番にかけていくように決められていたのである。では，一体被験者は，どの程度まで電撃を加え続けたのだろうか。ミルグラム博士が事前に，様々な人々に予想を尋ねたところ，精神分析医たちのグループでは，最大で300ボルトと予想した人が39人中1人であった。グループの平均は約120ボルトであった。大学生のグループでは，最大で210ボルトと予想した人が，31人中こちらも1人であった。平均は約150ボルトであった。最後に，一般市民のグループでは，最大で300ボルトと予想した人が3人いたようである。平均は，先ほどと同じく約150ボルトであった。

　結果は驚くべきものであった。こうした全ての予想を覆し，40人の被験者のうち，実に26人が450ボルトの電撃を加えたのである。62.5％にもなる。もちろん，多くの被験者が実験者に対して抵抗を示した。こんなことはするべきではない。人道的とは思えないと抗議をする人は多かったのである。しかし，実験者に促され，しぶしぶとはいえ，最後まで電撃を与え続けたのである。ほとんど抵抗も示さずに，粛々とレバーを押し続けた人も中にはいたようだ。実験終了後，まさか自分が最後までやるとは思わなかったと，驚く被験者もいたと言う。

　人道的に問題があるとわかっていながら，そして，一つ間違えば死に至るかもしれないとわかっていながら，どうして多くの人が実験者の言うことを聞いてしまったのだろうか。ミルグラムによれば，実験室は，まさに実験者の権威領域であった。人がこうした権威領域に入ると，「エージェント（代理）状態」に陥るとミルグラムは言う。すると被験者が，自分はこの場の権威である実験者の「代わり」に，罰を与えているだけなのだと考えるようになる。従って，自らの行動には責任をとらなくてもいいとさえ考えるようになるのである。そもそも，被験者たちは，自らの意思で実験に参加している。それゆえ，自発的な参加の心理的な結果として，約束感や義務感が生まれ，それが被験者自身を役割に縛りつけたのではないかともミルグラムは述べている。

　ミルグラムによれば，エージェント状態に移行した人は，自分を導く権威に

対しては責任を感じる一方で，権威が命じる行動の中身については責任を感じ
ない。まさに，最後まで電撃を加え続けた被験者たちがそうであった。実験者
に対しては責任を感じていたにもかかわらず，電撃を加えるという行動に対し
ては責任を感じていなかったのである。人が自分の行動に責任を感じるために
は，その行動が「自己」から生じたと感じなくてはならないとミルグラムは言
う。すなわち，62.5％の被験者たちは，それぞれの「自己」から行動が生じた
とは感じていなかったということになる。第3章で取り上げた，主観的統制感
を有してはいなかったのである。

　では，自己から生じたと感じるためにはどうすればいいのだろうか。まずは，
その閉じ込められた自己を解放することが必要なのではないだろうか。個人が
権威領域に埋没していたら，権威から要求される行動は，権威が押し付けた意
味を通してしか見られないとミルグラムは言う。経理の不正処理を指示された
人が，もし権威領域に埋没してしまっていたら，単なる経理処理作業としてし
か捉えないだろう。それは，その個人が閉じられた領域のなかにいるからであ
る。仕事の全体が見えていないからである。権威領域から自己を解放し，外へ
向かって自己を開放しなければ，全体を見ることもできないし，自分の行動の
本来の意味を自覚することもできなくなるのではないか。行動の意味の次元を
高めると言ってもいいだろう。

　さて，実験では，多くの被験者がジレンマを感じていたと言う。実験をやめ
るべきか，もしくは続けるべきかというジレンマである。最後まで続けた被験
者のなかには，自分の行動には責任がないと割り切っていた人もいた。しかし，
多くの被験者がジレンマを抱えたまま，最後まで電撃を与え続けたのである。
その精神的負担は相当なものだと思われる。この状態にあるフォロワーこそが，
能動的忠実型フォロワーなのである。従我は，権威を帯びている実験者に従っ
ている。生徒役が誤答すれば，自動的に目の前のレバーを下ろす。しかし，電
撃が大きくなるごとに，自動的に反応しようとする従我を観我が抑制しようと
し始める。壁の向こうの様子がおかしいからである。にもかかわらず，従我を
抑制することができない。従我と観我が拮抗し，被験者はジレンマに陥るので
ある。もちろん，受動的忠実型のフォロワーはこのようなジレンマを感じるこ
となく，レバーを押し続けたに違いない。前述した，粛々と従っていた被験者

がそれである。いわば，観我を権威に譲り渡したようなものである。ことの善し悪しはともかく，このタイプのフォロワーはジレンマを感じていないため，精神的負担も少ない。そして，途中で実験を中止することができた残り37.5％の被験者においてのみ，観我が十全に機能したということになる。実験を継続するように促してくる実験者との間で，口論をする被験者は多かったと思われるが，良識に従い実験を中止した後は，心理的安寧を感じたのではないだろうか。いずれにしても，実験を継続した被験者たちは，自己を開放し，解放させることができなかったといえる。実験室内の規範にのみ従い，それに優先されるはずの上位規範に従うことができなかった。それは実験室の外にあった。彼や彼女たちは，実験室の扉を開くことができなかったのである。

　ちなみに，ミルグラムによって行われた服従実験については，その後，アメリカやドイツ，オーストラリアなど世界中の様々な研究者によって，20回程度追実験が行われている。そしてそれらの実験結果は，被験者による高い服従率を示したようである。また，21世紀に入ってからも，同様の実験が行われている（Nick & Eltchaninoff, 2010）。しかもかなり大掛かりな実験である。それは2009年にフランスで行われた。視聴者参加型の過激なテレビ番組が増えてきたことから，このままでは，テレビに命じられれば殺人まで犯すのではないか，と危惧した二人のジャーナリストが企画した実験である。基本的にはミルグラム実験と同じだが，権威をまとうのは，白衣を着た実験者ではなく，テレビ番組の司会者と観客である。新しい番組のパイロット版ということで，被験者が募集された。1万3,000人の候補者のなかから90人が選ばれている。被験者は一人ずつスタジオに入り，教師役になるように仕組まれていた。生徒役はブースの中に入れられ，後は，ミルグラム実験と同様である。ただ，最後まで続けると賞金が出ること，単なる促し行為だけではなく，観客が続けるようにはやし立てるところが異なっていた。結局，被験者の81％が最後まで実験を続けたのである。現代において，テレビは強力な権威であることを証明した実験となった。

2．良心に従う

　服従実験において途中で実験を中止した被験者は，最終的に自らの良心，つ

まり道徳規範に従ったと考えられる。壁の向こうで人が苦しんでいて，その苦しみを与えているのが自分だと知りながら（自分とは思っていないのかもしれないが），実験を継続することは人道に悖（もと）ると考えるのは当然のように思われる。しかし，ただ実験を中止すればよいというものでもないようだ。特に西洋社会においては，実験中止までのプロセスが重要なようである。

　例えば，フロイト派心理学者として有名なエーリッヒ・フロムによれば，たとえ内面化された良心に従ったとしても，そこに決断がなければ意味がない（Fromm, 1941）。すなわち，実験者の指示も含めて，実験を中止する以外の選択肢について全く考慮せずに，自動的に実験を中止するのでは意味がないということなのである。それは，結果としては正しいのかもしれないものの，行動が生じるプロセスにおいて観我が機能していないという点では，実験を自動的に継続している被験者と，何も変わらないからである。そういう意味では，迷いながらもやむなく実験を継続している被験者の方が，人間らしいのかもしれない。いずれにしても，私たちの下す決断についてフロムは厳しい。彼からすれば，私たちの決断のほとんどは自らによるものではないとして，次のように言う。

　　　多くのひとびとは，なにかをするときに，外的な力によって明らかに強制されないかぎり，かれらの決断は自分自身の決断であり，なにかを求めるとき，求めるものは自分であると確信している。しかしこれは，われわれが自分自身についてもっている一つの大きな幻想である。われわれの決断の大部分は，じっさいにはわれわれ自身のものではなく，外部からわれわれに示唆されるものである（邦訳，218頁）。

　この点は，ここまで一貫して本書において述べてきたことと符合する。リベットが明らかにしたように，私たちには，意図を自覚することができたとしても，自らで意図しているとまではいえない。まさにフロムも言うように，「われわれはみずから意志する個人であるというまぼろしのもとに生きる自動人形（邦訳，279頁）」なのである。

　このように，決断や選択において重要な役割を果たす観我を重視するのは，

フロムだけではない。優れた日本文化論を著したルース・ベネディクトもその一人であろう（Benedict, 1967）。以前にも触れたように彼女は，日本人が無我を追求するのに対して，「アメリカ人は観る我を自己の内にある理性的原理とみなし，危機に臨んでぬかりなくそれに注意を払いつつ行動することを誇りとする（邦訳，287頁）」として，日本人とアメリカ人の精神構造の違いについて論じていた。すなわち，アメリカ人は観我を重視しているということなのである。ただこの点については，少し補足が必要であろう。まず，言っておきたいのは，無我を求めるからといって，日本人が観我を重視していないということにはならないということである。確かにSuzuki（1927）は，三昧境において「観る我」は排除されると述べてはいるものの，それは，完全な無ではないと思うのである。従我と観我が統合された後に，二つの我は潜在化するものの，観我は生じつつある「こと」のなかで，その様子を見るともなく見ているのではないか。ただ，確かに相対的には，アメリカ人の方が，従我を抑制する観我を強調する傾向にあるのかもしれない。それは，ベネディクトも言うように，西洋人が「罪の文化」のなかにおり，ある意味，性悪説に基づいて行動しているからかもしれない。

　西洋人，特にアメリカ人が，自らによる決断や選択を重視する傾向にあることを示した研究はこれに留まらない。まさに『選択の科学』を著したアメリカ人研究者，シーナ・アイエンガーによる研究もその一つである（Iyengar, 2010）。まずは，彼女がアメリカ人と日本人を対象に行った調査研究についてみてみよう。両国の計100人の大学生を対象に，人生において自分で決めたいことと，自分で決めたくないこと，つまり他人に決めてほしいことをできる限りリストアップしてもらうという簡易的な調査を行ったのである。1枚の用紙を受け取った大学生たちは，表面に前者を，裏面に後者を書くように指示された。結果は極端なものだった。アメリカ人学生たちは，表面のほとんどを自分で決めたい項目で埋めたにもかかわらず，裏面はほとんど白紙だった。それに対して，日本人学生が自分で決めたくないとする項目の数は，自分で決めたいとする項目の数の2倍にもなったという。日本人はほとんどの事柄を，自分で決めたいとは思っていなかったのである。両者の回答結果を比較すると，アメリカ人が自分で決めたいとして挙げた項目数は，日本人の4倍にも上ったという。

　彼女はまた，こんな研究結果も紹介している。指導教官であるマーク・レッパーと共同で行ったとされるこの研究は，7歳から9歳までの，アジア系アメリカ人（日系および中国系移民の子どもたちで，家庭では親の母国語で生活していた）とアングロ系アメリカ人を対象に行われた。子どもたちは事前に3つのグループに分けられ，言葉のパズルをして，できた単語をマーカーで書くように指示された。ここで3つのグループとは，第1グループが，自己選択グループ，つまりパズルもマーカーも子ども自らで選択するグループである。第2グループは，非選択グループ，つまり実験者の方でパズルもマーカーの色も決めてしまうグループである。そして第3グループは，母親選択グループ，つまり母親に事前に確認したということにして，母親がパズルとマーカーの色をすでに決めているというグループである。結果はとても興味深いものであった。アングロ系アメリカ人において最も成績が良かったのは自己選択グループで，グループの子供たちは非選択グループの4倍，母親選択グループの2.5倍もの問題を正しく解いたというのである。また他の二つのグループに比べて，自由時間にこの課題に取り組み続けた時間が3倍も長かった。これは，子どもたちの課題に対する内発的動機付けの強さを表している。アングロ系アメリカ人の子どもたちは，自己選択が可能なとき，成績もよく，内発的動機付けも高かったということになる。一方，アジア系アメリカ人において，最も成績がよく，意欲も高かったのは，母親選択グループであった。正解したパズルの数は，自由選択グループの1.3倍，非選択グループの2倍であった。また，課題終了後に，パズルを解き続けた時間は，自己選択グループの1.5倍，非選択グループの3倍だったというのである。

　最後に，彼女が1989年にアメリカ資本の銀行，シティコープで行った調査を紹介しておこう。彼女は，8カ国の営業所で働く2,000人を超える窓口係と営業担当者を対象に調査を行った。従業員のなかには，アングロ系，ヒスパニック系，アフリカ系，アジア系など，多様な人口学的，民族的背景を持つ従業員がいた。彼女はまず被験者に，仕事における選択の自由度に関する質問に回答してもらった。その結果，アングロ系，ヒスパニック系，およびアフリカ系アメリカ人が，日常業務を，自分の意思で選択可能なものと見なす傾向が強かったのに対して，アジアの営業所の行員とアジア系アメリカ人は，それほど選択の

自由があるとは考えていないことがわかったのである。次に彼女は従業員たち
に，仕事に対する意欲などについて回答してもらった。その結果，アジア系を
除くすべてのアメリカ人について，選択の自由度が大きいと感じている人ほど，
意欲，満足度，実績のいずれもスコアの高い傾向が見られた。逆に，仕事が上
司によって決められているという意識が強い人ほど，3つのスコアは低かった
というのである。一方，これに対して，アジア系の行員全般について，日常業
務が主に上司によって決められているという意識が強い人ほど，スコアの高い
傾向がみられた。

　これらの研究結果は，日本人をはじめとする東洋人よりもアメリカ人の方が，
自らの選択と決断を重視していることを物語っている。ベネディクトの見立て
は間違っていないようである。第3章でみたように，筆者はフォロワーシップ
行動と主観的統制感の関係について調査を行った。主観的統制感とは，自分が
行為の主体であると確信し，自らを統制できているという感覚を指している。
それは，自らが選択し，決断する主体であるという確信に近いであろう。調査
の結果，主観的統制感に対して能動的忠実型フォロワーシップが統計的に有意
な影響力を有していなかった一方で，統合型はかなり大きな正の影響力を有し
ていることが明らかになった。従って，やはり日本人においては，観我が潜在
化し，無我に近い状態にある方が，選択しているという実感を得られるのであ
ろう。しかし，もしかするとアメリカ人においても同様のことが言えるのかも
しれない。ただ，日本に比べて，観我の「自覚」が重視される文化を有してい
るというだけなのかもしれない。逆に，日本の場合は，自覚しないことを成熟
の証とする文化なのかもしれない。それは自然（じねん）思想の重視にも通じ
るし，また，個人主義を重視しないことにも関係しているように思われる。そ
れにしても，日本人の場合，観我が潜在化しているのに，主観的統制感が得ら
れるのはなぜであろうか。恐らくそれは，質問紙法という調査技法の問題では
ないだろうか。日本における統合型のフォロワーが，普段から主観的統制感を
自覚しているとは思えない。質問紙を前に内省することによって，後から気づ
くということなのではないだろうか。一方で，アメリカ人の方は日常的に観我
を自覚しているのかもしれない。

　では最後に，アメリカのタイム誌によって，20世紀のベストノベルに選ばれ

たある小説を取り上げてみよう。アンソニー・バージェスが著したディストピア小説,『時計じかけのオレンジ』である。この小説の主人公は,盗み,喧嘩,レイプなど,悪行の限りを尽くす一人の青年である。その彼が,刑務所からの早期出所を条件に,ある実験に身を任せることになる。その実験とは,薬物を注射された後に,リンチやレイプなどの動画を強制的に見させられるというものであった。実は,この薬物には秘密があり,悪行を目の当たりにすると,強い不快感が生じるようになっていた。つまり,悪行という刺激に対して,自動的に強烈な不快感が生じるという,新たな従我が形成されるように仕組まれていたのである。主人公は,そのおかげで悪行を働くことができなくなった。それは選択の結果ではない。ただ,悪行＝不快感という従我が形成されたことによる自動反応に過ぎなかったのである。まさに,内面化された良心に自動的に従っているという状況に似ているではないか。主人公は,新たな自分をこう揶揄する。「時計じかけのオレンジ」みたいだと。時計じかけというのは,機械じかけと同義と考えていいであろう。オレンジは自ら行動しないし,選択もしない。自分はただ,自動的に動き回っているだけの,オレンジに過ぎないと言いたいのであろう。主人公はある人物から次のように言われる。「当局のものは,君を人間でない,何か別のものにしてしまったんだよ。君にはもはや選択をする能力がない。君は,社会的に受け入れられる行為だけができるようにされていて,善だけしかすることのできない小さな機械にされてしまったんだ（Burgess, 1962, 邦訳249頁）」と。悪は許されることではないが,悪という選択肢のない,善には意味がないということなのであろうか。刑務所内で囚人たちに教えを説く教誨師は,ある時,次のように言う。「善というものは,選ばれるべきものなんだ。人が,選ぶことができなくなった時,その人は人であることをやめたのだ（131頁）」と。しかし,そう言いながらもこの教誨師は自分の考えに確信をもてない。「いったい神様は何を望んでおられるのか？　神は,善良であることを望んでおられるのか,それとも善良であることの選択を望んでおられるのか？（150頁）」。

3．自然に従う

　あくまでも相対的な傾向かもしれないものの,英米などにおいては,「観我

を自覚しつつ」選択し，決断することに重きを置いていることがわかった。ただ，フロムも言うように，個が強調されるほど，人々は無力さと不安にさいなまれることになるのだが。

　一方，日本においては，観我が重視されることはなかった。鈴木も言うように，観我は「妨げる我」として，どちらかと言えば，否定的に捉えられてきたと言える。ベネディクトが示唆するように，日本においては性善説が文化の基底としてあるため，その個人の本来有している能力が何ものにも妨げられることなく，十全に開花することがその個人にとっての自己実現なのであろう。まさに，自然（じねん）である。

　日本における無我とは，無私でもある。この点について，西洋社会からも注目される『葉隠』を参考に考えてみよう（Pascoe, 2017）。ここで『葉隠』とは，佐賀藩鍋島家に伝わる歴代の事績や，武士としての心構え，武家社会の習俗などがまとめられた書物である（小池，1999）。江戸時代の半ばといえば，すでに世は定まり，戦時の武士道は，いわゆる「奉公人」道へと変化していた。奉公人とは，御家つまり組織に貢献するフォロワーを指している。そして組織人たる奉公人にとっての最高の忠節は，主君に諫言して藩という国家を立派に治めることだったとされる（小池，1999；奈良本訳編，2010）。そして笠谷（2016）によれば，諫言とは家老の職権の一つであり，諫言が主君によって受け入れられない場合には，非常措置として主君を「押込」，すなわち監禁する場合もあった。従って，諫言が可能である家老になることが最高の奉公とされたのである。

　さらに小池（1999）によれば，葉隠においては「志の諫言」こそが，「奉公人道の大動脈（278頁）」である。『葉隠』を世に残した山本神右衛門常朝によれば，「志の諫言」とは他の人々に知られぬように，主君と二人だけのときにするものである。諫言はあくまでも「ひそかに」なされなければならない。誰が諫言したのかがわかるようではいけない。また，主君に対して，道理を説いて諫言するのもよくない。そもそも，諫という言葉にはすでに「私」が含まれているとさえ言うのである（中野将監の言葉が引用されている）。それ故，常朝は忠誠を意識すること自体を戒めていた。忠誠を意識するあまり，報いられなかったときには，それが不満に変わってしまうためである。忠も孝も考える必要はない。武士道においては死に物狂いだけがあるのであって，その中にこ

そ，忠も孝も自然に含まれていると言うのである（奈良本訳編，2010）。

以上，『葉隠』についてみてきたが，ここで重要なのは，奉公人の目標はあくまでも「お家大事」だということである。だとすれば，忠誠は主君にではなく，「お家」に向けられるべきなのである。従って「お家大事」に反する主君に対して自然に諫言できる奉公人は，まさに統合型フォロワーだと言えよう。自分はお家のために尽くしている，これこそが忠義なのだ，と諫言している自ら，すなわち観我を意識している奉公人は，能動的忠実型フォロワーに留まっているということなのであろう。やはりこの点については，ベネディクトの言う，アメリカ人の心理構造とは異なるように思われる。

ところで，日本文化が大切にする無我の精神を，他の文化圏に無理やり植え付けようとすると，どうしても問題が生じてしまう。それを見事に描写したのがFucini & Fucini（1990）である。1980年代後半にアメリカ進出を果たした日本の自動車メーカー，マツダがフラット・ロック工場で起こしたユニークな出来事がその一例である。それは「野球帽を被る」という行動の，心理的プロセスに関する問題であった。当時マツダは，自動車工場で働く労働者に対して，ブルーのズボンとカーキ色のユニフォームの着用を義務付けていた。さらにマツダは，ユニフォームのアクセサリーとして野球帽も支給したのである。ただし，その野球帽を被るかどうかは，アメリカ人労働者が「自発的に決めて」よかった。果たして，アメリカ人労働者はどうしたのか。少し長くなるが引用しよう。

> "自発的" というのは字句通り取ると，野球帽を被るかどうかの選択はそれぞれが行うことを意味しており，多くのアメリカ人は被らずに出社するほうを選んだ。だが，日本人は帽子を被らないことは会社への敬意が欠けていることの表れであると考えており，こうした労働者の反応に当惑した。日本人が帽子の着用を強制すると，アメリカ人はそれは自発的に決めることだと反論した。日本人は，確かに自発的であることは認めたが，しかし本当に会社のことを考えているのなら帽子を被りたくなるはずだと考えていた。アメリカ人は，会社に「着用しなければならない」と初めから言われたら受け入れていただろうが，しかし「着用したいはずだ」と言われたことには反発した（邦訳，165頁）。

　日本文化は「察する文化」ともよく言われるが，察してほしいというマツダ幹部の期待と，その期待が理解できなかったアメリカ人労働者との間の齟齬というだけの解釈では物足りない。ここには，やはり無我の精神を押し付けようとするマツダ側の姿勢が見て取れるのではないか。マツダの理念や目標そして価値を理解し，ともにその実現を目指すフォロワーなのであれば，自然と帽子を被りたくなるはずだというのが，マツダ側の言い分であろう。選択の結果として帽子を被るということでもいけないのである。選択するということは，そこに，その個人の自我（私）が介在することを意味するからである。自我，すなわち観我が介在しないということは，選択というプロセスを経ずに（もしくは意識することなく），自然と帽子を被っているということでなくてはならないのである。だとすれば，マツダが，自発的であることを認めたというのは誤りである。マツダが求めていたのは，アメリカ人労働者が「自然に」被るようになることだったのである。しかし，自然とは，自ずから然らしむということであり，強制できることではない。「被りたくなれ」という命令は自己矛盾を孕んでいる。その後，アメリカ人労働者たちが，マツダの指示のなかに「強制的自発性」を読み取ったのは当然というほかないであろう。

　このように日米において，観我の捉え方が随分と異なることがわかる。アメリカでは，統合型フォロワーは認められないのであろうか。この点については，これからの課題としたい。いずれにしても，日本人が「自然」に従う国民であることだけは，それほど間違ってはいないようである。「自然に従う」という表現も，自己矛盾を孕んでいるのかもしれないが。

第3節　「こと・ば」に従う〜日本人というフォロワー〜

　私たちは，常に「こと（事）」のなかに身を置いている。しかし，そこに意味を見出さない限り，「こと」として認識することはない。少なくとも，関与している生活領域の数だけ，「こと」は存在するはずなのに，普段は気づかないことが多い。あるとき，輪番制で町内会の役員が回ってきたと思ったら，その上部団体である自治連合会の役員になり，いつの間にか自主防災防犯会の会長に就任してしまっていた。それまで地域の「こと」にはほとんど無関心だっ

たある個人が，その「こと」に巻き込まれていく。しかし，「こと」は常にそこにあり，動いていたのである。ただ，その個人がその「こと」に気づかなかっただけなのだ。

「仕事」という言葉がある。仕える事という意味にもとれるが，「こと（事）」に仕えるとも読める。白川（2007）によれば，もともと「仕ふ」とは，「使役する人の『使ふ』という意志を奉じて，そのままになる意（467頁）」であり，まさに従うということを指している。すなわち，「こと」に仕えるとは，「こと」に従うということなのである。そして，特に私たち日本人にとって，「こと（事）」は重要な意味を有している。これも白川（2007）によれば，事とは祭祀のことであり，それが後に政（まつりごと）へと変容したことを考えれば，その重要性がよく理解できよう。第1章でみたように，「こと」を起こす人こそが真のリーダーなのである。そして，その「こと」に従う人たちがフォロワーだと言えよう。こう考えると，真のリーダーがカリスマ性＝神秘性を備えている必要のあることが，よく理解できる。そして，フォロワーはリーダーである人物に従うのではなく，あくまでもその人物が起こした「こと」に従うということも。

前述したように，松下電器（現パナソニック）の創業者，松下幸之助は1932年に自らの真の使命を悟り，それを水道哲学と称して企業理念とした。まさに，水道哲学を実現することが，松下電器にとっての一大事業であり，「大事」だったのである。そして，幸之助本人も含めて，全社員がフォロワーとして，この「こと」に仕えたのである。こうして考えると，「こと」とは，そのなかに時間の流れを含んでいるようだ。一度生じると，実現するまで，その動きは止まらない。しかし，その「こと」をある時点で捉えると場が生じる。「こと」に関わる様々な人や物や情報が，その時点での「ば（場）」を形成するのである。当然私たちは，その「ば」からも影響を受ける。従って，私たちは「こと・ば」に従うフォロワーなのである。

この考えは極めてフォレットに近い。フォレットは「こと」の過程が織りなす「状況」を重視していたと言える。「状況」とはすなわち「こと・ば」なのではないか。「こと・ば」の中心にあるのが，それぞれの職務である。それは，「こと」から取り出された，一つの要素とも言えるだろう。ある意味，「こと・

ば」をありのままに捉えれば，自然とやるべきことが見出されるのかもしれない。それが，フォレットの唱える「命令の非人間化」なのであろう。また，こうした考えは，知覚研究で有名なギブソンのアフォーダンスにも通じている。ギブソンによれば，アフォーダンスは環境が私たちに提供する意味や価値である。アフォーダンスは一つの言葉で，環境と行為の両方を表しているのだ（佐々木，2015）。ただ，フォレットにも言えることであるが，環境や状況だけで有意味性は生じない。その中心にいる，主体の特性についても考慮する必要があろう。従って，有意味性とは状況と主体との間における相互作用から生じると考えるべきなのかもしれない。しかし，「こと・ば」を捉えるのは至難の業でもある。それはいわば，「自分が今ここにある」という実感を得ることでもあるからだ。

　この点について，精神病理学者，木村敏の優れた論考を参考に考えてみたい。木村は，離人症という病態から，「私があるということ」の困難さについて考察する（木村，2008）。離人症患者は，何をしていても自分で行っているように感じられない。歩いていても，だれか別の人のからだを借りて歩いているように感じられるのだという。これは，筆者にも経験のある感覚である。ノートや黒板に文字を書いているとき，ふとした拍子に，文字が先に記されていくといった感覚に襲われる時がある。それは文字をなぞる，というのとはまた少し異なる感覚なのである。文字の線となる点が，手を導いていくという感覚といえようか。文字を書いているというよりは，まさに，そこに自ずから文字が生じていくのである。しかし，それをただ見ているだけではなく，それをなぞるという行為もそこに生じていくという感覚なのである。従って，前述したような，統合失調症患者に見られるような作為体験とは少し異なる。他者にさせられているという感覚でもないからである。だれか別の人のからだを借りて文字を書いているような感覚の方が近いかもしれない。

　いずれにしても，木村の示唆するところによれば，「私がある」ということは，時間や空間のなかで知覚される，実在として捉えられるようなものではない。私たちにとって，「私がある」ということは，まさに私たちが対峙しているこの「世界がある」ということでもあるからだ。私たちにとって，「自ら」と「世界」はもともと一つである。それは，西田幾多郎の言う，純粋経験を基盤とし

た捉え方であろう（西田，1950）。しかし，意識は自らと世界を分断する。その状態で，「私がある」ということを経験するためには，「世界がある」ということをも経験する必要があるのだ。それを可能にするのが，「こと」なのである。なぜなら，「『もの』が私にとって中立的・無差別的な客観的対象であるのに対して，『こと』は私たちのそれに対する実践的関与をうながすはたらきをもっている。」（木村，2008，52頁）からである。普段見るとはなしに見ている庭のアジサイに，ふと目を止めたとき，「私はアジサイを見ている」と言うことができる。そして同時に，「私は今ここにある」ということが成立するのである。普段は物理的・生理的な意味での「知覚」は成立しているのかもしれない。しかし，単にそれは「見えている」という状態に過ぎないのであり，「見ている」のではないのである。木村が引用している西田の次の言葉は端的にそれを物語っている。「世界が自覚する時，我々の自己が自覚する。我々の自己が自覚する時，世界が自覚する（上田編，1989，262頁）。木村によれば，「この世界の自覚と自己の自覚の両者を同時に成立させている場所が，西田によって『事実』と呼ばれた局面，すなわちここでは『私が花を見ている』ということなのである（木村，2008，54頁）。」

　前述したように，「こと」は私が自覚していようがいまいが，流れている。しかし，その「こと」に実践的に関与したとき，初めて「自らのこと」になる。西田は，事実という局面を「こと」が成立する場所として捉えたが，「私」や「自己」そのものも，「こと」を成立させる場所でもあるのではないだろうか。そして，そこに存在する「こと」に巻き込まれていく，様々な人やものや情報もまた，拡張された「ば」を形成していくのかもしれない。「私がアジサイを見ている」とき，そのことが私という「ば」で生じている。木村の言うように，そのことを開いて，向こう側に託けたとき，「アジサイがある」ということが成立する。そして，「もうアジサイが咲いているね」と家人に言うとき，その「ば」は拡張され，私と家人は同じ時空を共有することになる。それは「こと・ば」の共有でもある。

　さて，従う対象としての「こと」について考えてきた。フォロワーは，様々な生活領域に関与しており，それぞれの生活領域に流れる大事から，自らの「こと」を見出し，「ば」を形成する主体であることが明らかになった。そして，

複数の人々で形成されている労働組織などにおいては，人の数だけ「ば」が存在し，それぞれの「ば」で，「こと」が生じることになることもわかった。これらの「ば」が，他の「ば」とともにどのような大きな「ば」を形成すれば，組織目標たる「大事」を実現することができるのか。また，それぞれの「ば」において，どのような「こと」が生じれば「大事」に結びついていくのか，まだまだ課題は多い。次章では，こうしたことも含めて，フォロワーシップ開発について考えてみたい。

第6章

フォロワーシップ開発

　最終章である本章では，これまでの議論を踏まえて，フォロワーシップ開発について考える。フォロワーシップ行動は，従我と観我の相互作用から生じる。従って，フォロワーシップ行動を開発するためには，従我と観我をそれぞれ，開発しなくてはならない。第1節では，まず従我の開発について，個人の視点から考えてみる。

第1節　従我の開発

1．個人の視点

　ここで，改めてフォロワーシップ行動の発達モデルについてみておこう（**図表6-1**）。組織に参入したばかりのフォロワーはまず，未熟型フォロワーシップからスタートする。新卒で入社した社員，他社から転職してきた社員，そして他職場から転勤してきた社員も，皆この段階からスタートする。彼や彼女たちは，仕事人および組織人に必要な従我を，まず形成することから始めなければならない。フォロワーは，ある一つの大きな事業とそれを担う組織のなかに身を置いている。フォロワーは，まさに大きな「こと・ば」のなかにいるのである。そのなかで，フォロワー自らの「こと・ば」を見出していかなくてはならないのだ。それがまさに，自らの従うべき有意味な情報を「こと・ば」から導き出し，自動的に反応できるような従我を形成するということなのである。

　従我を形成するにあたって，フォロワー個人が心がけなくてはならないこと

[図表6-1]　フォロワーシップ行動の発達モデル

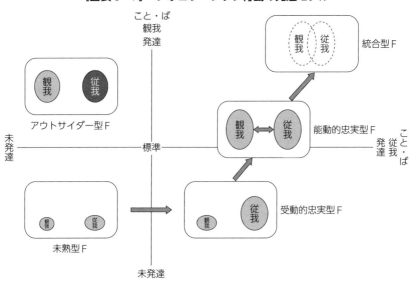

は,「素直」な状態を維持するということであろう。結論から言えば,「こと・ば」において新しい個人は,前述したように,自然体から,自由な状態へと変化し,最終的に自然(じねん)へと至るのが望ましいと考えられる。まさに,自然体であることが素直であるということなのだ。『広辞苑』によれば素直とは,①飾り気なくありのままなこと。曲がったり癖があったりしないさま。②心の正しいこと。正直。③おだやかで人にさからわないこと。従順。④物事がすんなりゆくこと。とどこおりないさま。などとある。ここで,ありのままが自然体を意味していることについては言うまでもあるまい。まず,新規参入者は「こと・ば」を受け止めなければならない。その際,「こと・ば」から従我への道筋が曲がりくねっていては,刺激や情報の流れが滞り,それら全てが正しく届かない。**図表6-2**を見てわかるように,「こと・ば」から従我への道筋はまっすぐであるべきなのだ。ただし,「こと・ば」によってアフォードされるには,従我がそれなりに発達していなくてはならないだろう。それまでは,「こと」を記述した職務記述書や上司など,「ば」を構成する重要他者の言葉から読み取っていくことが必要となる。当然,その際も,上司などの言葉を素直に

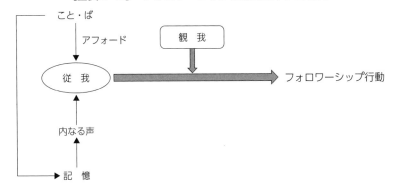

[図表6-2]　フォロワーシップ行動の基本プロセス

受け止めることが重要となる。

　この点については，フォレットも同様の議論を行っている。フォロワーが命令を受領する際に，最も望ましい態度は，その命令に対して偏見をもたないことだと言うのである。さらに，指示された方法に対して，確信をもって反対の理由を示し得ないならば，その指示はおそらくは最善の方法であるとしなければならないとも述べている（Follet, 1949）。ただ，それは，上司の言葉から「こと・ば」を抽出するということでもあるだろう。松下幸之助も言うように，素直な状態は私心を遠ざけ，物事の実相を見ることを可能にする（松下，2004）。上司の説明も常に完全とは限らない。時には，その説明に不足や歪曲があるかもしれない。しかし，くもりのない目があれば，上司の言葉の向こうに「こと・ば」を感じることができるのではないか。前述したように，フォレットは，命令の非人間化を唱えている。状況の中心にある職務にこそ，権限が宿っているとも言う。そういった意味において，上司や職務（記述書）は「こと・ば」を言葉に変換する役割を担っているに過ぎない。

　白川（2007）によれば，「ことばと事実とは，もとその実体が不離のものであるから，言（こと）はまた事（こと）である（290頁）」。従って，古代語の表記には，「言と事とを区別なく同じように用いる例が多い（同）」という。また，和辻（1962）も同様に，「こと」は「言（こと）」を意味するとして，「言」の特性について次のように述べる。すなわちその特性とは，「『言』が人々の間に話され，聞かれ，理解されるというところにある。人はその『したこと』を

人に話すことはできる。しかし話すのは『したこと』自身ではなくして『言』においてあらわにされた『したこと』である。かくのごとく『こと』が『言』においてあらわにされ，従って人々の間に分かち合われるというところに『言』の特性が認められねばならぬ（535頁）」と。それゆえに，「こと」と「言」の間には，齟齬が生じやすいともいえる。私たちは，「言」の向こうに「こと」を正しく見なければならないのである。

　さらに和辻は次のようにも述べている。すなわち，「言う行為が人と人との間に行われるのみならず，そこに言われることもまた人と人との交渉の中にある。言は相互の連関をあらわにし開示するものである。そうすれば言はすでに行為的連関における相互了解性を地盤としていると言ってよい（543頁）」と。この点は，言が「ば」を地盤としていることをも物語っているように思われる。加えて和辻は，言が実践的了解の自覚として生まれてくるとも述べている。和辻にとって「こと」とは，ある面においては，出来事の「こと」であり，時間を本質としている。それゆえ，「こと」は自ら生起し経過することを本質としていることになる。その「こと」に対して私たちが関わるとき，その「こと」が私たちを「ば」として生じてくる。それは，木村（2008）の言う，実践的関与であり，それが私という「ば」を超えて，他者という「ば」をも巻き込んだ大きな「ば」のなかで行為的連関が形成され，他者との間で了解が生じたとき，自覚の証として言葉が生まれてくるということなのではないか。「言」とは「こと」が自覚されたときに生じるのである。

　従って，新規参入者が触れる言葉は，自らの関わる事業が職場において相互了解された証として生じたものであるため，まずはそれを素直に理解することから始めなくてはならない。ただし，上司の指示命令や職場で流通している言葉のなかには，特に重要ではないものも紛れ込んでいるかもしれない。こうした意味において，フォロワーには有意味な言葉を抽出する能力も求められる。よって，この段階のフォロワーは，有意味な言葉を的確に抽出し，それを理解し，そして，その言葉が求める行動を効率的に生じさせることができるように努力しなくてはならないのである。**図表6-3**は，受動的忠実型フォロワーシップ行動の発生プロセスを表している。まずは，この段階を目指すことが求められる。この段階のフォロワーはまだ，全体事業や組織についてあまり理解して

[図表6-3]　受動的忠実型フォロワーシップ行動プロセス

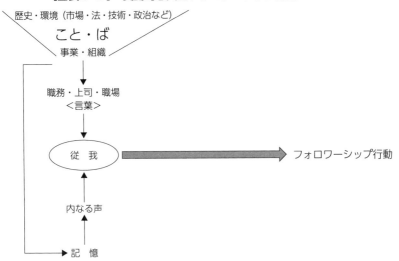

いない。ある意味，職務や上司，そして職場がフォロワーにとっての全てといってもいいであろう。従って，フォロワーはまずそれらによって形成される場において，了解されている言葉に対する従我を形成しなくてはならないのである。

　統合型フォロワーシップ行動を目標とするフォロワーには，その過程で，どうしても通らなければならない段階がある。それが能動的忠実型フォロワーシップの段階である（**図表6-4**）。従我の発達は，その対象次元の高度化を必要とする。高度化するほど，それは遠く，高く，抽象的になる。従って，明瞭性や可視性は低くなるし，操作性も乏しくなる。それゆえに，捉えるのが難しく，理解も容易ではなくなってしまう。それでも，従我を発達させるためには，視野を広げ，視座を高くしていかなくてはならない。目先の業務や，上司からの直接的な指示命令，そして職場で交わされる言葉から間接的に，全体事業や組織を見るのではなく，直接触れていくようにしなければならない。広い視野と高い視座はやがて観我を開発することにもなる。従我が発達すると，上司従我や職務従我だけでなく，事業従我や組織従我といった高度な従我も生じてくる。まさに，スタノヴィッチが述べていたサブセットである。しかし，当然従

[図表6-4]　能動的忠実型フォロワーシップ行動プロセス

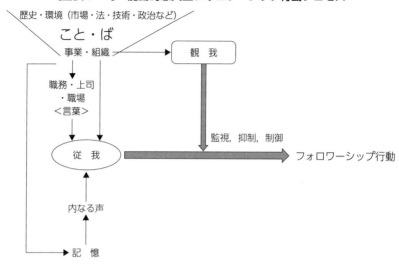

我同士の葛藤も生じてくる。従って，この段階のフォロワーシップには，スト
レスがつきものとなる。従我開発の過程で，こうしたストレスに対する耐性を
身に付けていくことも必要かもしれない。

　フォロワーシップ開発の目標は「こと・ば」従我を形成することにある（**図表6-5**）。「こと・ば」が従我の対象となったとき，観我も十全に機能するようになり，両者は統合され，理想的なフォロワーシップ行動が生じる。ただ，この段階まで開発するのは至難の業である。フォロワー個人に生来的な資質がなければ，難しいかもしれない。この点は，今後の課題としたい。

2．組織の視点

　では次に，組織の視点で従我開発について考えてみよう。「こと・ば」のなかに身を置く新人には，まず従我を開発してもらわなければならない。すなわち，「こと・ば」からの刺激と情報に応じた行動が自動的に生じてくるように，開発しなければならないのである。「こと」については，個人が関与している事業について，その目的，歴史，そして，戦略など，基本的な知識を身に付けてもらう必要があろう。そのためには，職務記述書などがある程度整備されて

[図表6-5]　統合型フォロワーシップ行動プロセス

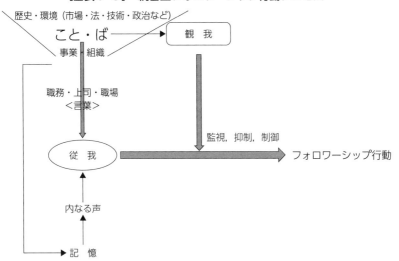

いることが望ましい。「こと」を「言」へと正しく変換しておかなければならないのである。OJTやOff-JTの活用も望まれる。前述したように，フォロワーシップ行動の基本は模倣である。上司や先輩が適切なフォロワーシップ行動を生じさせていれば，自然と模倣されるはずである。もちろん，言葉を使用する場合は，「こと」が正しく伝わるように注意しなければならない。

　これに関して，東（1994）を参考に考えてみたい。東は伝統的なしつけや教育について，日本と西洋を比較するなかで，西洋が言語的コントロールモデルを用いるのに対して，日本は滲み込みモデルを用いる傾向が強いと述べる。「そしてそのようなモデルに立つしつけがよく行われるためには，同一化と，できるだけ密着した共生関係が必要である（同書117頁）」として，こうした関係は，親子間以外の人間関係にも一般化すると述べている。職場の人間関係もしかりである。ほとんどの日本企業がパーテーションを使用しないで，衝立のない大部屋で仕事をさせるのは，このためなのであろう。従我を形成するためには，自らの業務だけでなく，関連業務についても理解する必要がある。パーテーションで個別化したオフィスよりも，大部屋の方が，職場の上司や同僚たちをよく観察することができる。模倣も起こりやすいといえよう。

　見えない「こと」を感じて，それに対して実践的に関与していくことが，いわゆる「自分事化」という意味なのであろう。まさに，自分の「こと」にするのである。それは，当事者意識をもつということでもある。かつて，松下幸之助は「社員稼業」という言葉を用いて，従業員たちを鼓舞したという。「社員稼業」には，従業員一人ひとりが担当業務に関しては社長のつもりで臨んでほしいという，思いが込められている。それだけの責任と自覚をもってほしいということであろう。「こと」を読み取り，「こと」に仕えることが仕事なのであれば，フォロワーはまず一人前の仕事人を目指さなくてはならないのである。

　そして，「こと」がその個人に焦点化され，自分事になったとき，その個人自体も「こと」が行為へと変換される「ば」になる。それは，その個人の居場所がそこに現れたことをも意味している。その個人は，「こと・ば」という実践共同体（Lave & Wenger, 1991）の一員になったのである。そのとき，その個人という場において，自己が自覚するとともに，世界としての「こと」もまた自覚する。いずれにしても，その個人は，一人前の組織人を目指すことにもなるのである。すなわち，新規参入したフォロワーは一人前の「こと・ば」人を目指すということになる。

　そこで参考になるのが，ギブソンの提唱したアフォーダンス理論であろう（Gibson, 1979）。ギブソンによれば，環境のアフォーダンスとは，環境が動物に提供するものであり，用意したり備えたりするものである。ここに膝の高さほどの位置に，石板が壁から突き出ているとしよう。その石板は，壁に対して垂直に飛び出しており，水平で，それなりの広さを有しており，ざらざらした感じはなく，程よく堅そうである。もし，私がその場にいて，少し疲れているようであれば，何も考えずに腰かけるであろう。ギブソンによれば，このとき，この石板は私に対して座るようアフォードしたことになる。すなわち，環境は私たちに対して，私たちにとっての価値や意味を直接的に提供してくれるのである。従って，「こと・ば」を一つの客観的環境として表現することができれば，フォロワーはそれらが提供してくれる価値や意味を受け取ることによって，「こと・ば」を理解することができるのではないか。

　例えば，個々の机の間に衝立があれば，机に向かっている個人は自然と，それまでのような仕事中の雑談をやめ，沈思黙考するようになるかもしれない。

職場の中央にテーブルとイスを置くだけで，自然と休憩中に人々が集まってき
て，ディスカッションを始めるかもしれない。そして，こうした現象が，その
背後にある「こと・ば」を理解させることにもなるかもしれないのである。少
し拡張して考えれば，標語やモットーをオフィスのあちらこちらに貼りだして
おくということも，ある意味アフォーダンスかもしれない。岐阜県にある電設
資材メーカー未来工業は，「常に考える」という言葉を会社のあちこちに掲げ
ていることで有名である。この言葉は，未来工業において共有されている重要
なモットーであり，従業員は知らず知らずのうちにアフォードされ，常に考え
ているのである（山田，2012）。これらの議論は，行動経済学のナッジ理論
（Thaler & Sunstein, 2008）や，仕掛学（松村，2013）にも通じるだろう。

　さて，一人前の組織人を開発するうえで，重要なのは，フォロワー個人の所
属欲求を充足させることである。「こと」が生じる「ば」に，他の人々ととも
につながることは，私たち人間が有している基本的欲求と言ってよい（Allen, K.
A., Kern, M. L., Rozek, C. S., Mclnerney, D. M. & Slavich, G. M., 2021；
Maslow, 1954）。所属研究の第一人者と目されるアレンたちのレビューによれば，
所属欲求は神経レベルおよび抹消レベルの両方で観察されている。所属欲求は
私たちのなかに埋め込まれているのである。それは，私たちが自然に社会的脅
威を回避し，社会的安全，つながり，所属を求めるように動機づけられること
によって，生物学的および物理的に安全な状態を保つためなのだ。事実，筆者
が2008年に実施した調査では，「職場のなかは温かくてなじみやすい」と認知
しているほど，その個人の精神的健康は好ましくなることが明らかになってい
る。組織人格にとって職場は，所属の対象として認知される必要があるのだ。

　恐らく産業史上最初に，この点を明らかにしたのは，かの有名なホーソン・
リサーチを主導したエルトン・メイヨーであろう。ここでホーソン・リサーチ
とは，アメリカのウエスタン・エレクトリック社ホーソン工場で，1924年から
1932年にかけて行われた調査および実験を指している。当時メイヨーは，産業
労働者のアノミー，あるいは不安定感に関心を抱いていた。ここでアノミーと
は社会学者デュルケームの用語で，社会規範の崩壊と統制作用の欠如による混
乱状態を指している（Whyte, 1956）。つまり，19世紀以降の科学と工業との急
速な発達，いわゆる産業近代化の進展がアノミーをもたらし，労働者個人から

社会との一体性の感情を奪い去ってしまったとメイヨーは考えていた（Mayo, 1945）。帰るべき本拠を失ってしまった産業労働者たちの，所属性への欲求がいかにして充たされ得るのかについて関心を抱いていたのである。その後ホーソン・リサーチの成果は，人間関係管理として応用実践されることになった。職場の一体感を醸成するために，様々な管理技法が編み出されたのである。例えば主要なものとしては，職場懇談会，提案制度，モラールサーベイ，社内報，レクリエーション活動などを挙げることができる。新しいフォロワーが被受容感を得て，所属意識をもつためには，必要なアプローチと言えよう。要は，シャインの言う，最初の部内者化境界線を通過するように働きかけなければならないということである（Schein, 1978）。

第2節　観我の開発

1．個人の視点

　ある程度従我が形成されてくると，観我を開発していかなくては，健全なフォロワーシップ行動は生じない。そこで，次に観我の開発について，まずは個人の視点から考えてみたい。観我とは，自動的に反応しようとする従我を監視し，それを抑制，制御するシステムである。観我は，従我が始発しなければ，稼働しない。あくまでも従我次第なのである。昔の兵法では，観と見（けん）が明確に区別されていた（柳生，1985）。見が目で見ることである一方で，観は心で観ることを意味する。また，観自体は，所作を有さず，相手次第に生じるとされており，まさに，見が従我を，観が観我を示唆しているように思われる。いずれにしても，観我は，従我の手綱を引く心の仕組みなのである。

　組織に新規参入したばかりのフォロワーは，前述の通り，言葉に反応できる従我を形成することから始めなくてはならない。そのため初めのうちは，素直に上司の言葉に耳を傾ける必要がある。しかし，従我が機能し始めれば，自ずと観我も生じてくる。要は，この観我を強く，正しく，健全に育てていかなくてはならないのである。第4章でも触れたように，従我は間違いを犯しやすい。観我の役割がそれを未然に防ぎ，制御することにあるならば，まず観我のすべ

きことは，従我をよく知るということであろう。

　カーネマンも述べるように，私たちはもっともらしい答えに飛びつきやすい。「リーダーが主役である」という答え（信念）に対してもそうである。カーネマンはこれを確証バイアスと呼ぶ。私たちは，ある言明に対して，まず信じようとするところから始める（Kahneman, 2011）。当然，上司従我は上司からの指示命令に対して素直に従おうとする。初めのうちは，それでよい。しかし，いつまでもそれでは，成長できない。受動的忠実型フォロワーシップ行動だけでは，組織も成長しない。従って，疑うことを覚えなければならない。上司の指示は完全なのかと。ただ，観我は消耗しやすい。常に，観我を機能させるのは難しいと言える。そこで，従我の癖を熟知することが必要となってくるのだ。前述したように，癖は曲（くせ）でもあり，素直さの対極にある。素直であるということは，癖がないということでもある。組織に参入したばかりのフォロワーでも素直になるのが難しいのは，それまでに他の生活領域で培われた癖があるからだ。他の生活領域で開発された従我や観我が転移するということでもある。ともかくこうした癖は，組織参入後でも，新たに身に付いてしまう。上司から強く言われると，何も考えられなくなって引き受けてしまうといったように，従我にも偏りが生じてくる。それを把捉することが重要なのである。そうすれば，観我を機能させるべき時機を得ることが可能となり，観我を効率的に働かせることができる。

　これはデカルトの言う方法的懐疑に通じる。デカルトは真理に至るためには，自身が真であると認めない限り，どんなものも真として受け入れないということを重視していた。それはすなわち，「注意深く速断と偏見とを避けること（邦訳，38頁）」を意味している（Descartes, 1637）。そして，このことは批判的精神にも通じている。ケリーの言う，クリティカル・シンキングである（Kelley, 1992）。ただ，批判や批評というと，他者否定を含意した，ある意味攻撃的な態度のように受け取られがちであるが，そうではない。Zechmeister & Johnson（1992）によれば，クリティカルな思考とは，決して相手を否定するようなものでははなく，ただ「良質な思考」というだけなのである。彼らは，クリティカル・シンキングを「論理的で，偏りのない思考（邦訳，4頁）」と定義している。批判的思考を養うためにポイントとなることを，D'Angelo（1971）

を参考に二人が整理してくれているので引用しておきたい。ここには、私たちが留意すべき点や心がける点などが網羅されている（Zechmeister & Johnson, 1992，邦訳 8-10頁）。

A．知的好奇心：いろいろな問題に興味をもち、答えを探そうとすること
- ふつうの人が気にもかけないようなことに疑問をもつ
- 新しいことにチャレンジする
- いろいろな分野について、本を読む

B．客観性：何事かを決めるとき、感情や主観によらず、客観的に決めようとすること
- 冷静な態度で判断をくだすこと。決して興奮状態でものごとをきめたりしないように心がける
- 判断をくだす際には、義理人情よりも事実や証拠を重視する
- 判断をくだす際には、自分の好みにとらわれないようにする

C．開かれた心：いろいろな立場や考え方を考慮しようとすること
- 問題のよい面と悪い面の両面をみるように心がける
- あらゆる立場から考慮しようとすること
- 偏りのない判断を心がける

D．柔軟性：自分のやり方、考え方を自在に改めることができること
- 独断的で頑固な態度にならないように心がける
- 必要に応じて妥協すること
- 一つのやり方で問題が解決しないときには、いろいろなやり方を試みる

E．知的懐疑心：十分な証拠が、出されるまでは結論を保留すること
- 何事も、少しも疑わずに信じ込んだりはしないように心がける
- 確かな証拠の有無にこだわること
- 根拠が弱いと思える主張に対しては、他の可能性を追求する

F．知的誠実さ：自分と違う意見でも、正しいものは正しいと認めることができること
- 自分の立場に有利なものも不利なものも含めて、あらゆる根拠を求めようとすること
- 自分とは別の意見を理解しようと努めること

　　　　・自分の立場に反するものであっても，正しいことは指示すること
　G．筋道立っていること：きちんとした論理を積み重ねて結論に達しようとすること
　　　　・問題と関係あることと無関係なことをきちんと区別すること
　　　　・論理的に議論を組みたてることができること
　　　　・結論は根拠から直接導かれることにとどめ，無理な論理の飛躍を行わないこと
　H．追求心：決着がつくまで考え抜いたり議論をしたりすること
　　　　・問題を解決することに一所懸命になる
　　　　・考え得る限りすべての事実や証拠を調べること
　　　　・他の人があきらめても，なお答えを探し求めること
　Ｉ．決断力：証拠に基づいてきちんと結論をくだすことができること
　　　　・結論をくだすべき時には躊躇しない
　　　　・根拠の基づいた行動をとる
　　　　・いったん決断したことは最後までやり抜く
　Ｊ．他者の立場の尊重：他人の方が正しい場合は，それを認めることができること
　　　　・他の人の考えを尊重すること
　　　　・他の人が出した優れた主張や解決案を受け入れる
　　　　・自分の考えも一つの立場にすぎないと認識している

　さて，観我が有効に機能するために必要なことは，従我が行動となって現れる前に，それを抑止することである。プロセスの進行を途中で止めなければ，批判することもできない。行動にまでは至らなかったとしても，受諾してしまえば同じことである。常に迅速な返答を求められるフォロワーは，つい習慣で「はい」と答えてしまいがちである。そして，後で「また安請け合いをしてしまった」と後悔するのである。観我が発動するのは，決まって受諾した後である。そうならないように，「はい」と返事をしそうになったときに，観我が発動するように開発しておかなくてはならない。もしくは，「はい」と返事をしたとしても，上司からの指示が，優先順位の低い仕事に関するものであれば，やり過ごすようにしなくてはならない（高橋，2002）。事実，高橋（2002）が

1991年から1995年にかけて実施した調査（回答者3,395人）によれば，「指示が
だされても，やり過ごしているうちに，立ち消えになることがある」と回答し
た人が63.1％にものぼるのである。実に，上司からの指示命令の3分の2が無
意味だということになる。従って，上司からの指示命令を全て受け入れていて
は，本来業務に支障が生じるのである。高橋（2002）によれば，やり過ごすこ
とのできる社員は優秀である。まさに，やり過ごしという現象は，フォロワー
シップ行動が発現する前に，観我によって抑制されるからこそ生じるのである。
すなわち，やり過ごしは観我が十全に機能していることを表している。「はい」
と返答しながらも，観我によってフォロワーシップ行動が発現するのを抑えた
うえで，優先順位を考えて，職務を遂行しているのである。そのためには，以
前に取り上げた，ある大手機械メーカーの管理者のように，指示命令などを受
容する際のルールを設定しておくことも必要となろう。

　ともかく，このように間を置くことは重要である。簡単な訓練方法として，
「後だし負けじゃんけん」という訓練課題がある。普通，じゃんけんというのは，
グー，チョキ，パーをそれぞれが出し合って，勝ちを競うものである。しかし，
「後だし負けじゃんけん」は，まず相手に何かを出してもらい，それを見た後に，
あえて負けるという訓練である。これは勝つことより難しいとされる。恐らく
私たちにとってのデフォルトは，相手と同じ形の手を出すことであろう。ミ
ラーニューロン・システムや同調行動の議論に照らせば，あながち間違いとは
言えまい。次に，確率が高いのは，勝つ手を出すことであろう。従って，負け
る手を出すのは，難しいのである。相手の手と同じか，もしくは勝つための手
を出そうとする従我を抑止して，少し考えてから負ける手を出す必要があるの
だ。ただ，こうした訓練を重ねれば，次第に勝つときと同じ程度の反応時間で，
負けることができるようになるという（高杉・松澤・須藤・沼田・清水，
2014）。すなわち，実践的な訓練には学習効果があるということだ。この事実は，
いわゆるアンコンシャス・バイアス（UB）研修が成功しないことの傍証にな
るように思われる。

　これまでアメリカの企業社会においては，職場における多様性を促進する過
程で，依然として存在する人種差別や偏見に対して様々な手段が講じられてき
た。なかでも中心的役割を果たしてきたのが，UB研修である。しかし2022年

現在，従来型のUB研修は機能していないことが明らかになってきた。すなわち，従来型の研修では，バイアスを帯びた行動は是正されないということなのである（Gino & Coffman, 2021）。調査の結果，研修対象者の87％が，自社のUB研修について，バイアスに関する科学的事実や組織内の差別による弊害に関する説明があるだけで，それ以上には踏み込もうとしないと認識していることがわかった。このように，従来型のUB研修は，自覚だけでバイアスが是正されると考えているが，それは致命的な欠陥であるとGino & Coffmanは言う。二人によれば，バイアスを自覚したうえで，例えば，自らの固定観念とは反対の情報に触れたり，マイノリティを含めた他者の視点に立つことを経験させなければ，バイアスは軽減しない。すなわち，現実に即した，実践的な体験や経験を重ねることが必要なのである。前述した後だし負けじゃんけんでも，負けるのが難しいという事実を座学で学ぶだけではなく，実際に自分でやってみることが重要だということである。そして，実践を積み重ねるうちに，バイアスを帯びた行動（反射的に相手と同じ手もしくは勝つ手を出す）は減少していくのである。

　さて，こうしたアンコンシャス・バイアスに関する議論は，私たちに重要なことを気づかせてくれる。それは，私たち自身のなかにある「フォロワー」や「フォロワーシップ」に対する偏見についてである。従って，私たちはまず，自らのなかにあるフォロワー・バイアスを取り除かなくてはならない。それは，リーダーに対して私たちが抱くバイアスと表裏一体と言える。例えば，リーダーを神格化すればするほど，フォロワーはただの観客になってしまうかもしれない。21世紀をフォロワーシップの時代と呼ぶ鷲田（2015）によれば，フォロワーには二面性がある。この点について鷲田は，福沢諭吉の「国民は一人にて主客二様の職を勤しむべきものなり（福沢，1942，74頁）」という言葉を用いて解説している。国家や地域に問題がなければ，市民は「観客」であっても構わないが，一度問題が生じれば，「主人」として行動しなければならないというのである。フォロワー＝客というバイアスを払拭しなければならないのである。

2．組織の視点

　観我の開発にとって重要なことは，「聞く」から「観る」へと力点を移すことである。自らのバイアスに気づくには，内省するしかない。それは，自らの従

我をしっかりと見つめるということでもある。そして，そのためには，従我の背後にある，上司や組織との心理的距離を適度に保つことも必要となる。なぜなら，その距離があまりにも短いと，従我の存在が大きくなり過ぎて，観我が機能不全に陥ってしまうからである。従って，フォロワーは上司や組織との心理的距離を常に意識しておく必要がある。そのためには，上司や組織によって構成される労働生活領域と，他の生活領域とのバランスにも注意する必要がある。常に，労働生活領域を相対化するように心がけなくてはならないのである。

　フォロワーの観我を開発し，十全に機能させるためには，組織としてもこの点に留意する必要がある。前述したように，新規参入者の被受容感や所属意識を高めるために，組織はフォロワーの社会化や人間関係管理に力を入れる必要がある。しかし，それがエスカレートすることは避けなくてはならない。なぜなら，観我の開発を阻害するのは，盲従や依存だからである。従って，組織としてはまず，いわゆる外因型コミットメントを高め過ぎないように注意する必要があると言える。

　1980年代に，組織に対する意識や態度を科学的かつ分析的に研究するツールとして，欧米から流入してきたのが組織コミットメント概念である。この概念を用いると，組織に対する態度をいくつかに分類することができる。そのうちの一つが，この外因型コミットメントである。あるフォロワーが，所属している組織でしか通用しない固有の知識やスキル，そして人間関係，さらには，世間体といった外在的要因を理由として，その組織に留まり，貢献しようとしている場合に，このフォロワーは外因型コミットメントを強く有していると考える。いわゆる家父長主義的な組織政策は，こうしたコミットメントを強めるように思われる。外因型コミットメントは，組織に対する依存や他律的態度を強めると考えられるのである。ここで，筆者が以前実施した調査の結果を紹介しよう（**図表6-6**）。

　後述するように，筆者の研究では組織コミットメントは三つのタイプに分類される。その一つが，外因型コミットメントである。図を見てわかるように，このコミットメントはメンタルヘルスとモチベーション両方に対して負の影響力を有している。すなわち，外因型コミットメントを高めてしまうと，フォロワー個人のモチベーションは低下し，精神的健康も損なわれてしまうというこ

[図表6-6] 組織コミットメントの影響力

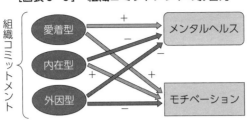

となのである。これでは，観我が十全に開発され，機能するとは思われない。では，どのようなコミットメントが好ましいのであろうか。図表から，それが愛着型コミットメントであることは明らかであろう。このコミットメントは，両方の目的変数に対して正の影響力を有していることがわかる。ここで，愛着型コミットメントとは，組織に対する愛着や愛情を根拠としているコミットメントである。外因型コミットメントと異なり，内発的かつ自律的な態度だと考えられる。まさに，こうした態度を有しているフォロワーにおいて，観我は十全に開発されるものと思われる。組織との心理的距離が，まさに適切なのである。

　では，最後に残った内在型コミットメントについても触れておきたい。このコミットメントは，組織の価値や目標が個人に内在化し，その個人自身の価値や目標を包摂しているような状態で生じる。図を見てわかるように，このタイプのコミットメントは，モチベーションに対しては正の影響力を有している一方で，メンタルヘルスに対しては負の影響力を有している。つまり，このコミットメントは個人の精神的健康を損ないながらも，働かせ続けるような機能を有していることになる。この点が，愛着型コミットメントとは異なる。このコミットメントが強くなると，組織の存在がフォロワー個人のなかで大きくなり過ぎてしまい，もはや，観我が十全に機能することは不可能になってしまうと考えられる。

　この点については，精神分析家であるフロイトの論考が参考になる（Freud, 1921）。彼は，「同一視」と「ほれ込み」という二つの態度における違いを次のように整理している（**図表6-7**）。これらは，対人的な態度を表しているが，対組織に置き換えることも可能であると思われる。ここで，ほれ込みが内在型コミットメントに，そして同一視が愛着型コミットメントに対応している。内

[図表6-7] 「ほれ込み」と同一視

「ほれ込み」	同一視
＊自己犠牲が当たり前になる ＊対象が自我を食い尽くす ＊対象に身をささげて対象を自己のもっとも重要な部分のかわりにする ＊対象は無傷なまま	＊対象の特性によって，自己を豊富にする ＊その特性を自分自身に「取り入れる」 ＊対象は失われているか，放棄されている ＊対象は自我の中で再建される

Freud（1921）を参考に筆者作成

在型コミットメントとは，まさに個人が組織にほれ込んでしまっているような状態を表している。図表を見てわかるように，ほれ込んでしまった個人は，もはや自我を失っている，というか，奪われている。この状態で観我が機能するとは考えられない。まさに「会社人間」の心理構造そのものと言ってよいであろう。最悪の場合，この状態が続くと，過労死や過労自殺へと至ると考えられる。ほれ込みに比べると，同一視は全く異なる。見てわかるように，自我は奪われていない。むしろ，豊かになっている。そして，同一視の対象である組織の方が失われている。それは，その個人のなかに統合されるからである。この状態は，まさに従我と観我の統合を彷彿とさせる。最も好ましい状態と考えて間違いない。愛着型コミットメントの強い状態での個人と組織の心理的距離は，まさに理想的だといってよい。このことを見事に表現しているのが，ネオフロイト派の心理学者として有名なフロムの次の言葉であろう（Fromm, 1956）。

　　成熟した愛は，自分の全体性と個性を保ったままでの結合である。愛は，人間のなかにある能動的な力である。人をほかの人々から隔てている壁をぶち破る力であり，人と人とを結びつける力である。愛によって，人は孤独感・孤立感を克服するが，依然として自分自身のままであり，自分の全体性を失わない。愛においては，二人が一人になり，しかも二人であり続けるという，パラドックスが起きる（邦訳，40頁）。

　フロムによるこの言葉を，個人と組織の関係に当てはめるのであれば，組織に愛情を抱く個人と組織とは，一体でありながら，相互に独立しているという

ことになろう。そして，恐らくこのとき，個人は組織に対して「帰属意識」を
有しているのである。辞典によれば，帰属意識とは，従業員が自分の属する組
織に対して，その一員であることを肯定的に自覚している意識状態である。前
述したとおり，フォロワーの従我を形成するために，組織はまず所属意識を植
え付けなくてはならない。しかし，それが行き過ぎると，外因型コミットメン
トや内在型コミットメントの強くなる可能性がある。そのため組織は，帰属意
識を醸成するためにどうするかを考えなくてはならないのである。組織の一員
として受け入れ，それを感じさせるだけでなく，それを肯定的に自覚させなけ
ればならないのである。帰属意識を強く有しているフォロワーは，まさに統合
型フォロワーだと考えられる。

　では，帰属意識を醸成するために，組織としてはどのような点に注意すれば
いいのであろうか。以前紹介した，大阪府の調査結果がここでも参考になる。
上司からの配慮および職場風土が，従業員のメンタルヘルスに及ぼす影響につ
いて行った調査である。この調査結果では，所属意識の重要性だけでなく，次
のようなことも明らかになっている。すなわち，「上司は，できるだけ部下が
自己裁量を発揮できるように配慮してくれる」という項目が，従業員のメンタ
ルヘルスに対して正の影響力を有していることが明らかになっているのである。
一見すれば，当たり前のように思われる結果だが，よく吟味してみると，実に
味わい深い示唆を含んでいることがわかる。まず重要な点は，フォロワーによ
る自己裁量の発揮が精神衛生的に好ましいということである。「早く帰宅させ
る」や「相談しやすいように心がける」といった，パターナルな働きかけはフォ
ロワーの精神的健康に何の影響力も有していなかった。次に注目したいのは，
では，フォロワーが自律的に働くことさえできればそれでよいのかというと，
それも違うということである。そこに，上司による配慮が感じられなければ，
フォロワーのメンタルヘルスに正の影響を及ぼすことはないのである。この点
は，これも以前に取り上げたアイエンガーの調査結果と符合する。日本人をは
じめとする東洋人は，自律的に働きたいという欲求を有している一方で，上司
に対する依存欲求も有しているのかもしれない。いずれにしても，特に日本の
労働組織においては，依然として上司の存在が大きいといえよう。

　こうした解釈が正しいとすれば，いわゆる自己選択型HRMは有効であるか

もしれない。ここで自己選択型HRMとは個人選択型HRMとも呼ばれており，社員個人に対して選択的自由度を大幅に認め，その価値観と自由意志を尊重するHRMであるとされる（吉田，1999；八代，2002）。吉田（1999）の分類によれば，採用，教育，配置，評価といったヒューマン・リソース・フローの各フェーズにそれぞれ自己選択型の人事制度は存在し，その数は42にものぼるという。20世紀末から21世紀初頭にかけての日本企業を概観すると，それら様々な制度のなかでも特に限定勤務地制度，退職金前払い制度，早期退職優遇制度といった3つの制度が比較的頻繁に取り上げられていたことがわかる（例えば労務行政研究所，1995，2000，2006）。そこで当時，筆者はこの3つの制度を取り上げて，人手家電メーカーA社を対象に調査を実施したのである。それぞれの制度に対する満足度が，先ほど取り上げた外因型コミットメントと愛着型コミットメントに対して，どのような影響力を有しているかを表したのが**図表6-8**である。自己選択型HRMと比較する目的で，伝統的福祉政策も説明変数に加えている。

　結果を見てわかるように，地域限定社員制度は外因型コミットメントを低下

[図表6-8]　自己選択型HRMと組織コミットメント

	外因型コミットメント	愛着型コミットメント
	β	β
勤続年数	.107**	.105**
職位	−.013	.093*
（自己選択型HRM）		
退職金前払い制度	.071	.000
地域限定社員制度	−.144**	.111**
早期退職優遇制度 （伝統的福祉政策）	−.021	.063
休暇制度	.106**	.203**
従業員持ち株制度	.010	.166**
施設政策	.131**	.160**
R^2	.062	.192
調整済みR^2	.051	.182
F値	5.462**	19.654**

** : $p<.01$; * : $p<.05$

させる一方で，愛着型コミットメントを高める，非常に好ましい施策である。フォロワーの自律的欲求を，組織の配慮によって満足させる施策であると解釈してよいであろう。一方，休暇制度や施設政策などの福祉政策は，愛着型コミットメントだけでなく，外因型コミットメントをも高めてしまうため，制度設計や運用に注意が必要であることがわかる。少しユニークな施策が，従業員持ち株制度であろう。この施策は愛着型コミットメントを高める一方で，外因型コミットメントに対しては，何の影響力も有していない。休暇制度も施設政策も，その利用が個人に委ねられているとはいえ，従業員持ち株制度ほどには選択的側面が強調されないのかもしれない。また，こうした意味では，退職金前払い制度や早期退職優遇制度は，従業員の自律に対する配慮というよりは，他の目的で導入されているように受け取られている可能性がある。以上から，健全な帰属意識を醸成するためには，フォロワーの自律的欲求を，組織や上司が効果的に配慮することによって充足させることが重要なようである。いずれにしても，こうした取り組みや働きかけが，観我の開発へと結びつくのは間違いないであろう。

第3節　フォロワーシップ教育

　ここまで，従我と観我の開発，すなわちフォロワーシップの開発について考えてきた。今後は，日本においても，フォロワーシップ開発研修がOff-JTとして位置づけられるようになろう。実際，リーダーシップ研修の一環として，フォロワーシップ教育を行っているという話を耳にすることが多くなってきた。また，大手電機メーカーであるパナソニックのように，従業員向けにEラーニングシステムを開発し，フォロワーシップ教育を実施している企業も現れてきた。とはいえ，依然として，その内容および方法は脆弱である。また，体系化されているとも言えない。そこで，本節では，主に欧米の学校教育で実践されているフォロワーシップ教育の現状について，整理しておくことにする。

1．フォロワーシップ教育の現状

　Hoption（2014）によれば，フォロワーシップ教育はしばしばリーダーシッ

プ開発や，その教育カリキュラムの陰で見過ごされてきた。アメリカやカナダ
の高等教育機関では，リーダーシップに関するプログラムやサーティフィケー
トおよび，教育は提供されているものの，フォロワーシップに関する教育はほ
とんど行われていないのが現状である（Jenkins & Spranger, 2020）。ただそう
はいうものの，ここ数年はフォロワーに対する見方が変わり，魅力的な方法で
フォロワーシップを教えることが模索されてはいる（Raffo, 2013）。一方，欧
米に比べると，日本ではほとんど手がつけられていない。2022年現在，唯一の
例として挙げられるのは，石田（2021）ぐらいであろう。石田（2021）は日本
の初等中等教育の現場で，フォロワーシップ教育が生徒のクラス活動への参加
を活発にし，クラス作りに効果的であることを明らかにしている。また，リー
ダーシップを発揮する生徒も増加し，フォロワーシップの向上のみならずリー
ダーシップ教育にも効果があることを示唆している。

　ではここからは，欧米の文献を参考に，フォロワーシップ教育について考え
てみよう。まずはその目的についてである。Murji（2015）はフォロワーシッ
プ教育について，「フォロワーシップとリーダーシップの両方のスキルとコン
ピテンシーを開発することで，学生がどのような役割，ポジション，業界に
あっても成功できるようにする（p.171）」ことがその目的であると主張してい
る。リーダーであることよりもフォロワーであることの方が多い現代社会にお
いて，フォロワーシップのスキルやコンピテンシーが重要になってきているこ
とを示している。

　また，Hoption（2014）やTabak & Lebron（2017），Jenkins & Spranger（2020）
はフォロワーシップ教育の目的として，フォロワーシップにおけるパラダイム
シフトを挙げている。リーダーシップに対する信仰をなくし，フォロワーシッ
プに関するネガティブなイメージやステレオタイプを破壊し，再構築すること
を目的の一つとしているのである。Jenkins & Spranger（2020）によれば，フォ
ロワーシップ教育の本質的な課題は，一人の人間が，異なるコンテクストにお
いて，もしくは異なるときに，リーダーとフォロワー両方の役割を果たす可能
性があることを，いかにして学生に理解させるかということにある。

　さて，フォロワーシップ教育は，しばしばリーダーシップ教育と絡めて考え
られる。「フォロワー」という言葉には，受動性，依存性，離反性などの否定

的な性質があるとされており（Chaleff, 1995, 邦訳2009；Kellerman, 2008），いまだにフォロワーシップは存在しないと考える人たちや，フォロワーシップはリーダーシップを補完するのではなく，単なる「訓練中のリーダーシップ」もしくは「リーダーシップの前段階」に過ぎないと考える反対派も存在している。ただフォロワーシップは，近年まで研究が進んでおらず，過小評価される概念ではあったものの，その状況は変わりつつある（Murji, 2015）。一部の研究者は，フォロワーシップの意義，特徴，複雑さを理解することなくして，リーダーシップを完全に理解することはできないとさえ主張している（Popper, 2011；Van Vugt, Hogan, & Kaiser, 2008）。Kellerman（2008）の言うように「より良いフォロワーがより良いリーダーを生む」という考え方からすれば，フォロワーシップ教育はリーダーシップ教育の中の重要な役割を担っているとも捉えられる。

　Raffo（2013）はフォロワーシップの原則を十分に理解することで，生徒はリーダーシップをよりよく理解することができると主張している。実際の授業事例においても，前述した石田（2021）では生徒がクラス活動に積極的に参加するようになり，結果的にリーダーシップを発揮する生徒が現れてくることが明らかにされている。一方で，Murji（2015）はフォロワーシップがリーダーシップとは異なるものであることを強調しており，リーダーとフォロワーの間には多くの共通点があるものの，フォロワーシップ固有の側面や特徴もある以上，独自の研究や教育が必要であると述べている。

　以上のことを踏まえると，リーダーシップ教育とフォロワーシップ教育の関係性には，2つの形が存在すると考えられる。一つ目が，両者を主従関係としてとらえる考え方である。Raffo（2013）において「Teaching followership in leadership education」（リーダーシップ教育におけるフォロワーシップ教育）とも表現されるように，フォロワーシップ教育はリーダーシップ育成のための教育法という捉え方である。二つ目が両者を対等な関係としてとらえる考え方である。これはフォロワーとリーダーを同じ土俵の上にあると考えて，パラダイムシフトを促し（Jenkins & Spranger, 2020），フォロワーシップとリーダーシップを車の両輪のように捉えるというものである。

2．事例紹介

　では次に，フォロワーシップ教育の事例をいくつか紹介しておこう。Tabak & Lebron（2017）は体験学習として，ロールプレイ学習を用いたフォロワーシップ教育を行っている。ロールプレイ学習には，学習者同士がシミュレーションを楽しむことで，コンテンツや学習全般に対する興味やモチベーションを高める効果があるといわれている（Tabak & Lebron, 2017）。体験学習の手法は，長年教室で用いられてきた。このような方略の背景には「行動で学ぶ（learning by doing）」ことで，学習者が批判的思考のプロセスに関与し，授業内容や講師，他の人間との間に関係を有しながら，感情や価値観，認知を引き起こすことが出来るという考え方がある（Tabak & Lebron, 2017）。ロールプレイ学習では学習者が他の人格を演じ，その人の気持ちや行動，動機を理解し

［図表6-9］　ロールプレイ

上司：クリス役　ロールハンドアウト

　あなたは留学プログラムの管理において10年の経験がある。あなたは最近，隣の州にある同規模の他の公立大学に採用された。UWNに入校して以来，あなたの部署（GESA）の仕事量は急激に増加している。GESAプログラムに応募する学生の数は，昨年と比較して約30％増加している。あなたは，グローバル教育の経験がほとんどない新入職員を4名採用した。プロボスト（学長相当の役職者）の方針としては，UWNでのグローバル教育の提供を拡大したいと考えている。あなたは，中国には大きな可能性があると信じているが，中国での拡大を提案する際には，それを裏付けるデータが必要である。プロボストとOIAの副社長は，確かなデータと調査に基づいた提案を含むレポートをあなたに期待している。包括的な調査は，将来の予測と，現地に赴くスタッフ全員に適切な報酬を与える計画の指針となり，また，新しいプログラムに対応し，教員を採用するための現行システムの再構築にもつながる。あなたは，9週間前に調査と研究をモーガンに委ねた。モーガンを選んだ理由は，彼が15年間中国プログラムのスペシャリストとして活躍し，前任のGESAディレクターの下で信頼されていたからだ。他に3人のスペシャリストがいて，ヨーロッパと南米の国々を担当している。モーガンは経験豊富な国のスペシャリストなので，あなたは彼が良い仕事をして，約束した期限までに中国の調査と予測を提出してくれるものと思っていた。しかし，期限が過ぎた今，あなたは少し心配になってきた。あなたは，経験豊富な部下がプロとして成長し，将来，より大きな責任を担うことができるように，意思決定における裁量権をできる限り与えたいと考えている。マイクロマネジメントは好きではない。また，このような戦略をとることで，大学内での人脈を広げたり，トップマネジメントの上司を管理したりするための時間を確保できることも知っている。業績評価は2週間後に迫っており，あなたは中国での研究についてモーガンに質問する良い機会だと判断した。そこで，あなたはモーガンにメールを送り，今日，あなたのオフィスに立ち寄ってもらうことにした。

たり予測したりすると同時に，自分自身の考えや感情を探っていくのである（Moore, 2009）。

　ロールプレイは，特定の状況で効果的なリーダー・フォロワーの行動と非効果的なリーダー・フォロワーの行動を操作することで，フォロワーシップについて学ぶことができる（Tabak & Lebron 2017）。Tabak & Lebron（2017）のロールプレイ学習は，地方の大規模総合州立大学の国際イニシアティブ室（IIO）で働くスタッフを対象に行われた。それ以外にも，リーダーシップとリーダー・フォロワー間のコミュニケーション理解を目的として，組織的リーダーシップに関する学部コースでも扱われた。以下，ロールプレイの内容を簡単に紹介する。Tabak & Lebron（2017）のロールプレイは「The Missed Deadline」と呼ばれる（**図表6-9**）。参加者は3人のグループに分けられ，クリス役（上司）とモーガン役（部下），オブザーバー役に振り分けられる。そして

の事例

部下：モーガン役　ロールハンドアウト

　あなたはUWNのGESA部門で中国のカントリースペシャリストを務めている。あなたは大学に15年間勤務しており，在職中に3人の異なるGESAディレクターと仕事をしてきた。あなたは常に高いパフォーマンスと能力を持つマネージャーであった。あなたの定量的な調査能力と，少ない監督の下で独立して仕事をこなす能力のおかげで，あなたはこの部門の3人の国／地域別スペシャリストの中で最も優秀であると感じており，外部での仕事の見通しは，控えめに言っても非常に良いと思っている。しかし，前任のGESAディレクターが退職することになった後，管理部門は，あなたが応募して強いアピールをしたにもかかわらず，そのポジションに外部の人を採用することにした。あなたは，そのポジションへの昇進を真剣に検討すべきだったと思っているが，大学では自分が評価されていないと思っている。特別な任務があるときは，過去のディレクターが頻繁にあなたの進捗状況を確認していた。転職してきたクリス・バックリーがGESAのディレクターになり，あなたの直属の上司になって9ヶ月が経った。クリスはあなたに，中国での事業拡大の機会を特定するための包括的な調査を行い，より多くの教員を採用するための計画を立て，実現可能性と再構築に関する詳細な提案を準備するよう求めた。あなたは会議中に口頭でこの任務を引き受けたが，部署の会議で簡単に言及されただけで，その後のメールやその他の書面での連絡はなかった。あなたは，クリスが研究の進捗状況を確認し，あなたが懸念していることを共有する機会があると期待していたが，それもなかった。ただでさえ日々の業務に追われているのだから，このまま放置していた。そんな中，クリスからメールが届き，オフィスに来てほしいと言われた。クリスが何を求めているのかは分からないが，中国での研究についてではないことを願っている。そのプロジェクトに着手する前に解決しなければならない問題がいくつもあると思っているし，そんな時間はない。それに，クリスがずっと問い合わせをしてこなかったので，クリスには他に優先すべきことがあるのではないかと思った。

それぞれにロールの説明が配られる。

　上記のハンドアウトに加えてオブザーバーには下記の評価シート（**図表6-10**）が配布される。オブザーバーはロールプレイを見て評価を記入する。

　このロールプレイは事前準備をほとんど必要とせず，約45分で終えることが出来るとされており，大学生や社会人グループにも推奨されている。

　ロールプレイ終了後，まず評価シートを共有させ，その後，それを使って具

［図表6-10］　評価シート

オブザーバーの評価シート	
モーガンが示したフォロワーシップのスタイルや行動は？	
クリスはその状況に対してどのような解決法を用いましたか？ そしてそれはどのように行いましたか？	
もしモーガンが別のフォロワーシップ（マネージング・アップ）のスタイルをとっていたら，結果はどうなっていたでしょうか？	
クリスのコミュニケーションスキルを五段階評価で評価してください。 5　強く同意する　4　同意する　3　どちらともいえない　2　同意しない　1　強く同意しない	
ポジティブで親しみやすい口調で話した。	
フレンドリーで，オープンで，正直であった。	
モーガンと目を合わせ続ける。	
重要な情報をすべて提供した。	
慎重に聞いていた。	
質問をし，言い換えをした。	
研究の利点を説明した。	

体的なフィードバックを与えるように指示する。小グループでの話し合いの後，自分のグループで起こったことをクラス全体で共有し，クラス全員の意見を取り入れるようオブザーバーに指示する。このような「learn by doing」は，リーダーシップとフォロワーシップ開発の両方に関連する複数の学習目標を対象とすることができ，またそうすべきであると述べられている。

　ロールプレイの結果，様々なフォロワーシップ行動とリーダーシップ行動が現れた。フォロワー役の参加者の中には効果的なフォロワーシップを発揮する人もいれば，そうでない行動を示した人もいた。効果的なフォロワーはクリスと協力して状況を好転させたが，そうではないフォロワーはクリスの指示を待ち，そのアプローチに合わせて行動を変えていった。こうしたフォロワーシップ行動の差を，フォロワーシップ能力の高さの差としてとらえることが出来る。この授業体系においても，フィードバックが重視されているように思われる。Jenkins & Spranger（2020）は，自分自身の感情を管理し，他者の感情やモチベーションをより意識するためのテクニックを中等教育機関の学生に教えることで，実際にフォロワーシップを向上させることができるかもしれないと論じている。フォロワーシップ教育では，他者の感情を理解するような学習法やフィードバックが効果的に働くようだ。

　次に，Raffo（2013）では理論的な構成や，重要なコンセプトを教える講義の前に，まずクラスや小グループに対して，以下のようなディスカッションのための質問を投げかけると効果的だとされている。質問の内容としては「フォロワー（またはフォロワーシップ）というと，何を思い浮かべるか？」「この言葉は一般的に良い意味で使われているか，それとも悪い意味で使われているのか。」「従来，フォロワーにはどのような特徴があると考えられていたか？」といったものである。この質問に対して，フォロワーは受動的である，というものやリーダーよりは重要ではないなど，フォロワーに関する従来の常識に沿った回答が返ってくることが多い。この議論をきっかけに，フォロワーシップに関する主要なテーマを共有し，フォロワーやリーダーに関する神話を覆すことで，新たなフォロワーシップの視点へのパラダイムシフトを促進する。

　次のセクションでは主要なテーマやキーポイント，フォロワーの特徴を説明している。内容としてはケリーのフォロワータイプの説明や，フォロワーと

リーダーは交換可能な役割であり，ほとんどの人は組織の中でフォロワーと
リーダーの両方の役割を果たしており，現実には，リーダーよりもフォロワー
の方が多いといったことなどである。それらの重要なコンセプトが示されたの
ち，「First Follower：Leadership Lessons from Dancing Guy」（Sivers, 2010）
というタイトルのYouTubeビデオを見せる。Youtubeを使用した授業は，教室
にユーモアをもたらし学習者にポジティブな環境を作り出すことで，生徒の学
習プロセスへの参加を助ける。Garner（2009）では，教室でユーモアを駆使
する教師の下で学ぶ生徒は，より多くのことを学ぶ傾向にあることが明らかに
されている。そうした意味でもYoutubeを使った授業は新しいパラダイムシフ
トを促進させるだろう。

　講義とビデオが終わった後に生徒はクラスでのディスカッション，小グルー
プでのディスカッションなどを行い，基礎を身に付けることが推奨されている。
そのディスカッションで挙げられた質問は，「ビデオの中でナレーターは，リー
ダーシップは過度に称賛されていると言っています。あなたはそう思いますか，
それともそう思いませんか？」「フォロワーに対するあなたの考えは，今日の
レッスンで変わりましたか？　どのように？」「フォロワーシップについて，
もっと考えるべきアイデアはありますか？」などである（pp.267-268）。

　ディスカッションが終了したのち，自己分析シートを配布する。内容は，「ケ
リーのフォロワータイプによると，あなたはどのようなタイプか？」「フォロ
ワーとしての自分をどのように評価しているか？」「より効果的なフォロワー
になるための行動を記述した個人のアクションプランの作成。また，それがど
のようにして効果的なリーダーシップにつながるのかの説明」などである。

　この授業事例は比較的単純なものであり，導入しやすいように感じる。
Raffo（2013）は「『フォロワー』という言葉には，受動性，依存性，離反性等
の批判的な性質があるとされている。しかしこれはあくまでも，私たちの社会
の産物なのであって，学生に対してはそうではないということを教えない限り，
フォロワーをリーダーシップのプロセスに必要なポジティブなものとして捉え
ることなく，こうしたネガティブな特性の多くをフォロワーに当てはめ続けて
しまうのではないか（p.266）」と述べている。

　とはいえ，リーダーシップの授業で，フォロワーシップを取り上げることに

対する生徒の反応は，全体的に好意的であるようだ（Raffo, 2013）。授業後の
コメントには以下のようなものがあった。「私のフォロワーに対する考えは変
わりました。それは，効果的なリーダーと同じように，効果的なフォロワーに
なるためには，多くの努力が必要であることを明確に理解したからです」。
「"フォロワーシップ"という言葉を学ぶ前の私のフォロワーの定義は，リー
ダーの行動を真似る人，自分の考えを持たない人，リーダーシップタイプの特
性を持たない人でした。自分の考えが全く間違っていたことを知り，ショック
を受けました」。これらのコメントは，いかにフォロワーシップに対するネガ
ティブなイメージが浸透しているかを，如実に物語っている。まずは，フォロ
ワーシップという概念に触れさせることが必要なのである。

　以上，学校におけるフォロワーシップ教育について，主に欧米の研究を中心
にみてきた。教育に関する文献のレビューであったため，やむを得ない面もあ
るかもしれないが，そのほとんどが教育方法論に関するものであった。すなわ
ち，フォロワーシップ概念についての精緻な議論は見られなかった。そして，
その教授内容であるフォロワーシップについては，ほとんどの事例においてケ
リーのタイプ論が用いられているようであった。しかし，松山（2018, 2021）
でも論じてきたように，ケリーの概念フレームワークには少なからず問題があ
る。その点を不問にしたまま，学生たちに教えることに対しては疑問を感じざ
るをえない。とはいえ，では，ケリー理論の限界について言及したうえで，授
業を進めればよいのかというと，それはそれで，大きな困難が予想される。特
に，初等中等教育においては，生徒たちが混乱するだけであろう。このように，
フォロワーシップ教育については，まだ多くの課題が残されていると言える。

　また，本節では，海外の事例を主に紹介してきたが，わが国には海外とは異
なる，固有のフォロワーシップが存在する可能性もある（松山, 2018）。今回
の事例をもとにして，日本型フォロワーシップ教育の形を作り上げていく必要
もあるかもしれない。そして，日本国内においてフォロワーシップ教育の研究
はほとんど進められていない。今後は，フォロワーシップ研究だけでなく，
フォロワーシップ教育研究の蓄積が求められるとともに，教育現場での実践事
例を積み上げていくことが期待される。

小　括

　以上，本章では，フォロワーシップの開発，すなわち従我および観我の開発について，個人と組織それぞれの視点から考えた。また，学校教育におけるフォロワーシップ教育について，欧米の研究を参考に考えた。フォロワーシップ研究と同様，フォロワーシップの開発や教育については，未開拓な部分が大きい。また，課題も多い。フォロワーシップ論の発展のためにも，その開発・教育論を同時に進めていくことは急務であるといえよう。

終　章

フォロワーシップの時代

　21世紀も20年が経過し，前世紀では考えられなかったほど，わが国において
もフォロワーやフォロワーシップといった言葉が，様々な領域で聞かれるように
なってきた。例えば，「フォロワーシップの時代」を提唱する鷲田（2015）は，
地域社会のような「だれもが余所に本務をもったままで（147頁）」参画するゆ
るい集団においては，リーダーシップ以上にフォロワーシップが重要であると
主張する。鷲田によれば，「公共的なことがらに関して，観客になるのではな
くみずから問題解決のためのネットワークを編んでゆく能力（148頁）」こそが
フォロワーシップなのである。地域社会におけるフォロワーシップ論がここに
ある。

　そして，フォロワーシップが叫ばれているのは，地域社会や企業社会だけで
はない。政党，宇宙開発チーム，自衛隊，学校現場，スポーツチームや福祉法
人など，実に様々な領域で注目されているのである。なかでも，ある中学生の
言葉が忘れられない。彼は，入学と同時にバスケットボールを始めたそうで，
チーム競技を通じて「各場面で自分の役割を果たそうとするフォロワーシップ
の意味」を考えるようになったのだという[1]。中学生が「フォロワーシップ」
という言葉を用いるようになっていることに，驚きを隠せない。

企業組織のフォロワーシップ

　このようにフォロワーシップ論は，今後様々な領域において展開が可能な研

1　2015年12月5日付毎日新聞地方版（愛知）23頁

究分野だと言える。まだまだ未開拓なのである。そこで最終章では，まだ構想中の研究内容について，少しだけ触れたうえで，本書を閉じたいと思う。まず，これまでフォロワーシップは主に，組織で働く個人の行動として捉えられてきた。すわなち，ミクロな視点で把捉されてきたと言える。これをマクロな視点で捉えなおすとどうなるだろう。つまり組織そのものがフォロワーシップ行動を生じさせると考えるのである。それは，ある意味経営者行動と言い換えてもいいのかもしれない。

　例えば，営利を目的とした企業組織は，市場環境に対してフォロワーシップを発揮することが求められると言える。経営戦略論を紐解けば，オープンシステム論やコンティンジェンシ・理論が登場した20世紀の半ば以降（例えば，Lawrence & Lorsch, 1967），企業組織にとって最も重要な行動は環境適応であった。当時は，環境決定論が支配的であったのである。もしそうだとすれば，企業組織は環境に対する従我さえ有していればよいということになってしまう。フォロワーシップ論を拡張して考えるならば，やはりこうした議論には無理がある。なぜなら，企業組織にも観我が必要だと考えられるからである。この点を，戦略論の文脈で明らかにしたのがChild（1972）やMiles & Snow（1978）であった。すなわち，組織は，環境に適応するだけではなく，自らの環境を創造するためにも行動するのであり，組織および経営者は戦略を選択する主体者なのである。従って，企業組織もしくは経営者は，環境に対して十全に機能する従我だけでなく，観我をも有している必要があるのだ。そこで，本書におけるフォロワーシップ論を企業組織行動に拡張して考えてみたものが**図表終-1**である。

　図表を見てわかるように，従我が横軸に，観我が縦軸に設けられている。また今回は，経営者を取り巻く環境を組織の外部と内部に大別している。経営者を取り巻く環境は，組織の外部にのみ存在するわけではない。従業員や技術システムは組織内部における重要な環境である。従って，ここで従我とは，こうした組織内外における環境からの有意味刺激に対して反応するシステムをあらわすことになる。同様に，観我は経営者の従我において生じる反応を抑制もしくは制御しようとするシステムを表している。従我が環境からの刺激に対して反応しようとするときに，それが適切であるかどうかを吟味し，コントロール

[図表終-1] 企業組織のフォロワーシップ

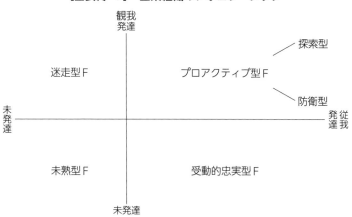

しようとするのである。

　では，それぞれのフォロワーシップ行動について，考えてみよう。まずは，未熟型フォロワーシップ行動である。未熟型は，従我・観我ともにレベルが低い。従我のレベルが低いということは，組織内外からの有意味な刺激に対して反応できていないことを表している。それは，そもそも環境から有意味な刺激を取り出すことに失敗しているのかもしれないし，感知する能力が乏しいのかもしれない。また，刺激を感知できていたとしても，反応する能力に問題があるのかもしれない。行動自体が不活発なタイプのフォロワーシップである。このタイプはマイルズとスノウのいう受身型に近い。ちなみに，彼らは受身型の組織を次のように表現している。

　　受身型は，トップが組織環境で発生している変化や不確実性に気づくことはあっても，それに効果的に対応することができない組織である。このタイプの組織は，一貫性のある戦略・機構関係を欠いているので，環境からの圧力によって強制されるまでは，いかなる対応もめったに行わない（Miles & Snow, 1978，邦訳38頁）。

　次に，受動的忠実型フォロワーシップ行動である。このタイプは，従我のレ

ベルが標準以上に達しているため，組織内外からの顕在的な刺激に対して，十分かつ適切な反応を生じさせることができる。例えば，市場環境からの要請には忠実に対応することができるということである。顧客からの要望にしっかりと耳を傾け，注文通りの価値を提供する。しかし，観我は標準以下であるため，顧客の要求に従うのみで，それを疑ったり，それに挑戦しようとはしない。従って，新しい価値を提供するまでには至らないのである。

　では，プロアクティブ型フォロワーシップ行動はどうであろうか。このタイプは，従我・観我ともにハイレベルの域に達しており，環境からの顕在的要請に従うだけでなく，場合によってはそれを抑制・制御し，代わりに潜在的な要請を読み取り，先回りすることができる。ただし，内外環境どちらに対してもプロアクティブ行動を生じさせるのは困難である。例えば，外部型の組織は，マイルズ＝スノウの言う「探索型」の組織に近いと思われるが，彼らによれば，こうした組織は製品と市場の革新に対して関心を持ちすぎるために，組織効率に注意を向けることができない。両者はトレードオフの関係にあるのだ。従って，外部環境に力点を置く組織と，内部環境に力点を置く組織とを区別して考えておいた方が良いであろう。

　ここで，プロアクティブ外部型とは，市場開拓のために先行投資を怠らない組織である。市場のニーズを先取りするために，市場の差別化を図ろうとする。これまで日本の大手電機メーカー・ソニーは，常に新規市場を開拓することに余念がなかった。小型化を追求するなかで，ウォークマンが誕生し，携帯型音響機器の市場が生まれた。その後は，映像音響ソフト，ゲーム，ライフプラン型保険など，枚挙にいとまがない。プロアクティブ外部型の代表的企業といっていいであろう。一方，プロアクティブ内部型とは，組織内部の環境を整え，体制を強化し，組織効率や専門性を高めることによって，他社との間に差別化を図ろうとする組織である。ICT化や人材のプロフェッショナル化など，技術や人的資源に先行投資することによって，持続的競争優位を確立しようとする。例えば，作業服専門チェーンのワークマンが良い例であろう。2019年の『日経コンピュータ』によれば，ワークマンでは全社員にデータ分析研修を受講させ，組織全体のデータ分析力向上を図っている。一部の専門部署に限定するのではなく，全社員を対象としているのがユニークである。これによって，ワークマ

ンでは高品質なデータを得るとともに，需要予測精度を向上させることに成功しているのである。まさに内部環境に対する先行投資が功を奏しているといえよう。

さて，こうしたプロアクティブ型フォロワーシップが，何かのきっかけで従我の機能を低下させてしまうと，迷走型フォロワーシップに陥ってしまう。1990年代の松下電器のビデオカメラ事業がこれに当てはまるかもしれない。VHSへの執着によって，市場からの期待に反応できなくなってしまったのである。市場環境への過剰適応は，適応のための行動をエスカレートさせるあまり，その行動のみが目的化し，市場を置き去りにしてしまうのかもしれない。市場の声に耳を傾けることができなくなった組織は，独善的といわれても仕方あるまい。

フォロワーシップ・マネジメント

先の議論は，フォロワーシップ理論の経営戦略論への応用と言ってよいであろう。次に考えてみたいのは，雇用形態や組織文化を含む人材マネジメントのスタイルについてである。フォロワーシップ・マネジメントは人材マネジメントスタイルとして，どのように位置づけられるだろうか。

ここに示す図は，あくまでも仮説の域を出ない（**図表終-2**）。筆者のこれまでの研究と，多くの産業人たちとの対話から導き出した，暫定的な分類である。

[図表終-2]　フォロワーシップ・マネジメント

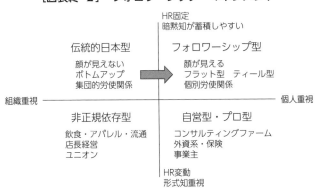

　ただ，縦軸にはマイルズとスノウも用いている，優れた人材の獲得方法を基礎
にしている。いわゆる「make or buy」である。すなわち，優秀な人材を内部
で時間をかけて育成するのか，その都度，外部労働市場から調達するのか，と
いう二分法である。図の上部に位置づけられる組織では，人材育成に主眼が置
かれている。人材は長期間組織に固定されるため，暗黙知が蓄積されやすいと
考えられる。一方，下部に位置づけられる組織では，人材を固定しようとはし
ない。そのため，汎用性のある知識やスキル，そして形式知が重視される。

　次に横軸についてみてみよう。前述したように，現代日本企業においても，
自己選択型HRMが導入されるケースが増えてきた。従業員の主体性や自律性
に対するニーズも依然として高い。従って，組織において，個人や自律性が重
視される程度で分類することにした。右側に位置づけられた組織は個人重視の
方針・文化を有しており，左側に位置づけられた組織は，組織重視の方針・文
化を有していると考える。

　では簡単に一つずつ見ていこう。まず，左上である。この場所に位置づけら
れた組織は，人材育成と組織を重視する傾向が強い。いわゆる，伝統的日本型
組織といえる。終身雇用や企業別組合慣行を堅持しているため，労使関係は集
団的である。権威主義的な組織文化を有していると同時に，現場重視のボトム
アップも大切にしている。ただ，集団主義的な側面が強いため，個々人が注目
されることはない。あまり顔の見えない組織である。

　こうした組織重視の集団主義的文化が希薄化し，個人やその自律性を尊重す
る組織文化が醸成されると，右上のフォロワーシップ型にシフトするのではな
いかと筆者は考えている。フォロワーシップ型のスタイルでは，個々人が注目
されるため，顔の見える組織として認識される。組織構造は，フラット型や
ティール型になり，管理者やリーダーの位置づけが希薄になる。労使関係も個
別化し，上司との一対一の面談がより重要になってくる。目標管理制度を運用
する際に，考課者訓練だけでなく，評価される側の被考課者訓練もまた，必要
になってくるのではないだろうか。フラット型の組織構造が適合的であるとす
るなら，いわゆる「職場」はなるべく小さくするべきであろう。こうした点に
ついては，これからの検討課題である。

　残りの二つについても簡単に論じておきたい。まず左下に位置づけられる組

織は，人材の変動が激しく，組織重視のタイプであり，非正規依存型と命名しておいた。流通や小売業ではいわゆる「店長経営」と呼ばれるほど，店長によって経営が左右されると言われる。こうした組織で雇用される従業員，特にパートやアルバイト店員のフォロワーシップについては，今後の課題である。最後に右下に位置づけられる組織は，人材の変動が激しく，個々人が自律的に働いているようなタイプであり，自営型・プロ型と命名しておいた。コンサルティング・ファームや外資系の保険会社などがここに当てはまると思われる。むしろ，こうした組織においてこそ，フォロワーシップが必要なのではないかと考えられるかもしれないが，そうではない。本書で考えるフォロワーシップは，組織人道における守・破・離の世界観を有しており，自営業における行動様式とは異なる。今後は，こうしたマネジメントスタイルとの整合性についても議論を深めていく必要があるだろう。

コンプライアンスとしてのフォロワーシップ

　最後に取り上げたいのは，コンプライアンスとしてのフォロワーシップについてである。本書でも論じたように，ほとんどの人々が権威に抗えない。そのために，戦争では数々の悲劇が生じる。覆面アーティストとして有名なバンクシーの作品に，次のような言葉がある。「世界で最大の犯罪を実行するのは，規則を破る側ではなく，規則を守る側の人間だ。命令に従う連中が爆弾を投下し，村々を破壊する」と。フォロワーにとっては厳しい言葉ではあるものの，間違っているともいえない。実際に実行するのはフォロワーなのだから。数々の企業不祥事でもその点は変わらない。思い起こすのは，2018年5月に起こった，日本大学アメフト部事件である。関西学院大学との定期戦のなかで，日大のある選手が関学のQBに，プレイが終了したにもかかわらず，背後から危険なタックルを行ったという事件である[2]。当時は，大々的に報道され，監督やコーチの責任が問われる事態にまでなった。しかし，筆者が注目したいのは，その後，日大の選手たちによって出された声明文である。ここに引用してみたい。

---

[2]　2022年10月3日付日本経済新聞朝刊で，改めて取り上げられている。

　私たちは，私たちの大切な仲間であるチームメイトがとても追い詰められた状態になっていたにもかかわらず，手助けすることができなかった私たちの責任はとても重いと考えています。これまで，私たちは，監督やコーチに頼りきりになり，その指示に盲目的に従ってきてしまいました。それがチームの勝利のために必要なことと深く考えることも無く信じきっていました。また，監督・コーチとの間や選手間のコミュニケーションも十分ではありませんでした。そのような私たちのふがいない姿勢が，今回の事態を招いてしまった一因であろうと深く反省しています（傍点筆者）[3]。

　成人になって間もない青年たちをここまで追い込んだ大人たちの罪は重い。しかし，彼らは明確に気づいている。フォロワーとして観我が全く機能していなかったことを。そして，自らの責任をも自覚しているのである。この事例が教えてくれるように，これからはフォロワーとしての責任を明確にするべきではないだろうか。「主君の誤りは家臣の誤り」という，武士道の言葉にもあるように，フォロワーの責任をも明確にしておくことは必要であるように思われる。
　ドイツ軍人法に詳しい市川（2020）によれば，ドイツ連邦軍では，兵士は命令を自らで精査し服従すべきかどうかを判断しなければならない。「すなわち，兵士は，自らに下された命令が違法あるいは非人道的な結果をもたらさないかを確認したうえで服従すること，そして，違法であると判断した場合には服従しない『共に考えてなす服従 mitdenkender Gehorsam』（＝批判的服従）が求められるのである（17頁）。」これは裏を返せば，違法な命令に従った場合には，兵士も責任を問われるということを示している。市川は，「犯罪行為を命じられた場合には服従の義務はないばかりか，従ってはならない抗命義務がある（19頁）」とも述べる。
　さて，軍隊におけるこうした新しいフォロワーシップは，ドイツ軍に限ったものではないらしい。『死のテレビ実験』の著者たちによれば，フランス軍にも「非服従の義務」が存在する（Nick & Eltchaninoff, 2010）。「2005年12月の公報発表の通達201710号条項7によると，『上官によって，明らかに違法な行

為の遂行を命じられた場合はこれを拒否しなければならない』（邦訳・258頁）」というのである。

　ここで重要な点は，違法行為に対する責任をフォロワーにただ求めるというだけではなく，命令に対して服従しないという行為が認められ，また求められる場合のあることを，法律として明文化している点なのである。そこで，提案したいのは，同様のルールを企業にも適用できないかということである。具体的に言えば，上司から，明らかに不正だと思われる指示命令を受けたときに，フォロワーは決して服従してはいけないということを，就業規則に明記してはどうかということなのである。内部通報制度についても同様である。いずれにしても，こうしたことを明文化しておくことで，フォロワーの行動や責任もまた明確になり，不祥事の抑制になるのではないだろうか。

　以上，フォロワーシップ研究の今後の展開として，拙くて恐縮ではあるが，構想中のアイデアについて議論してきた。まず，ミクロな視点だけではなく，企業行動や経営者行動としてフォロワーシップ理論を応用できないか考えてみた。今後は，戦略論への展開も可能かもしれない。また，人材マネジメントスタイルを分類するなかで，フォロワーシップ・マネジメントがどこに位置づけられ，またどの業界において最も有効に機能するのか考えてみた。今後は，より一層，人材マネジメント論や組織文化論への展開を試みてみたい。最後に，組織の不祥事について考えるなかで，フォロワーシップをどう捉えるべきかについて考えてみた。今後は，企業倫理学への展開も可能かもしれない。既にある，内部告発行動研究と関連付けていくことも考えられる。また，実際にフォロワーシップ・マネジメントを実践している組織を探索することも必要だと思われる。いわゆる人材輩出企業と呼ばれている組織は，それに近いのではないかと考えている。なぜなら，フォロワーシップ論を基礎として，組織内部の新陳代謝が実践されているように思われるからである。統合型フォロワーはリーダーになりうる存在である。組織内に新規プロジェクトを発足させ，プロジェクトリーダーに据える。または，新しく起業させ，スピンアウトさせるなど，統合型フォロワーを組織外に排出することによって，組織内に好循環を形成するのである。いわば，のれん分けである。研究すべきことは尽きそうにもない。

《参考文献》

序章

Kellerman, B., *The End of Leadership*, Harper Collins Publishers, 2012. (板谷いさ子訳『ハーバード大学特別講義　リーダーシップが滅ぶ時代』ソフトバンククリエイティブ，2013年)

田尾雅夫『組織の心理学【新版】』有斐閣，1999年.

山下勝「リーダーシップ開発に関する一考察―リーダーシップ現象が起こる条件―」『青山経営論集』50(2)，2015年.

第1章

Aslan, R., *God: A human history*, Random House, 2017. (白須英子訳『人類はなぜ〈神〉を生み出したのか？』文藝春秋，2020年)

Barnard, C. I., *The Functions of the Executive*, Harvard University Press, 1938. (山本安次郎・田杉競・飯野春樹訳『新訳　経営者の役割』ダイヤモンド社，1956年)

Conger, J. A., Kanungo, R. N. & Associates, *Charismatic Leadership*, Jossey-Bass Inc., Publishers., 1988. (片柳佐智子・山村宜子・松本博子・鈴木恭子訳『カリスマ的リーダーシップ』流通科学大学出版，1999年)

Davis, N. B., Krebs, J. R. & West, S. A., *An Introduction to Behavioral Ecology* 4th edition, Blackwell Science Ltd., 2012. (野間口眞太郎・山岸哲・巖佐庸訳『行動生態学　原著第4版』共立出版，2015年)

Diamond, J. M., *Guns, Germs, and Steel: the fates of human societies*, W.W. Norton & Co., 1997. (倉骨彰訳『銃・病原菌・鉄：一万三〇〇〇年にわたる人類史の謎』草思社，2000年)

Foley, C., Pettorelli, N. & Foley, L., Severe Drought and Calf Survival in Elephants, *Population Ecology*, 4, 2008, 541-544.

Harari, Y. N., *Sapiens: A brief history of humankind*, Vintage, 2015. (柴田裕之訳『サピエンス全史』河出書房新社，2016年)

本間道子『集団行動の心理学』サイエンス社，2011年.

Kahneman, D., *Thinking, Fast and Slow*, Allen Lane, 2011. (村井章子訳『ファスト＆スロー：あなたの意思はどのように決まるか？』早川書房，2012年)

金井壽宏「リーダーとマネジャー：リーダーシップの持論（素朴理論）と規範の探求」『国民経済雑誌』177(4)，1998年，65-78.

金井壽宏『リーダーシップ入門』日経文庫，2005年.

King, A. J., Johnson, D. D. P., & Van Vugt, M., The origins and of leadership, *Current Biology*, 19(19), 2009, 911-916.

Malinowski, B., *Argonauts of the western pacific*, Routledge & Kegan Paul, 1922.（増田義郎訳『西太平洋の遠洋航海者』講談社学術文庫，2010年）

Mayo, E., *The social problems of an industrial civilization*, Harvard University Press, 1945.（藤田敬三・名和統一訳『アメリカ文明と労働』，大阪商科大学経済研究会，1951年）

Méda, D., *Le travail*, Aubier, 1995.（若森章孝・若森文子訳『労働社会の終焉』法政大学出版局，2000年）

Metcalf, H. C. & Urwick, L., *Dynamic Administration: The collected papers of Mary Parker Follet*, Harper & Row, New York, 1941.（米田清貴・水戸公訳『フォレット　組織行動の原理』未來社，1972年）

Millard, A. J., *Edison and the business of innovation*, Johns Hopkins University Press, 1990.（橋本毅彦訳『エジソン発明会社の没落』朝日新聞社，1998）

大塚久雄『共同体の基礎理論』岩波現代文庫，2000年.

Quinn, R. E. & Cameron, K. S., Organizational life and shifting criteria of effectiveness, *Management Science* 29, 1983, 33-51.

Rands, S. A., Cowilshaw G., Pettifor, R. A., Rowcliffe, J. M. & Johnstone, R. A., Spontaneous emergence of leaders and followers in foraging pairs, *Nature*, 423, 432-434, 2003.

Robbins, S. P., *Essentials of organizational behavior, 8th edition*, Prentice Hall, 2005.（高木晴夫監訳『【新版】組織行動のマネジメント』ダイヤモンド社，2009年）

高橋誠之助『神様の女房：もう一人の創業者・松下むめの物語』ダイヤモンド社，2011年.

Tönnies, F., *Gemeinschaft und gesellschaft*, Fues's Verlag, 1887.（杉之原寿一訳『ゲマインシャフトとゲゼルシャフト』岩波書店，1957年）

占部都美編『経営学辞典』中央経済社，1980年.

Waal, F., *Chimpanzee politics: power and sex among apes*, The Johns Hopkins University Press, 1982.（西田利貞訳『チンパンジーの政治学』産経新聞出版，2006年）

Weber, M., *Soziologie der herrschaft*, 1956.（世良晃志郎訳『支配の諸類型』創文社，1960年）

第2章

Baker, S. D., Followership: The theoretical foundation of a contemporary construct, *Journal of Leadership & Organizational Studies*, 14(1), 2007, 50-60.

Barnard, C. I., *The Functions of the Executive*, Harvard University Press, 1938.（山本安次郎・田杉競・飯野春樹訳『経営者の役割』ダイヤモンド社，1968年）

Bjugstad, K., Thach, E. C., Thompson, K. J. & Morris, A., A fresh look at followership: A model for matching followership and leadership styles, *Journal of Behavioral and Applied Management*, 7(3), 2006, 304-319.

Blanchard, A. L., Welbourne, J., Gilmore, D., and Bullock, A., Followership styles and employee attachment to the organization, *The Psychologist-Manager Journal*, 12, 2009, 111 -131.

Carsten, M. K., Harms, P. & Uhl-Bien, M., Exploring historical perspectives of followership: The need for an expanded view of followers and the follower role, Lapierre, L. & Carsten, M. K. (Eds.) *Followership: What is it and why do people follow?*, Emerald Group Publishing Limited, 2014, 3-25.

Carsten, M. K., Uhl-Bien, M., & Huang, L., Leader perceptions and motivation as outcomes of followership role orientation and behavior, *Leadership*, 14(6), 2018, 731-756.

Carsten, M. K., Uhl-Bien, M., West, B. J., Petra, J. L. & McGregor, R., Exploring social constructions of followership: A qualitative study, *The Leadership Quarterly*, 21, 2010, 543-562.

Chaleff, I., The courageous follower: Standing up to and for our leaders, Barrett-Koehler Publishers, Inc., 1995. (野中香方子訳『ザ・フォロワーシップ』ダイヤモンド社、2009年)

Chaleff, I., Intelligent Disobedience: Doing right when what you're told to do is wrong, Berrett-Koehler Publishers, Inc., 2015.

Collinson, D., Rethinking followership: A post-structuralist analysis of follower identities, The Leadership Quarterly, 17, 2006, 179-189.

Crainer, S., *The Management Century*, Jossey-Bass, Inc., a John Wiley & Sons, Inc. Company, 2000. (岸本義之・黒岩健一郎訳『マネジメントの世紀』東洋経済新報社、2000年)

Den Hartog, D. N., House, R. J., Hanges, P. J., Ruiz-Quintanilla, S. A. & Dorfman, P. W., Culture specific and cross-culturally generalizable implicit leadership theories: are attributes of charismatic/transformational leadership universally endorsed?, *Leadership Quarterly*, 99(10), 1999. 219-256.

Derue, D. S. & Ashford, S. J., Who will lead and who will follow? A social process of leadership identity construction in organizations, *Academy of Management Review*, 35(4), 2010, 627-647.

Du Plessis, M. & Boshoff, A. B., Authentic leadership, followership, and psychological capital as antecedents of work engagement, *Journal of Psychology in Africa*, 28(1), 2018, 26-32.

Follet, M. P., *Freedom & co-ordination: lectures in business organization*, Management Publications Trust, 1949. (斎藤守生訳『フォレット　経営管理の基礎：自由と調整』ダイヤモンド社、1964年)

Gilbert, R., & Hyde, A. C., Followership and the federal worker, *Public Administration Review,* 48(6), 1988, 962-968.

Grey, G. H. & Densten, I. L., How Leaders Woo Followers in the Romance of Leadership, *Applied Psychology*, 56(4), 2007, 558-581.

浜田陽子・庄司正実「リーダーシップ・プロセスにおけるフォロワーシップの研究動向」『目白大学　心理学研究』第11号，2015年，83-98.

Hersey, P. & Blanchard, K. H., *Management of organizational behavior: utilizing human resources*, Prentice-Hall, 1977.（山本成二・水野基・成田攻訳『行動科学の展開』日本生産性本部，1978年）

Hinić, D., Grubor, J., & Brulić, L., Followership styles and job satisfaction in secondary school teachers in Selbia, *Educational Management Administration & Leadership*, 2017, 45(3), 503-520.

Howell, J., & Mendez, M., Three perspectives on followership, In R. Riggio, I, Chaleff, & J. Lipman-Blumen（Eds.）, *The art of followership: How great followers create great leaders and organizations*, 2008, Jossey-Bass, 25-40.

Jin, M., McDonald, B., & Park, J., Followership and job satisfaction in the public sector: The moderating role of perceived supervisor support and performance-oriented culture, *International Journal of Public Sector Management*, 29(3), 2016, 218-237.

Jin, M. H., McDonald, B., & Park, J., Person-Organizational fit and turnover intention: Exploring the mediating role of employee followership and job satisfaction through conservation of resources theory, *Review of Public Personnel Administration*, 38(2), 2018, 167-192.

Kalkhoran, M. A. N., Naami, A., & Beshlideh, K., The comparison of employees' followership styles in their job attitudes, *International Journal of Psychology and Behavioral Research*, 2 (3), 2013, 115-125.

金井壽宏『リーダーシップ入門』日経文庫，2005年.

Kan, J., Heo, J. & Kim, J., The followership of hotel employees and the relationship between occupational burnout, job stress, and customer orientation: Targeting the hotel service providers at luxury hotels, *Tourism and Hospitality Research*, 16(4), 2016, 345-358.

Kelley, H. H., *Attribution in Social Interaction*, General Learning Press, 1971.

Kelley, R. E., In praise of followers, *Harvard Business Review*, 66(6), 1988, 141-148.

Kelley, R. E., *The power of followership*, Doubleday, 1992.（牧野昇監訳『指導力革命：リーダーシップからフォロワーシップへ』プレジデント社，1993年）

Kernis, M. H. & Goldman, B. M., A multicomponent conceptualization of authenticity: Theory and research, *Advances in Experimental Social Psychology*, 38, 2006, 283-357.

Laloux, F., *Reinventing Organizations: A guide to creating organizations inspired by the next stage of human consciousness*, Nelson Parker, 2014.（鈴木立哉訳『ティール組織：マネジメントの常識を覆す次世代型組織の出現』英治出版，2018年）

Leroy, H., Anseel, F., Gardner, W. L. & Sels, L., Authentic leadership, authentic followership, basic need satisfaction, and work role performance: A cross-level study, *Journal of*

Management, 41(6), 2015, 1677-1697.

Lord, R. G., & Maher, K. J., Cognitive theory in industrial and organizational psychology. In M. D. Dunnette & L. M. Hough（Eds.）, *Handbook of industrial and organizational psychology*（Vol.2, pp.1-62）, Palo Alto, CA: Consulting Psychologists Press, 1991.

Marinan, J. & Brown, S., The relationship between servant leadership, psychological safety and effective followership, *Quarterly Review of Business Disciplines*, 6(1), 2019, 19-38.

松下幸之助『私の行き方考え方：わが半生の記録』PHP文庫，1986年.

松山一紀「フォロワーシップ行動の3次元モデル」『商経学叢』63(2)，2016年，37-64.

松山一紀『次世代型組織へのフォロワーシップ論：リーダーシップ主義からの脱却』ミネルヴァ書房，2018年.

松山一紀「フォロワーシップとリーダーシップ：日大アメフト事件を手がかりに」『商経学叢』65(5)，2019年a，243-262.

松山一紀「フォロワーシップとリーダーシップ・ロマンス」『商経学叢』66(1)，2019年b，181-197.

松山一紀「フォロワーシップ行動とワーク・エンゲイジメントおよび主観的統制感」『評論・社会科学』137，2021年，151-172.

松山一紀・高木浩人・石田正浩「人的資源管理施策の受容促進における精緻化見込みモデルの適用可能性―大学生を対象とした調査―」『産業・組織心理学研究』22(1)，2008年，27-37.

Meindl, J. R., Ehrlich, S. B., & Dukerich, J. M., "The romance of leadership", *Administrative Science Quarterly*, 30, 1985, 78-102.

三隅二不二・藤田正「組織体における監督行動の自己評定と部下評定の関連に関する実証的研究」『実験社会心理学研究』12(1)，1972年，53-64.

宮城音弥編『心理学小辞典』岩波書店，1979年.

西之坊穂『日本の組織におけるフォロワーシップ：フォロワーはリーダーと組織にどう影響を与えるのか』晃洋書房，2021年.

Novikov, V., Followership and performance in acquisition, research and development organizations, *Emerging Leadership Journeys*, 9(1), 2016, 1-33.

Oc, B. & Bashshur, M. R., Followership, leadership and social influence, *The Leadership Quarterly*, 24, 2013, 919-934.

小野善生「リーダーシップの幻想に関する研究の発展と展望」関西大学商学論集，57(3)，2012年，49-66.

Petty, R. E. & Cacioppo, J. T., The elaboration likelihood model of persuasion. In L. Berkowitz（Ed.）*Advances in Experimental Social Psychology*, vol. 19, New York: Academic Press, 1986, 123-205.

Pfeffer, J., The ambiguity of leadership, *Academy of Management Review*, 2, 1977, 104-112.

Ribbat, M., Krumm, S. & Hüffmeier, J., Validation of a German version of Kelley's (1992) followership questionnaire, *Psychological Test Adaptation and Development Advance online publication*, 2021.

Rosenzweig, P., *The Halo Effect*, Free Press, 2007. (桃井緑美子訳『なぜビジネス書は間違うのか：ハロー効果という妄想』日経BP社，2008年.

Simon, H. A., *Administrative Behavior: A study of decision-making processes in administrative organizations, 4th Ed.*, Free Press., 1997. (二村敏子・桑田耕太郎・高尾義明・西脇暢子・高柳美香訳『経営行動：経営組織における意思決定過程の研究【新版】』ダイヤモンド社，2009年)

Staw, B. M., "Attribution of the 'causes' of performance: A general alternative interpretation of cross-sectional research on organizations", *Organizational Behavior and Human Performance*, 13, 1975, 414-432.

Uhl-Bien, M. & Pillain, R., The romance of leadership and the social construction of followership. In B. Shamir, R. Pillai, M. C. Bligh, & M. Uhl-Bien (Eds.), *Follower-centered perspective on leadership: A tribute to the memory of James R. Meindl* (187-209), 2007, Greenwich, CT: information Age Publishing.

Uhl-Bien, M., Riggio R. E., Lowe, K. B. & Carsten, M. K., Followership theory: A review and research agenda, *The Leadership Quarterly*, 25, 2014, 83-104.

Vanderslice, V. J., Separating leadership from leaders: An assessment of the effect of leadership and follower roles in organizations. *Human Relations*, 41(9), 1988, 677-696.

渡部博志「上司との同質化：フォロワーシップの類似をもたらす要因の実証分析」『武蔵野大学経営研究所紀要』第2号，2020年，117-133.

吉崎静夫「学級における教師のリーダーシップ行動の自己評定と児童評定の関連に関する研究」『教育心理学研究』26(1)，1978年，32-40.

Zaleznik, A., The dynamics of subordinacy, *Harvard Business Review*, 43(3), 1965, 119-131.

第3章

Agho, A. O., Perspectives of senior-level executives on effective followership and leadership, *Journal of Leadership & Organizational Studies*, 16(2), 2009, 159-166.

Bandura, A., Self-efficacy: Toward a unifying theory of behavioral change, *Psychological Review*, 84(2), 1977, 191-215.

Carsten, K. M., Uhl-Bien, M., West, B. J., Petra, J. L. & McGregor, R., Exploring social constructions of followership: A qualitative study, *The Leadership Quarterly*, 21, 2010, 543-562.

Cetin, F. & Askun, D., The effect of occupational self-efficacy on work performance through intrinsic work motivation, *Management Research Review*, 41(2), 2018, 186-201.

Crossman, B. & Crossman, J., Conceptualising followership: a review of the literature, *Leadership*, 7(4), 2011, 481-497.

Edmondson, A. C., *Teaming: How organizations learn, innovate, and compete in the knowledge economy*. John Wiley & Sons, 2012.（野津智子訳『チームが機能するとはどういうことか』英治出版，2014年）

Edmondson, A. C., *The Fearless Organization: Creating Psychological Safety in the Workplace for Learning, Innovation, and Growth*. John Wiley & Sons, 2019.（野津智子訳『恐れのない組織』英治出版，2021年）

福間隆康「職務特性が離職意思に及ぼす影響における職務満足の媒介効果―特例子会社の障がい者を対象とした定量的分析―」『高知県立大学紀要　社会福祉学部編』第70巻，2020年，31-43.

Herzberg, F., *Work and the Nature of Man*, The World Publishing Company, 1966.（北野利信訳『仕事と人間性』東洋経済新報社，1978年）

開本浩矢「成果主義導入における従業員の公正感と行動変化」『日本労働研究雑誌』第543号，2005年，64-74.

生田久美子『「わざ」から知る』東京大学出版会，2007年.

Jaccard, J. & Turrisi, R., *Interaction effects in multiple regression*, (2nd ed). (Sage University Papers Series on Quantitative Applications in the Social Sciences, series no.07-072). Thousand Oaks, CA: Sage, 2003.

Kelley, R. E., *The power of followership*, Doubleday, 1992.（牧野昇監訳『指導力革命：リーダーシップからフォロワーシップへ』プレジデント社，1993年）

松山一紀「メンタルヘルスと従業員態度および業績評価との関係：大手電機メーカーA社を事例として」日本労務学会誌4(2)，2002年，2-13.

松山一紀『日本人労働者の帰属意識』ミネルヴァ書房，2014年.

松山一紀『次世代型組織へのフォロワーシップ論：リーダーシップ主義からの脱却』ミネルヴァ書房，2018年.

Mayo, E., *The Human Problems of an Industrial Civilization*, Macmillan, 1933.（村本栄一，訳，『産業文明における人間問題』日本能率協会，1951年）

Mayo, E., *The Social Problems of an Industrial Civilization*, Harvard University, 1945.（藤田敬三・名和統一訳『アメリカ文明と労働』大阪商科大学経済研究会，1951年）

Meindl, J. R. & Ehrlich, S. B., Developing a "Romance of Leadership" scale, *Proceedings of the Eastern Academy of Management*, 1988, 133-135.

三隅二不二『リーダーシップ行動の科学』有斐閣，1984年.

三好昭子「主観的な感覚としての人格特性的自己効力感尺度（SMSGSE）の開発」発達心理学研究，2003年，14(2)，172-179.

中島義明・安藤清志・子安増生・坂野雄二・繁桝算男・立花政夫・箱田裕司編『心理学辞典』

有斐閣，1999年.

大谷信介・木下栄二・後藤範章・小松洋『新・社会調査へのアプローチ：論理と方法』ミネルヴァ書房，2013年.

Randhawa, G., Self-efficacy and work performance: An empirical study, *Indian Journal of Industrial Relations*, 39(3), 2004, 336-346.

Schaufeli, W. B., Bakker, A. B., & Salanova, M., The measurement of work engagement with a short questionnaire: A cross national study, *Educational and psychological measurement*, 66(4), 2006, 701-716.

Schaufeli, W. B. & Dijkstra, P., *Engaged at work*, Thema, Uitgeverij van Schouten & Nelissen, 2010.（島津明人・佐藤美奈子訳『ワーク・エンゲイジメント入門』星和書店，2012年）

Schein, E. H. & W. G. Bennis, Personal and organizational change through group methods: The laboratory approach. New York: Wiley, 1965.

島津明人「職業性ストレスとワーク・エンゲイジメント」『ストレス科学研究』25，2010年，1-6.

島貫智行「派遣労働者の人事管理と労働意欲」，『日本労働研究雑誌』，第566号，2007年，17-36.

Stajkovic, A. D. & Luthans, F., Self-efficacy and work-related performance: A meta-analysis, *Psychological Bulletin*, 124(2), 1998, 240-261.

高橋高人・石川信一・佐藤正二「日本語版　子どもの行動抑制尺度の作成」『教育心理学研究』69，2021年，382-395.

竹下浩・山口裕幸「チーム学習活動：組織的成果への影響と動機付け要因の検討」，『産業・組織心理学研究』第30巻 2 号，2017年，187-197.

竹綱誠一郎・鎌原雅彦・沢崎俊之（1988）「自己効力に関する研究の動向と問題」教育心理学研究36(2)，172-184.

上田吉一『精神的に健康な人間』川島書店，1969年.

渡部博志「上司との同質化：フォロワーシップの類似をもたらす要因の実証分析」『武蔵野大学経営研究所紀要』第 2 号，2020年，117-133.

第 4 章

Aarts, H. & Dijksterhuis, A., Habits as knowledge structures: Automaticity in goal-directed behavior, *Journal of Personality and Social Psychology*, 78, 2000, 53-63.

Agho, A. O., Perspectives of senior-level executives on effective followership and leadership, *Journal of Leadership & Organizational Studies*, 16(2), 2009, 159-166.

Baker, S. D., Followership: The theoretical foundation of a contemporary construct, *Journal of Leadership & Organizational Studies*, 14(1), 2007, 50-60.

Baldwin, J. M., Imitation: A chapter in the Natural History of Consciousness, *Mind, New Series*, 3(9), 1894, 26-55.

Bargh, J. A., Introduction. In Bargh, J. A (Eds.) *Social psychology and the unconscious: The automaticity of higher mental processes* (pp.1-11), Psychology Press, 2007.（及川昌典・木村晴・北村英哉編訳『無意識と社会心理学：高次心理過程の自動性』ナカニシヤ出版，2009年，1-7）

Bargh, J. A., Chen, M., & Burrows, L., Automaticity of social behavior: Direct effects of trait construct and stereotype activation on action, *Journal of Personality and Social Psychology*, 71, 1996, 230-244.

Bargh, J. A., Gollwitzer, P. M., Lee-Chai, A. Y., Barndollar, K. & Trötschel, R., The Automated Will: Nonconscious Activation and Pursuit of Behavioral Goals, *Journal of Personality and Social Psychology*, 81, 2001, 1014-1027.

Benedict, R., *The chrysanthemum and the sword*, Houghton Mifflin Co., 1967.（長谷川松治訳『菊と刀』社会思想社，1967年）

Bjugstad, K., Thach, E. C., Thompson, K. J. & Morris, A., A fresh look at followership: A model for matching followership and leadership styles, *Journal of Behavioral and Applied Management*, 7(3), 2006, 304-319.

Brown, K. W. & Ryan, R. M., The benefits of being present: Mindfulness and its role in psychological well-being, *Journal of Personality and Social Psychology*, 84(4), 2003, 822-848.

Chabris, C. F. & Simons, D. J., *The invisible gorilla*, Harper Collins, 2010.（木村博江訳『錯覚の科学』文藝春秋，2014年）

Chaleff, I., *The courageous follower: Standing up to and for our leaders*, Berrett-Koehler Publishers, Inc., 1995.（野中香方子訳『ザ・フォロワーシップ』ダイヤモンド社，2009年）

Chartland, T. L., & Bargh, J. A., The chameleon effect: The perception-behavior link and social interaction. *Journal of Personality and Social Psychology*, 76, 1999, 893-916.

Crossman, B. & Crossman, J., Conceptualising followership: a review of the literature, *Leadership*, 7(4), 2011, 481-497.

Damasio, A., *Looking for Spinoza*, Harcourt Inc., 2003.（田中三彦訳『感じる脳』ダイヤモンド社，2005年）

Dijksterhuis, AP., Chartland, T. L., & Aarts, H., Effects of priming and perception on social behavior and goal pursuit. In Bargh, J. A (Eds.) *Social psychology and the unconscious: The automaticity of higher mental processes* (pp.51-131), Psychology Press, 2007.（及川昌典・木村晴・北村英哉編訳『無意識と社会心理学：高次心理過程の自動性』ナカニシヤ出版，2009年，37-84）

Eriksen, C. W., & Kuethe, J. L., Avoidance conditioning of verbal behavior without awareness: A paradigm of repression, *Journal of Abnormal and Social Psychology*, 53, 1956,

203-209.

Follet, M. P., *Freedom & co-ordination: lectures in business organization*, Management Publications Trust, 1949.（斎藤守生訳『フォレット　経営管理の基礎：自由と調整』ダイヤモンド社，1963年）

深尾憲二朗「自己・意図・意識―ベンジャミン・リベットの実験と理論をめぐって」中村雄二郎・木村敏編『講座・生命第7巻』河合出版，2004年，238-268.

Graham, J. W., Chapter 3 commentary: Transformational leadership: Fostering follower autonomy, not automatic followership. In J. G. Hunt, B. R., Baliga, H. P. Dachler, & C. A. Schriesheim（Eds.）, *Emerging leadership vistas*, Lexington Books, 1988, 73-79.

Iacoboni, M., *Mirroring People: The new science of how we connect with others*, Farrar, Straus and Giroux, 2008.（塩原通緒訳『ミラーニューロンの発見：「物まね細胞」が明かす驚きの脳科学』早川書房，2009年）

今福理博「乳児期における音声模倣のメカニズムとその発達過程」『京都大学大学院教育学研究科紀要』61，2015年，229-241.

Jaynes, J., *The origin of consciousness in the breakdown of bicameral mind*, Houghton Miffilin, 1990.（柴田裕之訳『神々の沈黙：意識の誕生と文明の興亡』紀伊国屋書店，2005年）

Kahneman, D., *Thinking, fast and slow*, Allen Lane, 2011.（村井章子訳『ファスト＆スロー：あなたの意思はどのように決まるか？』早川書房，2012年）

Kellerman, B., *Followership: How followers are creating change and changing leaders*, Harvard Business Press, 2008.

Kelley, R. E., *The power of followership*, Doubleday, 1992.（牧野昇監訳『指導力革命：リーダーシップからフォロワーシップへ』プレジデント社，1993年）

木村敏『自分ということ』ちくま学芸文庫，2008年.

Libet, B., *Mind time: The temporal factor in consciousness*, Harvard University Press, 2004.（下條信輔訳『マインド・タイム：脳と意識の時間』岩波書店，2005年）

松山一紀『日本人労働者の帰属意識』ミネルヴァ書房，2014年.

Maudsley, H., *The pathology of mind: being the third edition of the second part of the "Physiology and pathology of mind," recast, enlarged, and rewritten*, D. Appleton, 1880.

Meltzoff, A. N. & Moore, M. K., Imitation of facial and manual gestures by human neonates, *Science*, 198, 1977, 75-78.

宮城音弥編『心理学小辞典』岩波書店，1979年.

岡一太郎「作為体験の精神病理」『臨床精神病理』29，2008年，271-283.

小川環樹・西田太一郎・赤塚忠編『新字源』角川書店，1968年.

Rissolatti, G. & Sinigaglia, C., *So quell chef ai*, Raffaello Cortina Editore, 2006.（柴田裕之訳『ミラーニューロン』2009年，紀伊国屋書店）.

佐々木正人『新版　アフォーダンス』岩波書店，2015年.

白川静『字訓』平凡社，2007年.

関根正雄訳『旧約聖書　創世記』岩波文庫，1956年.

Stanovich, K, E., *The robot's rebellion: Finding meaning in the age of Darwin*, University of Chicago Press, 2004.（椋田直子訳『心は遺伝子の論理で決まるのか：二重過程モデルでみるヒトの合理性』みすず書房，2008年）

Suzuki, D. T., *Essays in Zen Buddhism*, Luzac and Company, 1927.

Tarde, G., *Les Lois de l'imitation: étude sociologiqu*e, Félix Alcan, 1890.（池田祥英・村澤真保呂『模倣の法則【新装版】』河出書房，2016年）

Townsend, P. & Gebhart, J., *Five-Star leadership*, John Wiley and Sons Inc., 1997.

上田吉一『精神的に健康な人間』川島書店，1969年.

Uhl-Bien, M. & Pillain R., The romance of leadership and the social construction of followership. In B. Shamir, R. Pillai, M. C. Bligh, & M. Uhl-Bien (Eds.), *Follower-centered perspectives on leadership: A tribute to the memory of James R. Meindl* (187-209), 2007, Greenwich, CT: information Age Publishing.

Uhl-Bien, M., Riggio R. E., Lowe, K. B. & Carsten, M. K., Followership theory: A review and research agenda, *The Leadership Quarterly*, 25, 2014, 83-104.

Wason, P. C., Reasoning about a rule, *Quarterly Journal of Experimental Psychology*, 20, 1968, 273-281.

第5章

天野正子『「生活者」とはだれか』中央公論社，1996年.

Benedict, R., *The chrysanthemum and the sword*, Houghton Miffilin Co., 1967.（長谷川松治訳『菊と刀』社会思想社，1967年）

Burgess, A., *A Clockwork Orange*, William Heinemann, 1962.（乾信一郎訳『時計じかけのオレンジ』早川書房，2008年）

Collinson, D., Rethinking followership: A post-structuralist analysis of follower identities, *The Leadership Quarterly*, 17, 2006, 179-189.

Felten, E., *Loyalty: The Vexing Virtue*, Simon & Schuster, 2011.（白川貴子訳『忠誠心，このやっかいな美徳』早川書房，2011年）

Fromm, E., *Escape from freedom*, New York, 1941.（日高六郎訳『自由からの逃走』東京創元社，1965年）

Fucini, J. J. & Fucini, S., *Working for the Japanese: Inside Mazda's American Auto Plant*, Free Press, 1990.（中岡望訳『ワーキング・フォー・ザ・ジャパニーズ：日本人社長とアメリカ人社員』イースト・プレス，1991年）

福沢諭吉『学問のすゝめ』岩波文庫，1942年.

Iyengar, S., *The Art of Choosing*, Twelve, 2010.（櫻井祐子訳『選択の科学』文藝春秋，2010

年）

笠谷和比古『士（サムライ）の思想：日本型組織と個人の自立』ちくま学芸文庫，2016年．

木村敏『自分ということ』筑摩書房，2008年．

小池喜明『葉隠：武士と「奉公」』講談社学術文庫，1999年．

小稲義男編『研究社　新英和大辞典　第5版』研究社，1980年．

Maslow, A. H., *Motivation and Personality* (*Second Edition*), Harper & Row, Publishers, Inc., 1970.（小口忠彦訳『改訂新版　人間性の心理学』産能大学出版部，1987年）

Milgram, S., *Obedience to Authority: An experimental view*, Harper & Row, 1974.（山形浩生訳『服従の心理』河出書房，2012年）

見田宗介「序　自我・主体・アイデンティティ」井上俊・上野千鶴子・大澤真幸・見田宗介・吉見俊哉編『自我・主体・アイデンティティ』岩波書店，1995年，1-11．

奈良本辰也訳編『葉隠』三笠書房，2010年．

Nick, C & Eltchaninoff, M., *L'EXPÉRIENCE EXTRÊME*, Don Quichotte, 2010.（高野優監訳『死のテレビ実験：人はそこまで服従するのか』河出書房新社，2011年）

西田幾多郎『善の研究』岩波文庫，1950年．

Pascale, R. T. & Athos, A. G., *The art of Japanese management*. Allen Lane, 1981.（深田祐介訳『ジャパニーズ・マネジメント：日本的経営に学ぶ』講談社，1981年）

Pascoe, B., Followership and the samurai, *Journal of Leadership Studies*, 10(3), 2017, 54-57.

Sandel, M. J., *Democracy's Discontent*, Harvard University Press, 1996.（中野剛充訳「公共哲学を求めて」『思想』904，1999年）

佐々木正人『新版　アフォーダンス』岩波書店，2015年．

Suzuki, D. T, *Essays in Zen Buddhism*, Luzac, 1927.

白川静『字訓』平凡社，2007年．

上田閑照『西田幾多郎哲学論集Ⅲ』岩波書店，1989年．

第6章

Allen, K. A., Kern, M. L., Rozek, C. S., McInerney, D. M., & Slavich, G.M., Belonging: a review of conceptual issues, an integrative framework, and directions for future research, *Australian Journal of Psychology*, 73(1), 2021, 87-102.

東洋『日本人のしつけと教育：発達の日米比較にもとづいて』東京大学出版会，1994年．

Bennett, N. & Lemoine, G. J., What a difference a world makes: Understanding threats to performance in a VUCA world, *Buiness Horizons*, 2014.

Chaleff, I., *The courageous follower: Standing up to and for our leaders*, Barrett-Koehler Publishers, Inc., 1995.（野中香方子訳『ザ・フォロワーシップ』ダイヤモンド社，2009年）

D'Angelo, E., *The Teaching of Critical Thinking*. Belmont, Calif.: Wadsworth, 1971.

Descartes, R., *Discours de la méthode*, 1637.（山田弘明訳『方法序説　ルネ・デカルト』ちく

ま学芸文庫，2010年）

Follet, M. P., *Freedom & co-ordination: lectures in business organization*, Management Publications Trust, 1949.（斎藤守生訳『フォレット　経営管理の基礎：自由と調整』ダイヤモンド社，1964年）

Freud, S., *Massenpsychologie und Ich-Analyse*, 1921.（小此木圭吾訳「集団心理学と自我の分析」井村恒郎・小此木啓吾編訳『自我論・不安本能論』人文書院，1970年，195-253）

Fromm, E., *The art of loving*, Harper & Brothers Publishers, 1956.（鈴木晶訳『愛するということ　新訳版』紀伊国屋書店，1991年）

福沢諭吉『学問のすゝめ』岩波文庫，1942年.

Garner, R. L., Humor in pedagogy: How ha-ha can lead to aha! *College Teaching*, 54(1), 2009, 177-180.

Gibson, J. J., *The Ecological Approach to Visual Perception*, Houghton Mifflin Company, 1979.（古崎敬・古崎愛子・辻敬一郎・村瀬旻訳『ギブソン　生態学的視覚論—ヒトの知覚世界を探る—』サイエンス社，1985年）

Gino, F. & Coffman, K., Unconscious bias training that works, Harvard Business Review. URL: https://hbr.org/2021/09/unconscious-bias-training-that-works

Hoption, C., Learning and developing followership, *Journal of Leadership Education*, 13(1), 2014, 129-137.

石田あきら「フォロワーシップ教育による学級づくりの実践とその課題」立命館附属校教育研究紀要教育実践報告集第6号，2021年，15-24.

Jenkins, D. M. & Spranger, A. N., Followership Education for Postsecondary Students, *Wiley Online Library*, DOI: 10.1002/yd.20398, 2020, 47-63.

Kahneman, D., *Thinking, fast and slow*, Allen Lane, 2011.（村井章子訳『ファスト＆スロー：あなたの意思はどのように決まるか？』早川書房，2012年）

Kellerman, B., *Followership: How followers are creating change and changing leaders*, 2008, Harvard Business Press.

Kelley, R. E., *The power of followership*, Doubleday, 1992.（牧野昇監訳『指導力革命：リーダーシップからフォロワーシップへ』プレジデント社，1993年）

木村敏『自分ということ』筑摩書房，2008年.

Lave, J. & Wenger, E., *Situated learning: Legitimate peripheral participation*, Cambridge University Press, 1991.（佐伯胖訳『状況に埋め込まれた学習—正統的周辺参加—』産業図書，1993年）

Lawrence, P. R. & Lorsch, J. W., *Organization and Environment: Managing Differentiation and Integration*, Harvard University Press, 1967.（吉田博訳『組織の条件適応理論』産能大学出版部，1977年）

Maslow, A. H., *Motivation & personality*, Harper & Row, 1954.

松村真宏「仕掛学概論―人々の人々による人々のための仕掛学―」『人工知能学会誌』28(4)，
　　2013年，584-589.

松下幸之助『素直な心になるために』PHP文庫，2004年.

松山一紀『次世代型組織へのフォロワーシップ論』ミネルヴァ書房，2018年.

松山一紀「フォロワーシップ行動とワーク・エンゲイジメントおよび主観的統制感」『評論・
　　社会科学』137，2021年，151-172.

Mayo, E., *The Social Problems of an Industrial Civilization*, Harvard University, 1945.（藤
　　田敬三・名和統一訳『アメリカ文明と労働』大阪商科大学経済研究会，1951年）

Moore, K., *Effective Instructional Strategies: From theory to practice*, Thousand Oaks, CA:
　　Sage, 2009.

Murji, S., Taking Followership Education to the Next Level, *Journal of Leadership Educa-
　　tion*, 14(3), 2015, 168-177.

Popper, M., Toward a theory of followership. *Review of General Psychology*, 15(1), 2011, 29-
　　36.

Raffo, D. M., Teaching Followership in Leadership Education, *Journal of Leadership Educa-
　　tion* 12(1), 2013, 262-273.

労務行政研究所「勤務地限定制の活用図る複線型人事制度：転勤忌避など就業意識の多様化
　　に対処する4社の事例」『労政時報』3213号，1995年，2-38.

労務行政研究所「特集　退職金前払い制度の新しい動き：先進3社にみる成果主義，人材流
　　動化への取り組み」『労政時報』3436号，2000年，2-44.

労務行政研究所「退職金・年金　大企業の退職金・年金，役職定年制，早期退職制の実態
　　（2005年度）：最近2年間で退職一時金は約5割，退職年金は約6割が改定（中労委）」『労
　　政時報』3686号，2006年，68-90.

Schein, E. H., *Career dynamics: matching individual and organizational needs*, Addison-
　　Wesley Pub. Co., 1978.（二村敏子・三善勝代訳『キャリア・ダイナミクス』白桃書房，
　　1991年）

白川静『新訂　字訓』平凡社，2007年.

Sivers, D., *First Follower: Leadership Lessons from Dancing Guy*, 2010. Retrieved from
　　https://www.youtube.com/watch?v=fW8amMCVAJQ（2022年2月22日閲覧）

Tabak, F & Lebron, M., Learning by Doing in Leadership Education: Experiencing Follow-
　　ership and Effective Leadership Communication Through Role-Play, *Journal of Leader-
　　ship Education*, 16(2), 2017, 199-212.

高橋伸夫『できる社員は「やり過ごす」』日経ビジネス人文庫，2002年.

高杉潤・松澤大輔・須藤千尋・沼田憲治・清水栄司「後出し負けじゃんけん課題は学習効果
　　がある　反応時間と前頭前野の脳活動による検討」第50回日本理学療法学術大会（東京），
　　2014年.

Thaler, R. H. & Sunstein, C. R., *Nudge: improving decisions about health, wealth, and happiness*. Yale University Press, 2008.（遠藤真美訳『実践行動経済学：健康，富，幸福への聡明な選択』日経BP社，2009年）

Van Vugt, M., Hogan, R., & Kaiser, R. B., Leadership, followership, and evolution: some lessons from the past, *American Psychologist*, 63(3), 2008, 182-196.

鷲田清一『しんがりの思想：反リーダーシップ論』角川新書，2015年.

和辻哲郎『和辻哲郎全集　第4巻』岩波書店，1962年.

Whyte, W. H., *The Organization Man*, Simon and Schuster, Inc., 1956.（岡部慶三・藤永保訳『組織のなかの人間』東京創元社，1959年）

柳生宗矩『兵法家伝書』岩波文庫，1985年.

山田昭男『ホウレンソウ禁止で1日7時間15分しか働かないから仕事が面白くなる』東洋経済新報社，2012年.

八代充史「個人選択型人事制度とファスト・トラック：企業内労働市場の多様化にどの様に対応するか」『関西経協』56(2)，2002年，16-19.

吉田寿『人を活かす組織が勝つ』日本経済新聞社，1999年.

Zechmeister, E. B. & Johnson, J. E., Critical thinking: a functional approach, Brooks/Cole Pub. Co., 1992.（宮本博章・道田泰司・谷口高士・菊池聡訳『クリティカルシンキング：あなたの思考をガイドする40の原則　入門篇』北大路書房，1996年）

終章

Child, J., Organizational Structure, Environment, and Performance: The Role of Strategic Choice, *Sociology*, 6, 1972, 1-22.

市川ひろみ「良心に基づいて命令を拒否する兵士たち—ドイツ連邦軍における『共に考えてなす服従』の理念と実践—」*Journal of the Institute of Religion and Culture*（33），2020，17-33.

Lawrence, P. R. & Lorsch, J. W., *Organization and Environment: Managing Differentiation and Integration*, Harvard University Press, 1967.（吉田博訳『組織の条件適応理論』産能大学出版部，1977年）

Miles, R. E. & Snow, C. C., *Organizational Strategy, Structure, and Process*, McGraw-Hill, Inc., 1978.（土屋守章・内野崇・中野工訳『戦略型経営：戦略選択の実践シナリオ』ダイヤモンド社，1983年）

Nick, C. & Eltchaninoff, M., *L'EXPÉRIENCE EXTRÉME*, Don Quichotte, 2010.（高野優監訳『死のテレビ実験：人はそこまで服従するのか』河出書房新社，2011年）

鷲田清一『しんがりの思想：反リーダーシップ論』角川新書，2015年.

索　引

[著者略歴]

松山一紀（まつやま　かずき）

1966年　奈良県生まれ
1990年　京都大学教育学部教育心理学科卒業（臨床心理学専攻）
　　　　松下電器産業㈱ビデオ関連事業部人事部勤務を経て
2003年　京都大学大学院経済学研究科博士後期課程単位取得退学
2004年　経済学博士（京都大学）
2012年　近畿大学経営学部キャリア・マネジメント学科教授
2020年　同志社大学社会学部産業関係学科教授　現在に至る
専　門　組織行動論，戦略的人的資源管理論

主要著書
『経営戦略と人的資源管理』白桃書房，2005年。
『ケースで学ぶ経営管理』（共著）中央経済社，2007年。
『企業変革の人材マネジメント』（共編著）ナカニシヤ出版，2008年。
『組織行動とキャリアの心理学入門』大学教育出版，2009年。
『日本人労働者の帰属意識』ミネルヴァ書房，2014年。
『戦略的人的資源管理論』白桃書房，2015年。
『次世代型組織へのフォロワーシップ論：リーダーシップ主義からの脱却』ミネルヴァ書房，2018年。
『映画に学ぶ経営管理論〈第3版〉』中央経済社，2019年。

フォロワーシップ行動論
──「こと・ば」と言葉

2023年2月15日　第1版第1刷発行

著　者　松　山　一　紀
発行者　山　本　　　継
発行所　㈱中央経済社
発売元　㈱中央経済グループ
　　　　パブリッシング

〒101-0051　東京都千代田区神田神保町1-31-2
電話　03 (3293) 3371（編集代表）
　　　03 (3293) 3381（営業代表）
https://www.chuokeizai.co.jp
印刷／昭和情報プロセス㈱
製本／(有) 井 上 製 本 所

© 2023
Printed in Japan

＊頁の「欠落」や「順序違い」などがありましたらお取り替えいた
しますので発売元までご送付ください。（送料小社負担）

ISBN978-4-502-44871-3　C3034

ベーシック＋プラス
Basic Plus

いま新しい時代を切り開く基礎力と応用力を兼ね備えた人材が求められています。

このシリーズは，各学問分野の基本的な知識や標準的な考え方を学ぶことにプラスして，一人ひとりが主体的に思考し，行動できるような「学び」をサポートしています。

ベーシック＋専用HP

教員向けサポートも充実！

中央経済社